사용자 스토리 맵 만들기

User Story Mapping
Discover The Whole Story, Build The Right Product

User Story Mapping

by Jeff Patton

Authorized Korean translation of the English edition of USER STORY MAPPING
ISBN 9781491904909 ⓒ 2014 Jeff Patton

Korean language edition copyright ⓒ 2018 Insight Press

This translation is published and sold by permission of O'Reilly Media, Inc.,
which owns or controls all rights to publish and sell the same.

사용자 스토리 맵 만들기:
아이디어를 올바른 제품으로 만드는 여정

초판 1쇄 발행 2018년 11월 27일 **2쇄 발행** 2022년 1월 24일 **지은이** 제프 패튼 **옮긴이** 백미진, 허진영 **펴낸이** 한기성 **펴낸곳**
(주)도서출판인사이트 **제작·관리** 이유현, 박미경 **용지** 월드페이퍼 **인쇄** 에스제이피앤비 **후가공** 이지앤비 **제본** 서정바인텍
등록번호 제2002-000049호 **등록일자** 2002년 2월 19일 **주소** 서울특별시 마포구 연남로5길 19-5 **전화** 02-322-5143 **팩스**
02-3143-5579 **이메일** insight@insightbook.co.kr **ISBN** 978-89-6626-232-8 책값은 뒤표지에 있습니다. 잘못 만들어진 책
은 바꾸어 드립니다. 이 책의 정오표는 http://blog.insightbook.co.kr에서 확인하실 수 있습니다.

사용자 스토리 맵 만들기

아이디어를 올바른 제품으로 만드는 여정

제프 패튼 지음 | 백미진·허진영 옮김

인사이트

차례

옮긴이의 글

For dummies

스토리 매핑이라는 제목 자체가 애자일의 한 방법론을 일러주는 레시피 같아 마치 IT 씬에서 주로 쓰이는, 개발자나 그들과 함께 일하는 사람에게 만 필요하다고 생각할지도 모르겠다. 애자일은 다양한 방법론으로 구체화 되었지만 결국에는 서로 간의 커뮤니케이션을 강조하고 있다. 프로젝트에 서 나와 다른 역할자 간의 의사소통이 더 효과적일수록 일은 더 잘 돌아간 다는 걸 이제는 안다. 이쯤 되면 효과적인 의사소통은 어떤 방식으로 해야 할까? 하는 의문이 생길 텐데, 이 책이 바로 그런 내용을 충실하게 담고 있 다. 나와 내 동료들이 다양한 도메인의 프로젝트에서 사용자 스토리 매핑 워크숍과 결과물을 활용하여 큰 도움을 받았듯, 여러분도 어떤 도메인에 서 어떤 역할을 하고 있든 도움이 될 게다.

#넌 하는 일이 뭐니

회사에서 했던 일을 꼽아보면 그 역할도 일도 너무 다양하다. 지금은 내가 했던 그 일들이 결국엔 조직 간의 커뮤니케이션을 극대화하고 가시화하 여 조직의 생산성을 끌어올리는 업무였다는 걸 알지만, 그런 일들은 마주 했던 순간에는 그저 업무 프로세스상의 구멍난 부분으로 드러나기 때문에 소속 조직과 상관없는 다른 조직의 일을 하는 경우도 왕왕 있었다. 그러다 보니 사내외의 새로운 사람들을 만나 내가 하는 일에 대해 이야기를 하다 보면 "응, 그래서 네가 하는 일이 뭐야?"라는 질문을 자주 받아왔다. 그래 서 이 책을 쓴 제프에게 매우 고맙다. 내가 뭐하는 사람인지 오랫동안 고 민했었는데, 그 답을 이 책에서 찾았기 때문이다.

제조업체에서 10년간의 여정

이 책의 1쇄가 나왔던 해가 LG전자를 다닌 지 10년 차가 되던 해였다. 우스갯소리로 딱 10년만 채우고 나와야지 했었는데, 이듬해에 정말로 만 10년을 채운 뒤 2개월을 더 다니고 퇴사를 했다. 그 당시에 내가 가졌던 포부인 임베디드 제품, 제조업 기반의 회사, 대기업인 이곳에서 애자일을 정착시키겠다던 꿈을 실현하고 백미진의 회사생활 시즌 1을 종료했으니 10년에 걸쳐 시즌 1의 목표를 잘 달성하여 매우 뿌듯하다. 그 이후 회사를 두 번 옮겨서 현재는 카카오에 근무하고 있다.

이전엔 내가 하는 이 일을 증명하는 데 오랜 시간이 걸렸지만, 현업에 종사하고 있는 사람들과 함께 애자일을 실천하며 성장하게 하는 일을 10년 넘게 하다 보니 이제는 내가 무엇을 하는 사람인지 증명하지 않아도 되는 상태가 되었다.

여전히 애자일 트랜스포메이션을 하라는 지시를 내리고 새로운 조직을 만들어 그 일을 할 사람을 밖에서 찾아와 앉히는 조직이 많지만, 내가 있던 곳에서 함께 고생하던 사람이 어느 날 임원이 되어 "내가 꾸릴 조직에 와서 함께 해볼래?"라고 말한다는 건 매우 고무적인 변화라고 생각한다.

그렇다, 느리긴 해도 바뀌긴 한다. 모두가 느끼지 못할 정도로 아주 서서히 변하고 있다. 대기업 프로세스와 시스템은 애초에 그렇게 생겨먹었다. 수만 명의 임직원을 굶기지 않을 견고한 프로세스, 그걸 잘 지키는 사람들이 있어서 오늘도 망하지 않고 잘 굴러간다는 걸 깨닫는 데 10년이 걸렸고, 처음과 같은 마음으로 난 여전히 동료들의 성장과 제품의 성장, 조직의 성장을 이끌어 내는 여정을 만들고 있다.

기존 프로세스와 시스템의 문제를 지적하고 그걸 더 낫게 만들려고 시도하는 사람은 반드시 있어야 한다. 큰 조직에서 느린 변화에 힘들어하는 나와 내 동료 같은 사람들이 많다는 걸 안다. 그래서 현업에서 비슷한 일을 하는 모두에게 감사의 말을 전하고 싶다. 우리 모두 지치지 말자. 충분히 의미 있는 일을 하고 있으니.

고마운 사람들

(호칭은 생략한다) 나는 어릴 적부터 호불호가 분명해 관심 가는 일에만 에너지를 쏟는지라 대기업에 오래 있을 거라고는 생각도 못했다. LG전자에서 10년 동안 재밌게 지낼 수 있었던 건 이분들의 공이 가장 크다. 전정우, 이승화, 이강원, 김원범. 이들은 적당한 시점에 날 발굴해 주셨고, 알맞은 자리에서 내 역할을 다할 수 있도록 환경을 마련해 주었으며, 좋은 동료이자 선배가 되어 주셨다. 그중 (지금은 다른 회사로 간) 승화 님은 오랜 동료이자 멘토로서 내가 회사에서 힘든 순간을 마주할 때마다 정신줄을 잘 잡고 한층 더 성장할 수 있게 힘이 되어 주고 필요할 때마다 적절한 조언을 해 주신 분이다. 게다가 나와 같이 제프의 오랜 팬으로서 이 책의 본질에 대한 이야기를 많이 나누고, 리뷰를 매우 꼼꼼하게 해주어 양질의 책이 나올 수 있도록 기여하셨다. 원래도 좋은 책이 좀 더 나은 번역본으로 탄생할 수 있도록 리뷰해 준 신황규, 조승빈 님께도 감사드린다.

내가 처음 애자일에 발을 들여놓게 된 계기는 xper라는 개발자 모임이었다. 개발자에서 애자일 코치로의 전환과 성장 과정에서 내가 지금 잘하고 있는 건지 고민이 있을 때면 채수원 님께 털어놓곤 했는데, 그런 나에게 "네가 비저너리라서 그런 거야"라는 말을 해주셨다. 그 말 덕분에 지금껏 애자일 코치로서 일을 지속할 수 있었고, 새로운 시도를 할 때마다 용기를 낼 수 있었다.

운이 좋게도 지금껏 내가 하는 일을 지지해 주고 응원을 아끼지 않은 사람을 많이 만났다. 지쳐서 놓고 싶을 때마다 내가 얼마나 잘하고 있는지, 얼마나 의미 있는 일을 하고 있는지를 잊지 않도록 자주 이야기해 주던 방지예, 이상아, 한익준, 문일형, 한승헌, 이종규, 신재동, 김준형, 변신철 님께도 감사의 말을 전한다.

이전에는 부모님과 동생이 가장 가까운 곳에서 가장 큰 응원과 지지를 해주었는데, 지금은 개발자 남편 정민혁이 생겨서 일과 삶의 경계 없이 많은 것을 나누며 서로의 성장에 보탬이 되고 있다. 언제나 내가 하고 싶은 일에 도전하고 성취할 수 있도록 아낌없이 지지해 주는 가족에게 항상 감사드린다.

사실 이 책에는 숨은 공로자가 한 명 있는데, LG전자에서 마지막을 함께한 동료 이성환이다. 인덱싱 작업을 도와주었고 번역 작업이 지루해질 만하면 쪼아서 속도를 내게 했으며, 1쇄가 나오자마자 주변에 널리 알리고 직접 사서 읽게 하고 후기까지 받아준 찐팬이다.

마지막으로 이 좋은 책을 번역할 멋진 기회를 주시고 처음부터 끝까지 꼼꼼하게 함께 봐주신 인사이트 출판사 한기성 사장님께 감사드린다.

내가 성장해 온 여정에는 여기 적은 사람들보다 더 많은 이들의 격려와 지지 그리고 관심이 있었을 게다. 내가 뭔가를 잘한다면 그건 내가 잘나서가 아니다. 역량은 내가 속한 집단에 의해 발현되니 말이다. 그런 의미에서 나의 여정을 더 풍요롭게 만들어 준 모든 분께 감사드린다.

2022년 1월
백미진

추천사

애자일 소프트웨어 개발이 부상하면서 얻은 유익한 결과 중 하나는 큰 집합의 요구 사항을 작은 덩어리로 나눈다는 개념이 생겼다는 것이다. 이 작은 덩어리, 즉 스토리는 개발 프로젝트 진행 상황이 훨씬 더 잘 드러나도록 해 준다. 스토리별로 제품을 개발하면, 완성된 개별 스토리가 소프트웨어 제품으로 통합되면서 누구나 제품이 완성되어 가는 모습을 볼 수 있다. 개발자는 사용자가 이해할 수 있는 스토리를 사용해 이 다음엔 어떤 스토리를 개발해야 할지 결정하는 방식으로 프로젝트를 진행할 수 있다. 가시성이 높아지면 사용자 참여가 더 활발해진다. 사용자는 더 이상 개발팀이 무엇을 했는지 보기까지 1년씩이나 기다리지 않아도 된다.

그러나 이 작은 덩어리는 일부 부정적인 결과도 내는데 그중 하나는 소프트웨어 시스템이 어떠해야 하는지에 대해 큰 그림을 놓치기 쉽다는 점이다. 하나로 모이지 않는 뒤죽박죽 조각인 채로 끝날 수 있다. 또는 여러 세부에서 길을 잃고 정작 필요한 사항은 놓친 채로 사용자에게 제대로 도움이 되지 않는 시스템을 개발하다가 끝나기도 한다.

스토리 매핑은 간혹 일부 스토리가 누락될 수 있는 스토리 뭉치에 큰 그림을 만들어주는 기법이다.

그게 전부다. 정말로 이 책에 대한 설명은 이 문장 하나로 끝난다. 하지만 이 짧은 문장은 많은 가치를 가져다 줄 것을 약속한다. 큰 그림은 사용자와 효과적인 대화를 나눌 수 있게 도와주고, 불필요한 기능을 만드는 과정에 투입되는 모든 사람이 그 일을 피할 수 있도록 돕는다. 그리고 일관성 있는 사용자 경험을 지향하게 한다.

소트웍스(ThoughtWorks)에서 스토리를 개발할 때 스토리 맵핑은 당연히 수행해야 하는 핵심 기법이다. 그들은 스토리 매핑 기법을 제프가 진행하는 워크숍에서 주로 배우는데, 그가 스토리 매핑 기법을 개발한 사람이므로 이에 대해 가장 잘 전달할 수 있기 때문이다. 이 책은 더 많은 사람이 스토리 매핑 기법을 원작자에게 직접 배울 수 있게 할 것이다.

그러나 이 책은 명함이나 온라인 프로필에 '비즈니스 분석가(Business Analyst)' 같은 직함을 달고 있는 사람만을 위한 책이 아니다. 지난 10년간 애자일 방법론이 정착해 오면서 가장 크게 실망한 점은, 많은 프로그래머가 스토리를 비즈니스 분석가가 일방적으로 하는 의사소통으로 본다는 것이다. 처음부터 지금까지 스토리는 많은 대화를 촉발시켰다.

만약 여러분이 어떤 활동을 지원하기 위해 효과적인 소프트웨어를 실제로 만들고 싶다면, 그 기능을 위한 아이디어를 표현하는 필수적인 원천으로 소프트웨어를 만들어내는 사람들을 바라볼 필요가 있다. 소프트웨어가 무엇을 할 수 있는지 가장 잘 아는 사람이 프로그래머이기 때문이다. 프로그래머는 그들의 사용자가 무엇을 성취하고자 하는지 이해해야 하고, 그런 사용자의 요구를 포착한 스토리를 구현하기 위해 협력해야 한다. 스토리 매핑을 이해하는 프로그래머는 사용자 콘텍스트를 더 폭넓게 이해할 수 있고, 소프트웨어를 구체화하는 데 참여할 수 있으며, 결국 더 좋은 직장에서 일하게 될 것이다.

'스토리'라는 개념을 최초로 정립한 켄트 벡이 소프트웨어 개발에 그의 사상을 도입했을 때 그는 효율적인 팀의 주요 가치로 대화를 꼽았다. 스토리는 개발자와 그들의 결과물을 사용하는 사람 사이에서 일어나는 대화의 구성 요소다. 스토리 맵은 이 구성 요소들을 조직화하고 구조화하며 이를 통해 소프트웨어 개발 자체의 가장 핵심 부분인 의사소통 과정을 향상시킨다.

마틴 파울러(Martin Fowler)
2014년 6월 18일

추천사

메리 셸리의 유명 SF 소설 《프랑켄슈타인》에서는 미친 과학자 프랑켄슈타인이 죽은 사람들의 조각들을 모아 새로운 개체를 만들고, 여기에 새로운 전기 기술을 이용해 생명을 불어 넣는다. 물론 우리는 이게 실제로 가능하지 않다는 걸 안다. 각기 다른 몸통 조각을 이어 붙인 것으로는 생명체를 창조할 수 없다.

그러나 소프트웨어 개발자들은 늘 이런 일을 시도한다. 그들은 소프트웨어에 한 번에 하나씩 좋은 기능을 더하고, 왜 더 많은 사람이 그들의 제품에 열광하지 않는지 궁금해한다. 이 난제의 핵심은 개발자들이 설계 도구로 건축의 방법론을 사용한다는 점에 있다. 그러나 이 둘은 서로 호환되지 않는다.

프로그래머가 소프트웨어를 개발할 때 한 번에 한 가지 기능만 개발한다는 방식은 꽤 합리적이다. 이는 수년간 증명된 더할 나위 없이 좋은 전략이다. 그리고 이와 더불어 이 방법이 디지털 제품의 동작과 범위를 설계하는 방법으로 사용될 때 한 번에 한 가지 기능만 동작하는 프랑켄슈타인 같은 프로그램이 만들어진다는 사실 또한 수년간 입증됐다.

물론 서로 밀접한 관련이 있지만 소프트웨어 동작을 디자인하는 방법과 소프트웨어를 구축하는 방법은 분명히 다르며 일반적으로 서로 다른 기술을 지닌 여러 사람이 수행한다. 인터랙션 디자이너가 사용자를 관찰하고 행동 패턴을 찾아내는 데 긴 시간을 쏟는다면 프로그래머들은 대부분 미칠 것이다. 반대로 프로그래머가 알고리즘에 오랜 시간을 들이면 대다수 디자이너들은 너무 무료할 것이다.

그러나 디자인과 개발이라는 두 분야가 협업한다면, 프랑켄슈타인 박사가 사용한 전기 같은 역할을 해서 살아 숨쉬는 제품을 창조할 잠재력을 갖게 된다. 팀워크는 괴물에 생명을 불어넣고 사용자들이 그 제품을 사랑하게 한다.

협업은 새롭지도 않고, 특별히 통찰력 있는 개념도 아니지만 효과적으로 하기란 실제로 매우 어렵다. 일하는 속도, 언어, 리듬 등 개발자가 일하는 방식은 인터랙션 디자이너와는 상당히 다르다.

두 영역의 현역들은 강하고 유능하고 잘 단련되어 있지만 그럼에도 공통적인 약점을 하나 가지고 있다. 프로그래밍 용어로 디자인에 관한 문제를 표현하기란 아주 어려우며 마찬가지로 디자인 용어로 개발 문제를 표현하기 또한 어렵다. 두 분야에는 공용어가 없는데 이 교차로에 정확히 제프 패튼(Jeff Patton)이 있다.

제프의 스토리 매핑 방법론은 개발자와 디자이너 모두에게 말이 된다. 스토리 매핑은 디지털 시대의 로제타석이다.

반대 의견이 있긴 하지만 애자일 개발은 디자인 도구로서는 그렇게 유용하지 않다. 디자인 친화적인 개발을 위한 방법으로는 아주 훌륭하지만 그 자체로 사용자가 좋아할 제품을 만들 수 있지는 않다. 반면에 좋은 디자인과 잘 정리된 문서가 개발자에게 주어졌을 때 애자일이건 아니건 구현 프로세스를 거치면서 디자인의 본질을 없애버리는 경우를 숱하게 봤다.

제프 패튼의 스토리 매핑 접근법은 이 틈새를 이어주는 다리다. 인터랙션 디자인은 사용자의 실제 의도를 알아내고 이것을 내러티브로 기술한다. 소프트웨어 개발은 이 내러티브들을 작은 기능 단위로 나눠서 구현하고 통합하는 과정이다. 기능 자체를 구현했더라도 이 복잡한 구현 프로세스를 거치면서 내러티브의 핵심은 터무니없이 쉽게 사라진다. 그렇다. 수술 자체는 마쳤지만 수술대 위의 환자는 죽은 것과 마찬가지다.

사용자 스토리를 맵으로 만들면서 디자인의 내러티브 구조가 유지되기도 하지만 효과적으로 구현하기 위해 디자인을 변경할 수도 있다. 디자이너의 스토리는 사용자 스토리를 정형화한 형태인데 개발 과정을 거치면서도 그대로 유지된다.

일반적인 기업 환경에서 2~300명 단위의 팀으로 사람들이 좋아하는 제품을 만들기란 거의 불가능하다. 한편 스타트업 세계에서는 네다섯 명으로 이뤄진 팀에서 사람들이 열광하는 작은 제품을 만들어 낼 수도 있음을 보여 줬지만, 이러한 제품도 결국 커지다 보면 그 불꽃이 사그라진다. 우리의 당면 과제는 사람들이 좋아할 대규모 소프트웨어를 만드는 일이다. 이런 소프트웨어는 복잡하고 상업적으로 실행 가능한 업무를 하는 많은 고객을 도울 수 있다. 하지만 이런 소프트웨어를 사용하기 재미있고 배우기 쉽게 만드는 건 현실적으로 너무 어렵다.

대규모 소프트웨어가 프랑켄슈타인이 되지 않게 만드는 단 한 가지 방법은 소프트웨어 디자인 영역과 개발 영역을 어떻게 통합하는지 배우는 것이다. 제프 패튼이야말로 그 방법을 가장 잘 아는 사람이다.

앨런 쿠퍼(Alan Cooper)

2014년 6월 17일

추천사

나는 최고의 기술 제품 팀들과 함께 일할 수 있는 엄청난 행운을 누려 왔다. 그들은 여러분이 매일 사용하고 좋아하는 제품을 만든 사람들이다. 그팀들은 말 그대로 세상을 바꿨다.

또한 나는 어려움을 겪고 있는 여러 회사를 돕기도 했다. 가진 돈이 다소모되기 전에 세상의 관심을 끌기 위해 치열히 경쟁하는 스타트업도 있었고, 처음에 가지고 있었던 혁신을 다시 찾기 위해 고생하는 큰 회사도 있었다. 어떤 팀은 그들의 비즈니스에 계속해서 가치를 더해 나가는 데 어려움을 겪었다. 리더들은 그들의 아이디어가 실제로 구현되는 데 긴 시간이 걸려 답답해했고 엔지니어들은 제품 책임자(Product Owner)에게 격분하기도 했다.

나는 정말 괜찮은 기술 제품을 만들어 내는 회사와 나머지 회사는 큰차이가 있음을 깨달았다. 작은 차이를 이야기하는 것이 아니다. 리더의 행동 방식부터 팀의 권한 부여 수준, 팀이 함께 일하는 방식, 조직이 자금 조달, 인력 충원, 제품 생산에 대해 생각하는 방식, 사내 문화, 그리고 생산·설계·엔지니어링이 고객을 위한 효과적인 해법을 발견하기 위해 협업하는 방식까지 모든 것을 의미한다.

이 책의 제목은 《사용자 스토리 맵 만들기》이다. 하지만 여러분은 곧이 책에서 간단하면서도 강력한 기법 이상을 보게 될 것이다. 이 책은 팀이 어떻게 협력하고 대화하며, 궁극적으로는 개발을 위해 필요한 좋은 것들을 찾아내는지에 대한 핵심을 다룬다.

여러분 중 대다수는 강력한 제품 팀이 어떻게 운영되는지 가까이서 본적이 없을 것이다. 아마 현재 회사에서 본 것이나 이전 회사에서 경험한 것이 여러분이 아는 전부일 것이다. 그래서 나는 여기에서 탁월한 팀이 나머지 팀과 어떻게 다른지 이야기해 보려 한다.

〈Good Product Manager, Bad Product Manager〉를 쓴 벤 호로위츠(Ben Horowitz)에게 감사의 인사를 보내며 여기에 강한 제품 팀과 약한 팀의 몇 가지 중요한 차이점을 간략히 나열해 보았다.

훌륭한 팀은 강력한 제품 비전을 가지고 이를 선교사와 같은 열정으로 추구한다. 나쁜 팀은 용병집단 같다.

훌륭한 팀은 영감과 제품 아이디어를 수치화된 KPI에서 얻기도 하고 고객이 고민하는 것을 관찰하고, 고객이 제품을 사용하면서 생성한 데이터를 분석하고, 실제 문제를 해결하기 위해 지속적으로 새로운 기술을 적용하는 데서 얻기도 한다.

훌륭한 팀은 그들의 주요 이해 관계자가 누구인지 이해하고, 이해 관계자들이 제시하는 제약 사항을 이해한다. 또, 사용자와 고객만을 위한 해결책이 아니라 비즈니스의 제약 사항도 만족하는 해결책을 만들어 내기 위해 노력한다. 나쁜 팀은 이해 관계자의 요구사항을 수집한다.

훌륭한 팀은 어떤 것이 정말 개발할 만한 가치가 있는지 알아보기 위해 신속히 제품 아이디어를 시도해 보며 이에 필요한 여러 기법에 능숙하다. 나쁜 팀은 우선순위 로드맵을 만들기 위해 회의를 많이 한다.

훌륭한 팀은 현명한 생각을 가진 사내 리더들과 브레인스토밍 하기를 즐긴다. 나쁜 팀은 팀 외부의 누군가가 감히 뭔가를 제안하면 싫어한다.

훌륭한 팀은 제품 책임자, 디자이너, 엔지니어가 바로 옆에 앉아 있고 기능과 사용자 경험, 가능한 기술에 대한 의견 교환을 기꺼이 받아들인다. 나쁜 팀은 각자의 영역에 따로 배치되어 있고, 다른 부분에 무엇을 요청하려면 공식 문서를 만들어야 하고 회의 일정을 잡아야 한다.

훌륭한 팀은 혁신을 위해 지속적으로 새로운 아이디어를 시도하며 이를 회사와 제품에 이익이 되는 방식으로 진행한다. 나쁜 팀은 테스트를 진행하는 데 필요한 허가를 여전히 기다리고 있다.

훌륭한 팀은 강력한 인터랙션 디자인처럼 성공적인 제품을 만드는 데 필요한 기술들을 사용해야 한다고 주장한다. 나쁜 팀은 인터랙션 디자인이 무엇인지도 모른다.

훌륭한 팀은 엔지니어들이 제품 탐색을 위한 프로토타입을 시험해 볼 수 있는 시간을 매일 갖게 한다. 그렇게 함으로써 엔지니어들은 어떻게 하면 제품을 더 낫게 만들 수 있는지에 대해 자신들의 생각을 보탤 수 있다. 나쁜 팀은 프로토타입을 스프린트 계획 시간에 보여 주고 추정하도록 한다.

훌륭한 팀은 그들의 고객을 더 잘 이해하고 팀의 최신 아이디어에 고객들이 어떻게 반응하는지 보기 위해 최종 사용자와 고객을 매주 직접 마주한다. 나쁜 팀은 자신들이 고객과 같다고 생각한다.

훌륭한 팀은 그들이 좋아하는 여러 아이디어 중 많은 것이 결국엔 고객과 맞지 않는다는 점을 알고 있다. 맞는 것이 있다 하더라도 원하는 성과를 얻기까지는 여러 개발 주기가 필요하다는 것을 알고 있다. 나쁜 팀은 그저 로드맵에 있는 것을 만들고 회의 일정과 품질 확보에 만족한다.

훌륭한 팀은 빠른 속도와 신속한 주기가 혁신의 핵심임을 이해하고 있다. 그리고 이 속도는 올바른 기법을 사용하는 데서 나오지, 직원을 압박한다고 해서 나오지 않음을 알고 있다. 나쁜 팀은 그들의 동료가 열심히 일하지 않기 때문에 속도가 느리다고 불평한다.

훌륭한 팀은 요청을 평가한 후에 고객과 비즈니스에서 실제로 작동하는 실행 가능한 해결책을 확보한 후 높은 수준의 통합 계획을 수립한다. 나쁜 팀은 영업 주도(sales-driven)로 일하는 데 불만을 표시한다.

훌륭한 팀은 그들이 만든 제품이 어떻게 사용되는지 즉시 이해할 수 있고, 데이터에 기반하여 조정할 수 있도록 작업을 꾸린다. 나쁜 팀은 '있으면 좋을 만한 것'을 분석하고 보고한다.

훌륭한 팀은 지속적으로 통합하고 출시하며 연속된 작은 출시가 고객에게 훨씬 더 안정적인 해결책을 제공한다는 점을 알고 있다. 나쁜 팀은 힘든 통합 작업을 거친 뒤 자동화되지 않은 방식으로 테스트를 수행하고 모든 것을 한번에 출시한다.

훌륭한 팀은 그들의 레퍼런스 고객(reference customer)에게 가장 큰 관심을 쏟는다. 나쁜 팀은 경쟁자에게 집착한다.

훌륭한 팀은 비즈니스 KPI에서 중요한 성과를 이루어 냈을 때 축하를 한다. 나쁜 팀은 무엇인가를 최종적으로 출시 했을 때 축하를 한다.

아마 여러분은 앞서 열거한 것들이 스토리 맵과 무슨 상관이 있나 궁금해 할 것 같다. 분명 놀랄 텐데, 그 점이 바로 내가 스토리 맵을 정말 좋아하는 이유이기도 하다.

지금까지 만난 애자일 전문가 중 제품 팀을 회사가 필요로 하고 원하는 더 높은 수준으로 끌어올릴 능력이 있는 사람은 그리 많지 않았다. 제프 패튼은 그렇게 할 수 있는 사람 중 한 명이다. 제품 탐색을 직접 팀과 함께 진행 중인 그를 보아 왔다. 그가 함께 하는 것이 효과적이었기에 여러 회사에 그를 소개했다. 그는 박학다식하면서도 겸손해서 팀은 그를 좋아했다.

제품 관리자는 요구사항을 모아서 문서로 만들며, 디자이너들은 제품의 외관에 무엇인가를 더하려고 아등바등하고, 지하에 틀어박힌 엔지니어들이 코딩을 하던 시절은 최고의 팀에게서 사라진 지 오래다. 이제 여러분의 팀에서도 없앨 때가 되었다.

마티 케이건(Marty Cagan)
2014년 6월 18일

지은이의 글

> 당당하게 살고 당당함으로 자신을 채우고 당당하게 웃고 당당히 사랑해 / 침대 시트의 그 난감한 얼룩은 지워. 바로 그거야 / 그렇게 하면 방문한 친척들도 좋아할 테고, 샌드위치도 만찬이 될 거야.
>
> — 톰 웨이츠(Tom Waits), "Step Right Up"

이 책은 원래 소책자 정도로 작게 만들 예정이었다. 정말이다.

나는 내가 스토리 매핑(story mapping)이라고 부르는 간단한 실천법에 대해 쓰기 시작했다. 여기서는 나를 포함한 많은 사람이 다른 이들과 함께 일하기 위해 우릴 돕고, 사용자가 제품을 사용하는 경험을 그려보기 위해 간단한 맵을 만든다.[1]

스토리 매핑 활동은 우리가 사용자와 그들의 경험에 집중할 수 있게 한다. 결과적으로 더 나은 대화를 이끌어냄으로써 더 나은 제품을 만들 수 있다.

---

1 (옮긴이) 스토리 맵은 스토리 매핑 활동의 결과물이며, 여기서 중요한 건 스토리 매핑 활동이라는 것에 유념하여야 한다.

스토리 맵 만들기는 아주 쉽다. 여러 사람이 함께 모여 제품 스토리에 대해 이야기한다. 사용자가 그 스토리에서 실행하는 각각의 큰 단계를 포스트잇에 적고 왼쪽에서 오른쪽으로 붙여 나간다. 그런 다음 맨 처음(왼쪽)으로 돌아가 각 단계별로 자세하게 이야기한다. 이때 나온 세부사항을 포스트잇에 적고 해당 단계의 아래에 세로로 붙인다. 결과적으로 이야기는 왼쪽에서 오른쪽으로 흘러가고 각 단계의 상세 정보는 위에서 아래로 기술된, 간단한 격자 모양의 구조를 이룬다. 재미있고 빠르게 만들 수 있다! 게다가 이렇게 상세하게 기술한 정보를 토대로 애자일 개발 프로젝트를 진행할 수 있는 더 괜찮은 스토리 백로그(backlog)를 만들 수 있다.

이런 절차에 대해 책을 쓰는 일이 절대 복잡할 리 없다고 생각했다.

하지만 단순한 일도 상당히 복잡해질 수 있음을 깨달았다. 왜 스토리 맵을 만들어야 하는지, 스토리 맵을 만들 때 무슨 일이 일어나는지 그리고 사용할 수 있는 다양한 방법을 모두 다루다 보니 결국 양이 상당히 늘어났다. 생각보다 이 간단한 실천법에 대해 쓸 내용이 많았다.

애자일 개발 프로세스를 이용하고 있다면 사용자 스토리로 백로그를 채울 것이다. 사용자 스토리 자체는 상당히 일반적인 실천법이기에 이 책에서는 그에 대해 다룰 필요가 없다고 생각했지만 그것은 잘못된 생각이었다. 약 15년 전, 켄트 벡(Kent Beck)이 처음 스토리에 대해 설명한 이후 사용자 스토리의 인기는 높아져만 갔다. 그리고 그만큼 잘못 이해하거나 잘못 사용하는 경우도 늘어났다. 안타깝기 짝이 없는 일이었다. 더 심각한 문제는 잘못된 사용으로 인해 스토리 매핑을 통해 얻는 혜택마저도 사라진다는 점이었다.

그래서 나는 이 책에서 스토리에 대한 오해와 애자일과 린 소프트웨어 개발에서 스토리를 잘못 사용하는 방법을 최대한 바로잡아 보려고 한다. 이것이 내가 톰 웨이츠의 노랫말처럼 '샌드위치를 만찬으로' 바꾼 이유다.

왜 내가?

나는 무언가 만드는 것을 좋아한다. 내가 만든 소프트웨어를 사람들이 유용하게 사용하는 모습을 보면 즐겁고 힘이 난다. 게다가 나는 본의 아니게 방법론자이기도 해서 프로세스와 실천법을 더 잘 실행하는 방법을 배워왔다. 지금은 20년 넘게 소프트웨어 개발을 경험하며 배운 것을 어떻게 남에게 제대로 가르칠지 배우고 있다. 내가 가르치려는 분야는 계속 바뀌고 있고 그에 따라 내가 이해한 내용도 매주 달라진다. 그것을 설명하기 위한 최선의 방법도 거의 같은 속도로 계속 바뀐다. 이러다 보니 책을 쓰기까지 오랜 시간이 걸렸다.

하지만 때가 됐다.

스토리와 스토리 맵은 정말 좋은 아이디어였고 많은 사람에게 도움이 됐다. 그리고 이를 통해 우리의 삶과 우리가 만들어 낸 제품을 개선할 수 있었다. 그런데 삶이 나아진 사람도 있는 반면 스토리를 가지고 고심하는 사람이 이전보다 더 늘어나기도 했다. 나는 사람들이 스토리 때문에 어려움을 겪지 않도록 돕고 싶다.

이 책으로 그런 사람들을 돕고 싶다. 소수일지라도 누군가에게 도움이 된다면 정말 기쁠 것이다.

스토리 때문에 어려운 상황이라면 이 책을 읽자

수많은 조직에서 애자일과 린 프로세스를 도입하면서 스토리도 함께 들여왔다. 이 때문에 여러분은 스토리에 대한 아주 작은 개념만 이해한 채로 (오해가 생겨 한 번 이상) 함정에 빠진 적이 있을 것이다. 예를 들면 다음과 같다.

- 스토리가 작은 것을 만드는 데 집중하고 있어서 큰 그림을 잊어버리기 십상이다. 그러다 보면 아귀가 맞지 않는 부분들을 짜맞춘 듯한 '프랑켄슈타인 같은 제품'을 만들게 된다.

- 규모가 큰 제품을 만들 때 작은 단위로 하나하나 만들어 가다 보면 주변에서는 여러분이 언제 일을 끝낼지, 언제쯤 결과물을 정확히 전달할 수 있을지 궁금해 할 것이다. 직접 만드는 여러분도 마찬가지일 것이다.
- 스토리가 대화에 관한 것이다 보니 사람들이 대화만 나누고 기록하는 일을 꺼린다. 그러고는 대화 중에 무엇을 이야기했고 무엇을 동의했는지 잊어버린다.
- 인수 기준(acceptance criteria)이 있어야 좋은 스토리다. 그래서 인수 기준을 쓰는 데 집중하다가 우리가 뭘 만들어야 하는지에 대한 공통의 암묵적인 합의는 빠트린다. 결국 팀은 계획한 일을 계획했던 일정에 맞추지 못하게 된다.
- 좋은 스토리는 사용자 입장에서 써야 하는데 사용자가 절대 보지 않을 부분이 많은 제품일 경우 팀원들은 "우리 제품은 사용자가 없으니 사용자 스토리는 쓸데없어요"라고 주장하기도 한다.

아마도 여러분은 이런 종류의 함정에 한 번이라도 빠져 본 경험이 있을 텐데, 나는 애초에 여러분을 이런 함정에 빠지게 한 오해를 풀어주려 노력할 생각이다. 우리는 큰 그림을 잊지 않는 방법과 크고 작은 규모의 프로젝트를 계획하고 추정하는 방법을 배울 것이다. 또한 사용자가 원하는 것이 도대체 무엇인지, 그리고 어떠한 소프트웨어가 사용자를 위해 필요한지 생산적인 대화를 나누는 법을 배울 것이다.

누가 이 책을 읽어야 할까?

당연히 지금 이 책을 읽고 있는 여러분이다. 특히 이 책을 구입했다면 아주 현명한 투자를 했다. 만약 빌렸다면 지금 한 권 주문하고 빌린 책은 주문한 책이 도착하면 반납하자. 이 책은 특정 역할을 맡고 있는 사람들에게 스토리 매핑을 하는 명확한 이유와 장점을 알려줄 것이다.

- 상업용 제품을 만드는 회사의 제품 관리자(product manager) 또는 사용자 경험(user experience, UX) 전문가라면 이 책을 읽어야 한다. 전체 제품을 보는 관점과 UX에 대한 고려, 전술적인 계획 그리고 백로그 항목 사이의 간극을 메우는 데 도움이 될 것이기 때문이다. 머릿속의 비전을 팀이 구축할 수 있을 정도로 구체화하기 위해 고심하고 있다면 스토리 맵이 도움이 될 것이다. 여러분의 제품을 사용하는 사용자가 어떤 경험을 하고 있는지 다른 이가 상상하고 공감할 수 있도록 돕고자 한다면 스토리 매핑이 유용할 것이다. 좋은 UX와 제품 디자인 실천법을 통합할 방법을 찾기 위해 노력하고 있다면 이 책이 도움이 될 것이다. 또한 여러분이 일하는 방식에 린 스타트업(Lean Startup) 스타일을 실험해보고 싶다면 이 책을 참고하면 된다.

- 정보 기술(information technology, IT) 조직의 제품 책임자(product owner), 비즈니스 분석가, 프로젝트 관리자라면 이 책을 읽어야 한다. 이 책이 내부 사용자와 이해 관계자, 그리고 개발자 사이에 생기는 이해의 간극을 메우는 데 도움이 될 것이다. 회사 내 수많은 이해 관계자가 같은 생각을 하도록 납득시키는 데 어려움을 겪고 있다면, 그리고 개발자가 큰 그림을 볼 수 있도록 하고 싶다면 스토리 맵이 도움이 될 것이다.

- 개인과 팀의 향상을 돕는 것이 목표인 애자일·린 프로세스 코치라면 이 책을 읽어야 한다. 이미 겪어 보았겠지만 조직 구성원들이 스토리에 대해 무엇을 오해하고 있는지 생각해 보자. 이 책에 언급된 스토리, 간단한 몇 가지 연습 그리고 실천법을 사용해 보자. 팀 성장에 도움이 될 것이다.

- 사실 모든 사람에게 이 책이 도움이 된다. 애자일 프로세스를 사용하면 스토리 및 그와 관련된 수많은 일을 진행하기 위해 보통 제품 책임자나 비즈니스 분석가 역할을 할 사람을 찾는다. 하지만 스토리를 효과적으로 사용하기 위해서는 모두가 기본은 갖추고 있어야 한다. 그렇지 않으

면 "스토리가 잘 작성되지 않았어요"라든가 "너무 커요" 혹은 "세부 내용이 불충분해요" 같은 불평을 들을지도 모른다. 그때 이 책이 도움이 되겠지만 그 방식은 예상과는 다를 것이다. 여러분 모두는 스토리가 더 나은 요구사항 작성을 위한 방법이 아니라 더 나은 대화를 하기 위한 방법임을 배울 것이다. 이 책은 정보가 필요할 때 그것을 얻기 위해 어떤 종류의 대화를 해야 하는지 알려줄 것이다.

부디 여러분이 내가 묘사한 그룹 중 하나 이상에 포함되었으면 좋겠다. 그렇지 않다면 이 책을 그런 사람에게 주면 된다.

그렇다면 시작해 보자.

이 책에서 사용된 몇 가지 규칙

아마도 소프트웨어 개발에 관한 책을 한 권 이상 읽어 보았을 테니 그다지 새로운 내용은 없을 것이다.

각 장 안의 소제목은 주제를 설명한다

소제목을 보고 여러분이 찾는 내용인지, 또는 당장 관심이 없는 것이라 지나칠지 결정하면 된다.

핵심 사항은 이런 모양이다.
다른 문장에 비해 조금 더 큰 목소리로 말하고 있다고 상상하면 된다.

쭉 훑어보는 중이라면 이 핵심 사항들을 읽어 보자. 내용이 마음에 들거나 반대로 확실하지 않은 점이 있다면 그 앞뒤 본문까지 읽어 보자. 좀 더 명확해질 것이다.

관련 글은 다음과 같은 내용을 설명할 때 사용한다.

- 흥미롭지만 중요하지는 않은 내용을 다룬다. 머리를 식힐 만한 재미있는 내용이다. 적어도 내 바람이다.
- 특정 실천법에 대한 실행 방안. 이 실행 방안을 이용해 해당 실천법을 시도해 볼 수 있다.
- 다른 사람의 이야기나 사례를 소개한다. 여기에서 아이디어를 얻어 조직에 적용해 볼 수 있다.

이 책의 각 부분은 특정한 주제를 다룬다. 한 번에 한 부분씩 읽을 수도 있고 지금 당장의 문제 해결을 위한 아이디어를 찾기 위해 관련 부분을 활용할 수도 있다.

이 책의 구성

얼마 전 괜찮은 새 컬러 레이저 프린터를 구매했다. 상자를 열었을 때 프린터 맨 위에 "먼저 읽으세요"라는 커다란 붉은색 글자가 적힌 제품 설명서가 있었다. 나는 보통 하라는 대로 하지 않아서 "정말 이것부터 읽어야 하나?"라는 의문이 들었지만 결국은 읽기를 잘 했다고 생각했다. 배송 도중 제품이 파손되는 것을 막기 위해 프린터 내부 곳곳에 플라스틱 보호대가 여러 개 있었기 때문이다. 그 보호대를 제거하지 않고 전원을 켰다면 아마 프린터가 고장 났을 것이다.

이야기가 옆으로 샌 것처럼 보일 테지만 그렇지 않다.

이 책에도 "이 장을 먼저 읽자"라는 장이 있다. 이 책의 나머지 부분에서 계속 사용하는 두 가지 핵심적인 개념과 그에 관련된 용어들이 있기 때문에 그렇게 제목을 붙였다. 시작하기 전에 그 두 개념을 확실히 기억했으면 한다. 개념에 대한 사전 이해 없이 스토리 맵 만들기를 시작한다면 안전을 보장할 수 없다.

간략하게 알아보는 스토리 매핑

1장부터 4장까지는 스토리 매핑에 대한 개략적인 내용을 이야기한다. 이전에 스토리나 스토리 맵을 사용해 봤다면 이 부분을 바로 읽어도 별 무리가 없다.

5장에서는 훌륭한 스토리 맵을 만드는 데 필요한 핵심 개념을 학습하는 방법을 다룬다. 사무실에서 다른 사람과 함께 연습해 보자. 참여한 모든 사람이 쉽게 이해할 것이다. 연습 후에 여러분의 제품을 위해 만든 스토리 맵은 이전보다 훨씬 나아졌을 것이다.

사용자 스토리 공감하기

6장부터 12장은 스토리에 감춰진 이야기와 그것들이 어떻게 동작하는지, 그리고 애자일이나 린 프로젝트에서 어떻게 하면 스토리를 잘 사용할 수 있을지에 대해 이야기한다. 스토리 맵에는 수많은 작은 스토리가 존재한다. 여러분은 이를 매일매일 개발에 활용할 수 있다. 여러분이 애자일 전문가라 하더라도 스토리에 관해 이전엔 몰랐던 내용을 새롭게 배울 수 있다. 또 스토리를 처음 다뤄 보는 사람이라도 애자일에 대해 아는 체하는 동료가 깜짝 놀랄 만큼 배우게 될 것이다.

더 좋은 백로그

13장부터 15장까지는 스토리의 생명 주기(lifecycle)에 대해 깊이 있게 이야기한다. 여러분이 스토리와 스토리 맵을 사용할 때 도움이 될 만한 특정한 실천법을 논의한다. 이는 커다란 기회에서 출발하여 최종적으로 실현 가능한 제품을 설명하는 순서로 진행한다. 그 과정을 통해 스토리로 가득한 백로그를 어떻게 정의하는지 다룬다. 스토리 맵과 다른 실천법이 각 단계에 어떻게 도움이 되는지 배우게 될 것이다.

더 잘 만들기

16장에서 18장은 매 반복주기 혹은 매 스프린트마다 스토리를 어떻게 전략적으로 다룰지 더 깊이 있게 들어간다. 스토리를 준비하고 만드는 동안 어떻게 집중하는지, 어떻게 완료하는지 그리고 각 스토리를 어떻게 동작하는 소프트웨어로 만드는지 배운다.

나는 많은 소프트웨어 개발 관련 도서의 마지막 몇 장은 사실상 불필요하다고 생각한다. 보통 뒷부분은 읽지도 않는다. 하지만 이 책에 불필요한 내용은 쓰지 않았다. 한마디로 이 책은 끝까지 다 읽어야 한다는 뜻이다. 이 말이 위로가 될지 모르겠지만 이 책은 매 장마다 실무에 당장 적용해 볼 수 있는 유용한 정보를 담고 있다.

그럼 시작해 보자.

이 장을 먼저 읽자

이 책은 도입부가 없다.

그렇다, 맞게 읽었다. 의아할 게다. "왜 이 책은 도입부가 없지? 깜빡 잊었나? 제프가 드디어 정신줄을 놓기 시작한 걸까? 아니면 키우는 개가 먹어 치우기라도 한 건가?"

나는 도입부 쓰기를 잊어 버리지도 않았고 정신줄을 놓지도 않았다. 최소한 나는 아니라고 믿고 있다. 물론 개가 먹어 버린 것도 아니다(딸이 키우는 기니피그가 의심스럽기는 하지만). 많은 필자가 왜 자기 책을 읽어야 하는지 설득하는 데 공을 너무 들인다. 그리고 그 대부분 도입부에 집중하다 보니 대다수 책이 3장에 가서야 핵심적인 내용을 시작한다. 이렇게 하는 사람이 나밖에 없는 건지는 모르겠지만 나는 도입부를 생략했다.

그래서 이 책은 여기서부터 시작이다.

이 부분은 정말 중요하기 때문에 그냥 넘어가면 안 된다. 나는 여러분이 이 책에서 다음 두 가지만 잊지 않아도 정말 기쁘겠다. 이 두 가지는 이어서 바로 설명하겠다.

- 사용자 스토리의 목표는 더 나은 스토리를 쓰는 것이 아니다.
- 제품 개발의 목표는 제품을 만드는 것이 아니다.

예를 들어 보자.

옮겨 말하기 놀이

어렸을 때 '옮겨 말하기 놀이'를 해 본 적이 있을 것이다. 누군가에게 무언가를 속삭여 이야기하면 그 사람은 옆 사람에게 같은 내용을 속삭여 전달하고 몇 번 거듭해서 마지막 사람이 이 내용을 큰소리로 이야기하면 전혀 다른 이야기가 되어 있어 모두 웃게 되는 놀이 말이다. 우리 집에서는 저녁 식사 시간에 이 놀이를 즐겨 한다. 저녁 식사 시간 어른들의 대화에 지루해진 아이들을 즐겁게 해 주는 최고의 방법이기 때문이다.

어른들의 세계에서도 이 놀이를 계속하고 있다. 단지 속삭이지 않을 뿐이다. 긴 문서와 그럴싸해 보이는 발표 자료를 만들어 누군가에게 건네주면, 그 사람은 우리 의도와는 전혀 다른 무언가를 만들어 버린다. 그 사람은 우리가 건네준 문서를 이용해 더 많은 문서를 만들고 또 다른 사람에게 넘긴다. 어릴 때 옮겨 말하기 놀이와 다른 점이 있다면 마지막에 누구도 웃지 않는다는 것이다.

사람들은 요청서를 읽을 때 각자 다르게 해석한다. 같은 내용을 읽으면서 어떻게 이해의 차이가 발생하는지 믿기 어렵겠지만 완전히 잘못 전달된 요청서 몇 가지를 살펴보자.

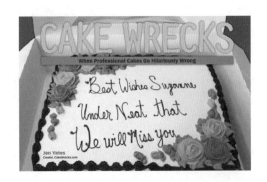

이 그림은 젠 예이츠(Jen Yates)의 책 *Cake Wrecks*(Andrews McMeel Publishing 펴냄)의 표지다(사진을 제공해 준 젠과 존 예이츠에게 감사한다). 이 책은 모두가 좋아해 마지않는 그녀의 웹 사이트 *cakewrecks.com*을 책으로 엮은 것인데 일단 들어가면 한 시간 정도는 훌쩍 지나간다. 이 사이트에는 설명하기 힘든 요상한 장식의 케이크 사진이 잔뜩 있다(물론 젠의 설

명이 곁들여져 있다). 사이트와 책에서 계속 반복되는 테마는 '잘못 해석된 요구사항'이다. 물론 '요구사항'이라는 단어는 IT 업계 용어라 책에서 이 단어를 사용하지는 않는다. 대신 젠은 '문자들'이라고 불렀는데, 주문 쪽지를 읽은 사람이 적혀 있는 그대로 풀었기 때문이다. 사진을 보면 누군가 고객의 주문 내용을 종이에 받아 적고 종이를 전달받은 사람이 메모 내용을 그대로 케이크에 옮겨 적는 모습을 상상할 수 있다.

손님: 안녕하세요. 케이크를 주문하려고 하는데요.

점원: 예. 케이크 위에 뭐라고 써 드릴까요?

손님: "잘 가(so long), 엘리샤"라고 써 주시겠어요? 보라색(in purple) 으로요.

점원: 알겠습니다.

손님: 주변에 별(stars)도 넣어 주세요.

점원: 물론이죠. 이 메모를 케이크 꾸미는 사람에게 바로 전달할게요. 아침에 찾으러 오시면 됩니다.

다음 사진이 주문 결과다.

다른 케이크를 보자. 소프트웨어 개발에서는 이런 것을 '비기능적 요구사항'이라고 부른다.

웃자고 살펴본 사례들이고 케이크에 20달러 정도 날렸다고 웃고 넘어갈 수 있다. 하지만 소프트웨어 개발이라면 다르다. 더 엄청난 손실을 야기할 때도 있다.

여러분은 아마도 1억 2천 500만 달러를 날려 버린 1999년의 미국 항공 우주국(NASA) 화성 기후 관측 궤도 위성에 대해 들어 보았을 것이다. 들어보지 못했더라도 상관없다. 핵심은 이것이다. 나사 프로젝트는 대부분 요구사항과 문서를 바닥에서 머리끝까지 쌓을 정도로 만든다. 그런데 그렇게 수많은 문서로 회의실을 가득 채웠는데도 위성이 사라지고 말았다. 나사는 측정에 미터법을 사용하는데 록히드 마틴(Lockheed Martin) 기술 팀은 위성의 추진기용 항법 명령어를 개발할 때 오래된 야드파운드법을 적용한 것이다. 그 위성이 어디에 있는지 정확히 아는 사람은 아무도 없지만 혹자는 위성이 화성 너머 어딘가에서 태양 주위를 돌면서 행복하게 살고 있다고 생각하기도 한다.[1]

얄궂게도 우리는 명확하게 대화하고 오해를 피하기 위해 문서를 작성하지만 사실은 그 반대인 경우가 더 많다.

문서의 공유가 이해의 공유를 의미하지는 않는다.

---

1 화성 궤도 위성에 무슨 문제가 생겼는지 다룬 글이 많다. 그 중에서 CNN 기사를 읽어 보면 도움이 될 것이다. *http://www.cnn.com/TECH/space/9909/30/mars.metric.02/*

잠시 저 문장을 적어 보자. 포스트잇에 적어서 주머니에 넣어 두거나 문신으로 새겨서 아침에 일하러 나갈 때 보는 것도 괜찮겠다. 읽을 때마다 지금부터 할 이야기가 떠오를 것이다.

공유된 이해(shared understanding)란 다른 사람이 무엇을 생각하는지, 그리고 왜 그렇게 생각하는지 모두가 이해했다는 뜻이다. 당연히 앞에서 본 케이크에 글씨를 넣은 사람과 요청 내용을 글로 써서 건네준 사람 사이에는 이것이 없었다. 그리고 나사에서 중요한 위치에 있는 누군가도 항법 시스템을 만든 사람과 자신이 이해한 내용을 공유하지 않았다. 여러분이 소프트웨어 개발에 참여해 봤다면 이런 경험이 분명 있을 것이다. 두 사람이 소프트웨어에 새로운 기능을 추가하기로 서로 합의했다고 믿었지만 결과물을 보니 양쪽의 생각이 전혀 달랐다는 걸 알게 되고, 상황을 재현하려 기억을 더듬어 봐도 기억에는 아무것도 남아 있지 않은 그런 경험 말이다.

공유된 이해를 만드는 것은 지극히 쉽다

예전 동료였던 루크 바렛(Luke Barrett)은 이 문제를 설명하기 위해 다음 쪽의 만화를 사용했다. 어디서 처음 보고 갖고왔는지 물어봤지만 그는 기억해 내지 못했고 이 그림을 그린 사람은 응당 받아야 할 대가를 받지 못하고 있다. 수년간 루크가 파워포인트 발표 자료의 슬라이드에 이 만화를 쓰는 것을 보면서 나는 흥미롭지만 뻔하다고 여겼다. 확실히 내가 좀 둔했다. 몇 년이 지나서야 이 만화가 소프트웨어 개발에서 스토리를 사용하는 데 있어 가장 중요한 점을 나타내고 있음을 이해했으니 말이다.

만화가 이야기하고자 하는 바는, 내 머릿속 생각을 글로 써서 나타내면 읽는 사람은 완전히 다른 무언가를 떠올릴 수도 있다는 점이다. "여러분 모두 저기 써 있는 내용에 동의하시나요?"라고 물어보면 아마도 "예! 그럼요"라고 대답했을 테고 말이다.

하지만 함께 모여서 이야기한다면 여러분은 자신이 생각한 걸 이야기할 테고 나는 그에 대한 질문을 할 수 있다. 각자의 생각을 그림으로 그리

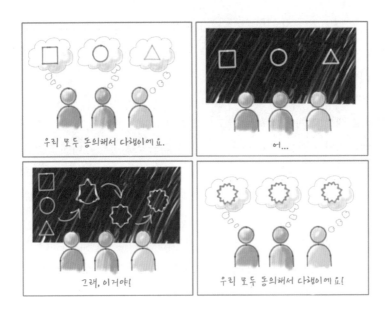

거나 인덱스카드 또는 포스트잇에 적어서 표현한다면 이야기는 훨씬 더 수월하게 진행될 것이다. 각자 자신의 생각을 단어나 그림으로 설명하는 시간을 갖는다면 모두가 똑같이 이해할 수 있다. 비록 당장은 우리 모두 서로 다르게 이해하고 있다는 것만 깨닫겠지만 말이다. 짜증은 좀 날 테지만 그래도 최소한 현실을 알게 된다.

누가 맞다 틀리다가 아니라 서로 다르게 생각하거나 중요하게 생각하는 부분에 대해 모두가 알게 된다. 다른 여러 생각을 결합하고 정제하는 과정을 통해 각자의 가장 좋은 아이디어를 포함한 공통의 이해에 도달하게 된다. 그게 바로 생각을 겉으로 드러내는 것이 중요한 이유다. 밑그림을 다시 그려보거나 포스트잇을 이리저리 옮겨 볼 수 있다. 이 방법의 정말로 좋은 점은 실제로 아이디어를 이리저리 움직여 본다는 것이다. 사실 우리가 하고 있는 것은 공유된 이해를 개선하는 작업이다. 그냥 말로만 했다면 엄청나게 어려웠을 과정이다.

대화를 마칠 즈음에 동일한 기능이나 개선점을 언급하면 이제는 모두에게 동일한 것을 의미한다. 이때부터 우리 모두는 같은 곳을 바라보고 있음을 느끼고 함께 앞으로 나아갈 자신감을 얻게 된다. 이것이 바로 우리가 다루어야 하는 품질이다. 하지만 안타깝게도 이것을 수치화할 수는 없다. 공유된 이해는 볼 수도 만질 수도 없지만 느낄 수는 있다.

완벽한 문서를 만들려는 시도는 이제 그만

수많은 사람이 뭔가 이상적인 문서 작성법이 있다고 믿는다. 그리고 누군가 문서를 읽고 다르게 이해한다면 글을 쓴 사람이나 읽는 사람, 둘 중 하나가 문제라고 생각한다. 하지만 사실 누구의 잘못도 아니다.

해답은 그만하는 것이다. 완벽한 문서를 만들려는 시도를 그만두라는 이야기다.

이제 가서 무엇이든 적어 보자. 그리고 단어와 그림 들을 이용해 공유된 이해를 이끌어 내기 위한 생산적인 대화를 해 보자.

사용자 스토리의 진정한 목표는
이해한 내용을 공유하는 것이다.

애자일 개발에서 스토리란 용어는 그것을 사용하는 방법을 가리키는 것이지, 써야 하는 내용을 가리키는 것이 아니다. 여러분이 소프트웨어 개발에 스토리를 사용하고는 있지만, 대화할 때 말과 그림을 함께 사용하지 않는다면 잘못하고 있는 것이다.

이 책을 읽는 목표가 더 나은 스토리 작성법을 배우는 것이었다면 번지수가 틀렸다.

좋은 문서란 휴가 사진과 같은 것

여러분이 내 휴가 사진을 본다면 해변에 있는 내 아이들을 보고 예의 바르게 "귀엽네요"라고 말할 것이다. 하지만 나는 그 사진을 보면 깊게 파인 사류구동 바퀴 자국을 따라 한 시간 넘게 운전을 한 뒤, 다시 30분가량 용암지대를 걸어서 겨우 도착한 하와이의 어느 해변이 생각난다. 아이들은 대체 이걸 왜 해야 하냐고 투덜거렸고 나도 같은 의문이 들었다. 하지만 고생을 감내할 만한 가치는 있었다. 인적이 드문 환상적인 바닷가에서 행복한 하루를 보낼 수 있었고 햇볕을 쬐기 위해 물가로 올라온 바다거북은 금상첨화였다.

물론 여러분은 거기 없었기 때문에 이 사진만으로 모든 것을 알 수는 없다. 나는 거기에 있었기 때문에 이 모든 일을 기억하는 것이다.

좋든 나쁘든 이런 게 실제 문서가 작동하는 방식이다.

어떤 소프트웨어를 만들지 토론하는 회의에 엄청나게 많이 참석한 다음, 회의 내용을 정리한 문서를 만들어 같이 참석했던 다른 사람과 공유할 수 있다. 모두들 괜찮게 정리했다고 동의할 수도 있다. 하지만 문서에 포함되지 않은 세부사항은 공유된 이해가 보완해 준다는 점을 기억하자. 그 자리에 참여하지 않은 다른 사람은 그 문서를 여러분과 같은 정도로 이해하지 못한다. 그 사람이 이해했다고 이야기하더라도 믿지 말자. 내가 휴가 사진으로 스토리를 이야기했듯이 같이 모여서 문서로 스토리를 이야기하자.

기억을 돕기 위한 문서

사람들이 농담으로 "우리는 애자일 방법론을 따르니 문서를 더는 쓰지 않아요"라고 이야기하기도 한다. 뭔가를 아는 사람의 농담이다. 스토리 주도 방식은 상당한 문서를 필요로 한다. 하지만 그 문서는 전통적인 요구사항 문서와는 형태가 다르다.

여기서 말하는 문서는 대화, 스케치, 필기한 것들 그리고 포스트잇이나 인덱스카드로 작업한 것들이다. 우리가 대화할 때 가지고 들어온 문서에 적은 의견, 형광펜으로 칠하고 휘갈겨 쓴 메모도 문서다. 문서는 상호적이고 강력하다. 회의 탁자에 앉아서 여러 사람이 의견을 나누는 동안 한 사람이 여러분의 이야기를 스토리 관리 시스템에 입력하고 있다면 이는 뭔가 문제가 있는 것이다.

스토리를 이야기할 때는 무엇이든 대화의 도구로 활용할 수 있다. 그리고 스토리를 이야기하면서 많은 내용을 노트에 적고 또 많은 그림을 그렸다면 그것들을 다 보관해야 한다. 나중에 여기저기 가지고 다니면서 볼 수 있게 사진으로 찍고 추가 문서로 다시 정리해야 한다.

하지만 가장 중요하게 기억해야 할 것은, 무엇을 적느냐가 아니라 문서를 읽을 때 무엇을 기억해 내느냐다. 우리도 휴가 사진 같은 것이 있어야 한다.

이야기하고, 그림을 그려보고, 기록하고, 포스트잇과 인덱스카드를 사용하고 나서 그 결과를 사진으로 남기자. 칠판에 있는 내용에 대해 이야기하는 과정을 짧은 동영상으로 찍어 두면 더 좋다. 문서로는 절대 불가능한 깊이 있는 상세 내용을 기억하게 될 것이다.

> 기억하는 데 도움이 되도록 대화의 결과물을
> 사진으로 찍고 짧은 동영상으로 기록하자.

제대로 이야기하기

자신이 하는 일이 요구사항을 수집하고 그에 대해 이야기하는 것이라 생각하는 사람이 꽤 많다. 하지만 그게 아니다.

> 사실을 말하자면 여러분의
> 일은 세상을 바꾸는 것이다.

그렇다. 여러분의 주의를 끌려고 이렇게 말했다. 과장해서 이야기하는 것처럼 들린다는 것도 안다. 저 문장이 주로 세계 평화나 빈곤 퇴치 관련해서 쓰이고 때로는 정치인들이 서로 동의를 얻기 위해 터무니 없이 끌어다 쓰기도 하니까 말이다. 하지만 나는 진지하게 이야기하는 중이다. 여러분이 제품에 덧붙인 좋은 아이디어는 그 제품을 사용하는 사람들의 세계를 작게나마 바꾼다. 물론 작지 않은 경우도 있다. 바꾸지 못했다면 여러분은 실패한 것이다.

지금과 나중

내가 개인적으로 사용하며 항상 염두에 두고 있는, 세상을 바꾸는 단순한 모델이 있다. 스토리에 대해 이야기하고 공유된 이해를 만드는 동안 여러분의 머릿속에도 이 모델이 있어야 한다.

그 모델은 다음 그림과 같다.

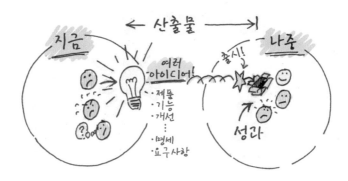

이 모델은 지금 세상이 어떠한지 살펴보는 것에서 시작한다. 현재 상태를 살펴보면 불행하거나 화가 났거나 혼란스럽거나 좌절한 사람이 있을 것이다. 세상은 너무 크고 넓으니 지금은 우리가 만든 소프트웨어를 사용하거나 사용할 사람에게 집중해 보자. 사용자가 무엇을 하고 있는지, 어떤 도구를 사용하고 그 도구를 어떻게 사용하는지 살펴보면 아마 다음과 같은 아이디어가 떠오를 것이다.

- 완전히 새로운 제품 만들기
- 기존 제품에 기능 추가하기
- 만든 제품 향상시키기

어느 시점이 되면 여러분은 그 아이디어에 대한 상세한 내용을 다른 사람과 이야기할 것이고 디자인이나 명세화를 시작할 수도 있다. 이것을 다른 사람에게 건네준다면 이 모든 상세 내용을 여러분의 요구사항이라 부를 것이다. 결국 요구사항이란 다른 사람을 돕기 위해 만든, 우리가 가진 아이디어의 또 다른 이름일 뿐임을 기억하자.

이 요구사항을 바탕으로 일련의 과정을 거친 결과물이 소프트웨어다.

이 소프트웨어는 나중에 세상에 출시된다. 그리고 우리가 정말 원하는 건, 불행하다고 느끼거나 화가 났거나 혼란스러워하거나 좌절하고 있던 사람들이 우리 소프트웨어를 접하고 행복해지는 것이다. 요즘 사용자는 예쁜 상자에 담겨 있는 제품에 행복해 하지 않는다(물론 요즘엔 소프트웨어를 상자에 담아 출시하지 않지만). 출시 노트를 읽거나 모바일 장치에 앱을 다운로드하면서 행복해 하지도 않는다. 사용자들은 소프트웨어, 웹 사이트, 모바일 앱, 또는 여러분이 만든 무언가를 사용할 때 이전과 다르게 일을 할 수 있기 때문에 기뻐하는 것이다.

그런데 사실 항상 모든 사람을 행복하게 해줄 수는 없다. 여러분이 무엇을 만들든 상관없이 어떤 사람은 더 행복할 것이고, 얼마나 열심히 일했는지, 제품이 얼마나 좋은지에 상관없이 어떤 사람은 여전히 행복하지 않을 것이다.

소프트웨어가 목적이 아니다

아이디어 단계부터 실제 출시까지 모든 것을 산출물이라 부른다. 바로 우리가 만들어 낸 것이다. 애자일 소프트웨어 개발 방식으로 일하는 사람들은 산출물이 나오는 속도를 신중히 측정하고 이 속도를 높이기 위해 노력한다. 물론 그들도 소프트웨어를 만드는 사람들이기 때문에 해야 하는 일에 드는 비용과 시간을 고려해야만 한다.

하지만 그렇다고 해서 산출물이 진짜 목표는 아니다. 우리가 진정 원하는 건 산출물이 아니고 나중에 그 산출물의 결과로 나타나는 것이다. 우리는 그것을 성과라고 부른다. 성과(outcome)는 무엇인가 세상에 나왔을 때(come out) 그로 인해 일어나는 것이기에 그렇게 부른다. 그리고 성과는 그게 드러나 작동하기 전에는 측정할 수 없기에 어렵다. 성과는 우리가 출시한 기능의 수나 지금 사람들이 하는 일의 가능성으로 측정되지 않는다. 우리가 측정하는 것은 우리가 만든 제품과 서비스로 인해 사람들이 어떻게 이전과 다르게 목표에 도달하는지 여부이고, 가장 중요한 점은 우리가

그들의 삶을 더 낫게 만들었는가이다.[2]

그렇다. 여러분은 세상을 바꿔 왔다. 여러분이 내놓은 것들 덕분에 사람들은 자신의 목표를 달성하는 데 이전과는 다른 방법을 쓸 수 있게 됐다. 사람들이 그것을 사용함으로써 그들의 세상은 이전과 달라졌다.

앞에서도 말했지만 여러분의 목표는 그저 새로운 제품이나 기능을 만드는 것이 아니다. 새로운 기능에 대해 이야기할 때 누구를 위한 것인지, 그들은 지금 무엇을 하고 있는지, 제품이 이들에게 어떤 영향을 끼칠지에 대해 이야기해야 한다. 이후에 생길 긍정적인 변화가 사람들이 그 제품을 원하는 이유가 될 것이다.

> 좋은 스토리 대화는 단지 '무엇'에 대해서만이 아니라
> '누구'와 '왜'에 대해 이야기하는 것이다.

그렇다. 사람만을 이야기하는 게 아니다

나는 다른 사람들을 바로 옆에 있는 사람만큼 신경 쓴다. 단지 사람들을 행복하게 하려고만 하는 이야기는 아니다. 회사에 소속되어 급여를 받고 일하는 입장이라면 어떻게 해야 몸담은 조직이 더 많은 이익을 얻고 시장 점유율을 유지하고 확대할 수 있을지, 더 효율적으로 운영될 수 있을지 고민할 것이다. 회사에 문제가 있다면 누군가를 도울 수 있는 자원(또는 일자리)을 유지할 수 없기 때문이다.

그래서 앞에서 제시한 모델을 조금 개선해 봤다. 조직 내부를 살펴보는 데서 출발한다. 행복하지 않은 사람이 생각보다 더 많다는 사실을 알게 될 것이다. 보통은 비즈니스가 기대한 만큼 잘되지 않기 때문이다. 이를 고치려면 특정 고객이나 사용자에 초점을 맞추고 그들이 사용할 소프트웨어를 만들거나 개선할 아이디어를 생각해 내야 한다. 결국 이는 궁극적으로 사

---

2 로버트 패브리컨트(Robert Fabricant)가 한 "Behavior Is Our Medium"(http://vimeo.com/3730382)이라는 강연을 듣고 산출물과 성과의 차이가 분명해졌다. 그전에는 머릿속으로 이 두 말의 차이를 분명히 하기 위해 고생했고 다른 사람들도 마찬가지였다. 다행히도 로버트는 그 내용을 분명하게 정리했다.

람에 대한 것이다. 이유는 다음과 같다.

> 고객과 사용자가 원하는 것을 얻지 못하면
> 회사도 원하는 것을 얻을 수 없다.

이 흐름은 중점을 둬야 할 사람, 해결해야 하는 문제, 그리고 실제 소프트웨어로 만들 아이디어를 선택하는 것으로 이어진다. 고객들이 구매하여 사용하고 그로 인해 행복해진다면 결과적으로 소프트웨어 개발을 후원하던 비즈니스는 원하던 이득을 얻게 된다. 이것은 수익 증가, 운영 비용 절감, 고객 만족도, 시장 점유율 등에도 반영될 것이다. 다수의 회사 구성원도 행복해질 것이다. 이 과정에서 사람들의 실생활을 개선하면서 회사가 건강하게 유지되도록 도운 여러분 자신도 행복해져야 한다. 이것이야말로 윈윈 전략이다.

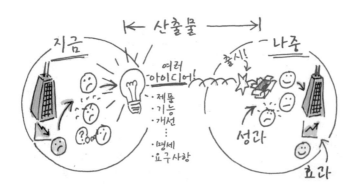

여기서 말하는 영향은 좋은 성과의 결과로 일어나는 장기적인 것이다. 성과는 제품을 출시한 직후에도 관측할 수 있지만 영향은 더 오래 걸린다.

적게 만들기
다른 분야도 마찬가지일 거라 생각하지만 소프트웨어 업계에는 한 가지 불편한 진실이 있다. 그것은 다음과 같다.

만들어야 할 것이
가지고 있는 시간이나 자원보다 '항상' 더 많다.

소프트웨어 개발에 대한 일반적인 오해 중 하나는 우리가 더 많은 산출물을 더 빨리 만들어 내기 위해 노력하고 있다고 생각한다는 점이다. 해야 할 일이 엄청나게 많다면 더 빨리 일하는 것은 당연히 도움이 될 테니까 그렇다. 하지만 제대로 하고 있다면 여러분이 해야 할 일은 더 많이 만드는 것이 아니라 적게 만드는 것임을 알게 될 것이다.

산출물은 최소화하고
성과와 영향은 극대화하라.

결국 여러분의 일은 산출물을 최소화하고 성과와 영향을 극대화하는 것이다. 요령은 해결하려는 문제를 실제로 겪고 있는 사람에게 더 세심하게 주의를 기울이는 것이다. 여기에는 그 소프트웨어의 사용자뿐 아니라 조직 내에서 문제를 해결하기 위해 소프트웨어를 구매하려는 사람도 포함된다. 그들은 같은 사람일 수도, 아닐 수도 있다.

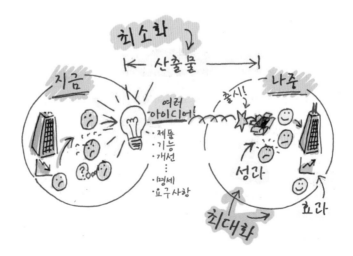

비즈니스에는 항상 수많은 잠재적 사용자와 고객이 있다. 비즈니스 전략은 원하는 효과를 얻으려면 그중 누구에게 집중해야 하는지에 대한 지침이 되어야 한다. 어떤 비즈니스도 모든 사람을 행복하게 만들 수 있을 만큼의 자원을 투입할 수 없다. 말 그대로 불가능하다.

　오해하지는 말자. 더 많은 소프트웨어를 빠르게 구축하는 것 자체는 좋은 아이디어다. 하지만 해결책이 될 수는 없다.

'요구'로 시작하는 무시무시한 단어에 대해

나는 소프트웨어 개발 경력을 시작하고 거의 10년 동안 전통적인 오프라인 소매업체 소프트웨어를 개발했다. 그때만 해도 요구사항이란 용어는 없거나 거의 쓰이지 않았다. 요구사항이란 내가 하고 있는 일과 그다지 관련이 없는 용어였다. 각기 다른 수많은 고객이 모두 자신들에게 필요한 특별한 아이디어를 갖고 있었다. 나 또한 우리 제품을 팔아야 회사가 수익을 얻는다는 점을 알고 있었다. 사실 나는 각양각색의 고객에게 회사의 제품을 팔기 위해 제품 설명회에 나가 장시간 서 있어 본 적도 있다. 그 과정에서 알게 된 것은 우리 팀이 개발한 상품을 출시한 뒤에도 그 고객들과 계속 일해야 한다는 사실이었다. 그래서 나는 고객이 가장 관심 있어 하는 사안에 맞춰 공들여 작업을 했다. 각 고객은 원하는 바가 다 달랐기 때문에 모든 것을 만들어 줄 수는 없었다. 우리 회사와 내가 속한 팀도 무한한 시간이 있지 않았기에 사람들을 행복하게 하기 위해 내가 만들 수 있는 최소한의 것이 무엇인지 찾아내기를 게을리하지 않았다. 힘든 시간을 보냈다고 들릴지 모르겠지만 재미있는 시간이었다.

　회사가 커 가면서 더 많은 전통적인 소프트웨어 개발 인력을 고용했다. 어느 날 다른 팀의 팀장이 내게 와서 이렇게 말했다. "제프, 지금 작업하고 있는 상품을 이렇게 좀 바꿔 주면 좋겠어요."

　"그럼요. 문제없어요. 누구를 위해 필요한 것이고 어떤 문제를 해결해야 하는지 이야기해 주세요"라고 말했다.

그녀는 "그거 요구사항이에요"라고 답했다.

"알겠어요. 그저 누가 대상이고, 어떻게 이 변경사항을 사용할지, 그리고 그 사람이 일하는 어느 부분을 위한 것인지만 간략히 이야기해 줘요"라고 내가 말했다.

그녀는 나를 약간 한심하다는 듯한 표정으로 바라보더니 한 번 더 단호하게 이야기했다. "이건 요구사항이라니깐요."

그 순간 나는 요구사항이란 단어의 실제 의미가 '닥쳐!'라는 걸 배웠다.

수많은 사람에게 요구사항이란 의미는 바로 저런 것이었다. 요구사항 때문에 우리가 해결하려는 문제와 그 문제를 겪는 사람들에 대한 대화가 중단된다. 진실은 여러분이 요구 받은 사항 중 일부만 만들어도 여전히 사람들을 아주 행복하게 할 수 있다는 점이다.[3]

기억하자. 결국 여러분의 일은 요구사항을 잘 수집하는 것이 아니라 세상을 바꾸는 것임을.

이 내용만은 기억하자

이 책에서 얻는 것이 별로 없더라도 다음은 기억하자.

- 스토리는 요구사항 형태로 쓰지 않는다: 스토리 이야기하기는 단어와 그림을 이용한 협업을 통해 공유된 이해를 이끌어 내기 위한 장치다.
- 스토리는 요구사항이 아니다: 무엇을 만들어야 할지를 놓고 그 기준이 되는 우리 조직, 고객 그리고 사용자 들의 문제 해결에 대한 토론이다.
- 여러분의 일은 더 많은 소프트웨어를 더 빠르게 만들어 내는 것이 아니다. 만들기로 한 것에서 얻을 수 있는 구체적인 성과와 영향력을 최대화하는 것이다.

---

3 켄트 벡은 그의 책 *Extreme Programming Explained**에서 요구사항이란 용어의 오용에 대해 경고했다. 그 의견에 강하게 동의하기 때문에 그가 경고한 방식을 다른 말로 바꾸어 표현했다.
* 번역서는 《익스트림 프로그래밍》 김창준·정지호 옮김, 인사이트 펴냄

스토리, 즉 스토리 작성 방식이 의도한 바는 소프트웨어(그리고 다른 많은 것)를 함께 만들면서 우리가 직면하는 많은 어려움에 대해 완전히 다르게 생각하자는 것이다. 효과적으로 함께 일하고 문제를 해결할 물건을 만들어 낼 수 있다면 세상을 지배할 수 있을 것이다. 아니면 최소한 세상의 일부분에라도 여러분의 제품이 깃들 것이다.

이 책을 읽고 여러분이 스토리 사용의 기본으로 돌아가기를 바란다. 다른 사람과 협업하면서 사용자와 고객, 그리고 그들을 도울 방법에 대한 스토리를 이야기하기를 바란다. 그림을 그리고 커다란 포스트잇 벽을 만든다면 좋겠다. 여러분이 적극적으로 참여하고 스스로를 창의적이라고 느끼면 좋겠다. 변화를 만들어 내고 있다고 느끼면 좋겠다. 스토리를 제대로 사용한다면 그렇게 될 테고 훨씬 더 재미있을 것이다.

자, 이제 '스토리'를 이야기하면서 아마 가장 재미있을 부분에 대해 이야기해 보자. 바로 스토리 맵을 사용할 때다.

1장

큰 그림

"전 애자일 개발이 좋아요! 몇 주마다 동작하는 소프트웨어를 가지고 진행 상황을 알 수 있거든요. 그런데 처음 그렸던 큰 그림이 무엇이었는지 잘 모르겠어요."

애자일로 프로젝트를 개발하는 팀원에게 이런 이야기를 들을 때마다 10센트씩 받았다면 난 아마 꽤나 많은 동전을 모았을 것이다. 여러분 스스로 비슷한 이야기를 한 경험이 있을지도 모른다. 좋은 소식을 전하자면 애자일 방식이나 스토리 주도 접근 방식으로 개발한다고 해서 큰 그림을 희생해야 하는 것은 아니다. 여전히 제품 전체에 대해 적절한 논의를 할 수 있고 또한 몇 주마다 진행 상황을 확인할 수도 있다.

앞서 "이 장을 먼저 읽자"를 참을성 있게 읽었으니 스토리에 대한 모든 부차적인 내용은 생략하겠다. 대신 스토리 맵이 애자일 개발의 가장 큰 문제 중 하나를 어떻게 해결하는지 바로 이야기해 보자. 애자일 프로젝트에서 스토리 작성하기가 이미 익숙하다면 이 장을 시작하기에 부족함이 없을 것이다.

애자일과 관련해서

이 책을 읽으면 스토리 매핑은 애자일 프로세스에서 스토리를 이용하는 것과 마찬가지로 스토리를 이용해 일하는 방법임을 알게 될 것이다. 현 시점에서 애자일 개발에 대한 다른 책들은 죄다 2001년 작성된 〈애자일 소프트웨어 개발 선언문(Manifesto for Agile Software Development)〉을 반복하고 있다. 이 선언문은 당시 주류였던 비생산적 프로세스에 진절머리가 난 열일곱 명이 작성한 것이다. 그들에게 감사를 표한다. 그리고 기쁘게도 많은 이들이 그 선언문에 영향을 받았다.

하지만 그 선언문을 여기에 쓰거나 선언문이 왜 중요한지 열변을 토하지는 않겠다. 그러지 않아 실망했다면 유감이지만 나는 여러분이 이미 알고 있으리라 믿는다. 혹시 그 선언문을 아직 읽어 보지 않았다면 꼭 읽어 보자.

그 대신 선언문이 차지했을 만큼의 공간에 재미있는 고양이 사진을 넣었다.[1] 인터넷에 올라온 재미있는 고양이 사진이 그 어떤 선언문보다 더 쉽게 주목을 끌 수 있다는 점이 여러 번 증명되었기 때문이다.

아마 이 고양이가 애자일과 무슨 연관이 있는지 궁금할 것이다. 사실 아무 관련이 없다. 하지만 애자일은 이 책과 스토리 그리고 스토리 맵의 진화에 분명히 관련이 있다.

〈옛 기억을 떠올릴 때 나오는 음악을 틀고…〉

나는 2000년에 샌프란시스코에 있는 한 스타트업에서 일했다. 그 회사는 소프트웨어 개발 프로세스를 원활하게 진행하고자 켄트 벡(Kent Beck)을 컨설턴트로 고용했다. 그는 익스트림 프로그래밍(Extreme Programming,

---

1 사진은 피우투스(Piutus)라는 사람이 찍었고 플리커(*https://flic.kr/p/4PifQX*)에서 찾았다. 크리에이티브 커먼즈 저작자 표시 라이선스에 따라 사용할 수 있다.

XP)의 아버지이며 스토리에 대한 아이디어를 가장 먼저 설명한 사람이다. 오래전 이야기를 하고 있는데, 중요한 건 스토리라는 아이디어가 오래되었다는 점이다. 이제 막 스토리를 사용하기 시작했다면 신기술을 사용한다고 하기엔 10여 년 정도 늦은 셈이다. 켄트와 XP의 선구자들은 요구사항을 이용한 모든 방법이 제대로 돌아가지 않는다는 점을 알고 있었다. 켄트의 간단한 아이디어는 함께 모여 우리의 스토리를 이야기해야 한다는 것이었다. 그렇게 하면 공유된 이해를 만들 수 있고 더 나은 해법에 다다를 수 있기 때문이다.

스토리는 쓰는 것이 아니라 이야기하는 것이다

처음 스토리라는 단어를 들었을 때 그다지 좋지는 않았다. 인정한다. 사람들이 원하는 중요한 것을 스토리라고 불러서 시시하게 만든다는 점이 부적절해 보였다. 하지만 공유된 이해에 대해 이야기할 때 이미 언급했다시피 난 배우는 데 느린 편이다. 다음 내용을 깨닫기까지 시간이 좀 걸렸다.

> 스토리란 용어는 그것을 사용하는 방법을 가리키는 것이지,
>
> 무엇을 써야 하는지 가리키는 것이 아니다.

사실 스토리가 왜 그런 이름을 가지게 되었는지 깨닫기 전에도 포스트잇이나 인덱스카드에 한 문장이나 짧은 제목을 단 여러 스토리를 쓸 수 있다는 사실을 알았다. 더구나 무엇이 더 중요한지 결정하기 위해 이리저리 옮겨 보며 우선순위를 정하기도 했다. 더 중요한 것이 무엇인지 결정되면 그에 대한 토론을 시작했다. 정말 괜찮은 방법이었다. 왜 전에는 카드에 무언가를 쓰고 그 카드를 이런 방식으로 사용해 볼 생각을 하지 않았을까?

문제는 카드 한 장에 적힌 내용이 개발자 한 명이 두어 시간 일할 정도인지, 하루이틀이나 한두 주 아니면 한 달이 필요한 일인지 모른다는 점이었다. 최소한 나는 그에 대해 이야기해 보기 전까지는 알 수 없었다.

내 첫 애자일 프로젝트에서 스토리로 작업을 하다가 벌어진 일이다. 스토리 대화를 시작했을 때 내가 작성한 스토리가 너무 크다는 것을 알게 되었고 골치 아픈 논쟁이 벌어졌다. 나는 그 스토리가 다음 반복주기(iteration)에 완료되길 바랐지만 나와 이야기한 개발자는 다른 것을 이야기했다. 내가 무엇인가 잘못한 것 같은 느낌이었다. 그 개발자는 그 스토리에서 다음 주기에 완료할 수 있는 작은 부분을 끄집어냈고, 우리는 그에 대해 이야기할 수 있었다. 하지만 나는 우리가 큰 그림에 대해 이야기해 볼 수 없다는 사실에 낙담했다. 내가 진정 원했던 건 그 큰 스토리에 실제 얼마만큼 시간이 걸릴지 알아내는 것이었다. 그 회의 동안 알 수 있기를 바랐지만 실상은 그러지 못했다.

전체 스토리 이야기하기

2001년 나는 몸담았던 팀을 떠나 좀 다른 방식으로 일하기로 했다. 나와 내 팀은 큰 그림에 초점을 맞춘 스토리 쓰기를 시도했다. 우리가 만들고 있는 제품을 이해하고 함께 적정 수준을 찾아내려 노력했다. 우리는 스토리 제목이 적힌 여러 개의 인덱스카드를 사용해 생각을 정리하고, 큰 그림을 다음 주기에 개발할 수 있는 여러 작은 부분으로 나눴다. 2004년에 이 아이디어를 다룬 첫 번째 글을 썼지만, 2007년까지 스토리 매핑이라는 말은 생각하지 못했다.

무언가에 이름을 붙이는 것은 중요한 일이다. 이 실천법에 좋은 이름을 붙인 뒤에 실제 그것이 퍼져 나가는 것을 볼 수 있었다. 그때는 위대한 발명이라고 생각했다. 하지만 완전히 같지 않아도 비슷하게 일하는 다른 사람을 만나기 시작하면서 내가 패턴을 발견한 것임을 알았다.

친구 린다 라이징(Linda Rising)이 패턴을 다음과 같이 정의했다. 여러분이 누군가에게 훌륭한 아이디어를 이야기했을 때 그가 "아, 우리도 비슷한 걸 하고 있어"라고 대답한다면 그것은 발명이 아니라 패턴이다.

스토리 매핑은 패턴이다. 실용적인 사람들이 전체 제품이나 기능을 이해하기 위해 쓰는 방법이다. 그들은 큰 스토리를 작은 것들로 나누는 데 스토리 맵을 쓴다. 여러분이 이렇게 하지 않고 있다고 해서 상심할 필요는 없다. 결국은 하게 될 것이기 때문이다. 이 책을 읽음으로써 몇 주나 몇 달이 걸릴 수 있는 좌절의 시기를 줄일 수 있다.

스토리 맵은 커다란 스토리를
여러분이 이야기하는 대로 나누어 놓은 것이다.

현재 많은 회사가 스토리 맵을 이용하고 있다. SAP에 근무하는 친구 마티나(Martina)는 2013년 9월에 보낸 메시지에서 다음과 같이 이야기했다.

공식적으로 현재까지 120회 이상의 사용자 스토리 매핑(user story mapping) 워크숍을 했어요. 제품 책임자가 정말 이걸 좋아해요! 스토리 매핑은 이제 SAP에 정착된 방식이에요.

스토리 매핑이 문제 해결에 도움이 된 이야기를 매주 다양한 사람들에게서 듣는다. 요즘엔 사람들과 이야기하면서 내가 스스로 하는 것보다 더 많은 것을 배우기도 한다.

스토리의 원래 아이디어는 간단했다. 스토리는 우리가 공유된 문서 대신 공유된 이해에 집중하도록 했다. 일반적인 스토리 사용 방법은 스토리 목록을 만들고 우선순위를 정한 뒤 그에 대한 대화를 시작하고 그 뒤에 한 번에 하나씩 소프트웨어로 만드는 것이다. 합리적으로 들리지만 큰 문제가 생길 수도 있다.

게리와 단조롭게 펼쳐진 백로그의 비극

게리 레빗(Gary Levitt)을 만난 건 몇 년 전 일이다. 게리는 새로운 웹 서비스 출시를 준비 중인 사업가였다. 지금은 매드 미미(Mad Mimi)라는 이름의 웹 서비스가 출시된 상태다. 그가 처음 서비스를 구상했을 때는 일종의 음악 산업 마케팅용 인터페이스[2]를 고려하고 있었다. 그는 음악가이고 밴드를 이끈 적도 있다. 자기 밴드를 관리하며 다른 밴드를 도왔고 스튜디오 음악가(studio musician)였으며 고객을 위해 음반을 만들기도 했다.

그를 만난 날, 게리는 오프라 윈프리 쇼에서 상당한 양의 음악을 주문받은 상태였다. 그 음악은 쇼의 시작이나 끝, 광고 시작 전후 등에 쓰일 짧은 것이었다. 소식지를 출간하는 사람들이 클립 아트를 사는 것처럼 텔레비전 프로듀서는 이런 음악을 구매했다. 일종의 음악 클립 아트라고 할 수 있다. 게리는 꽤 큰 규모의 시스템을 만드는 아이디어가 있었다. 그 시스템은 게리 자신이나 그가 몸담고 있던 프로젝트에서 협업 중인 다른 음악가들에게도 도움이 될 걸로 보였다.

게리는 그 협업용 소프트웨어를 어떤 사람과 함께 애자일 방식으로 만들기로 했다. 그 사람은 게리에게 원하는 것의 목록을 작성한 뒤 우선순위를 매겨 보라고 했다. 그 뒤에 가장 가치 있는(가장 중요한) 것에 대해 이야기할 것이고 그것들을 한 번에 하나씩 만들어 갈 것이라고 했다. 그가 만든 목록은 애자일 방식에서 백로그라고 하는 것이었고 목록을 만들고 가장 중요한 것부터 시작하는 것이 일리가 있었기에 게리는 그렇게 했다.

게리가 백로그를 만들자 개발 팀은 한 번에 일정 부분씩 만들어 가기 시작했다. 한동안 게리는 만들어진 소프트웨어의 각 부분에 대한 비용을 계속해서 지불했다. 소프트웨어는 천천히 모양을 갖춰 나갔지만 게리는 자기가 원하는 만큼 되려면 한참 멀었으며 다 되기도 전에 자신이 무일푼이 될 수도 있음을 깨달았다.

---

2 《Business Insider》에 실린 기사 〈How This Guy Launched A Multi-Million Dollar Startup Without Any VC Money〉(*http://read.bi/UtcIIE*)에 나온 게리에 대한 내용을 읽어 보라.

게리와 함께 일하는 사람은 내가 아는 사람이었다. 내 친구는 게리가 그 문제로 스트레스가 심하다는 것을 알고 있었고 돕고 싶어 했다. 그 친구는 내게 게리를 만나 이야기해 보고 그의 아이디어를 구체화하는 데 도움을 줄 수 있는지 물었다. 나는 게리에게 연락해 맨해튼에 위치한 그의 사무실에서 만나기로 했다.

대화하고 기록하기

나는 게리와 대화를 시작했고 그가 말한 내용을 핵심 사항과 함께 카드에 적었다. 내가 스토리 맵을 만들 때 즐겨 쓰는 주문이 있다. '대화하고 기록하기'라고 하는데 기본적으로 대화가 사라지지 않게 하자는 뜻이다. 카드에 기록해 놓으니 나중에 참고할 수 있다. 카드에 몇 가지 단어를 써 놓는 것만으로도 사람들이 그에 대한 대화를 빠르게 기억해 내는 데 도움이 된다. 카드를 탁자에 늘어놓고 체계화할 수도 있다. 카드를 가리키면서 '이것'과 '저것' 같은 유용한 단어를 사용해 이야기를 시작한다. 효과적으로 이야기할 수 있으니 많은 시간을 절약할 수 있다. 게리를 도와 그의 생각을 밖으로 표현할 수 있게 했고 이것은 공유된 이해를 만드는 데 매우 중요했다.

대화하고 기록하기: 스토리를 이야기하는 것처럼
카드나 포스트잇에 생각을 적어 밖으로 표현해 보자.

탁자 위에 카드들을 늘어놓기 시작했으나 곧 꽉 차고 말았다. 내가 방문한 날 게리는 사무실을 이사하는 중이었고 그의 원래 사무실이었던 곳의 가구들은 치워져 있었다. 그래서 계속해서 커지는 맵을 바닥으로 옮겼다.

하루가 저물 무렵엔 다음 쪽 사진과 같았다.

생각하고 쓰고 설명하고 놓기

팀과 함께 스토리 맵을 만들 때나 무엇에 대해 토론할 때는 여러분이 논의하는 것을 간단히 시각화하자. 아이데이션을 할 때 종종 실수하는 일 중 하나는 엄청나게 많은 아이디어가 공중으로 날아가게 두는 것이다. 즉, 우리가 그것을 이야기하면 사람들이 마치 들은 것마냥 고개만 끄덕이는 것이다. 어디에 기록하거나 참조해 두지 않다 보니 나중에 다른 대화 도중 같은 아이디어가 다시 나와도 못 들은 사람이나 잊은 사람 때문에 다시 설명해야 한다.

아이디어를 설명하기 전에 간단하게 써 두는 버릇을 들이자.

1. 카드나 포스트잇을 사용한다면 생각났을 때 바로 몇 가지 단어를 써 보자.
2. 포스트잇이나 카드를 가리키며 아이디어를 설명한다. 몸짓을 크게 하고 그림도 더 그린다. 스토리를 이야기해 본다.
3. 카드나 포스트잇을 모두 다 볼 수 있는 공용 장소에 두고 가리키거나 더하거나 이리저리 옮겨 보자. 여기서 많은 아이디어가 여러분이나 다른 사람에게서 나올 수 있다.

나는 다른 사람의 이야기를 집중해서 듣다 보면 그 이야기를 통해 다른 아이디어가 떠오르기도 한다. 그 아이디어를 바로 이야기할 수 없으면 대개 머릿속에 담아 두고 진행 중인 대화에 끼워 넣을 수 있는 적절한 순간을 기다렸다. 하지만 그 훌륭한 아이디어를 기억하는 데 집중하다 보니 다른 사람의 이야기를 듣지 않는다는 사실을 알게 되었다. 요즘엔 아이디어를 간단히 포스트잇에 기록하고 적절한 순간에 이야기할 수 있도록 한편에 둔다. 머릿속에서 끄집어내어 따로 써 두면 듣는 데 집중할 수 있다. 그리고 나중에 그 포스트잇을 읽어 보면 내 아이디어와 그에 관련된 설명을 기억해 내기가 쉽다.

나는 게리의 요구사항을 수집하러 온 것이 아니었다. 기능 목록에 대해 먼저 이야기하지도 않았다. 우리는 잠시 멈추고 처음부터 시작했다.

아이디어 틀 잡기

첫 대화는 게리의 제품 아이디어를 명확히 하며 틀을 잡는데 중점을 뒀다. 그의 비즈니스와 목표에 대해 이야기를 나눴고 제품을 만들려는 이유에 대해 이야기했다. 그리고 그 제품을 통해 그와 사용자가 어떤 이점을 얻을 수 있는지 들었다. 그와 사용자의 어떤 문제를 해결하려 하는지도 물었다. 알아챘겠지만 지금과 나중(now and later) 모델이 내 머릿속에 자리 잡고 있었다. 게리가 원하는 성과가 어떤 것인지 이해하려고 노력했지, 그가 만들려고 하는 결과물을 이해하려고 하지 않았다.

내가 카드 두 장을 내려놓고 포개어 놓으면 사람들은 위에 놓여 있는 카드가 더 중요하다고 생각한다. 별다른 설명이 없어도 단순히 카드 한 장을 슬그머니 다른 카드 위에 놓으면 중요도에 대해 표시한 것이 된다. 목표 목록에 이를 적용해 보자. 일부러 순서를 뒤죽박죽으로 놓고 같이 일하는 사람이 그걸 바로잡는 모습을 관찰해 보자. 게리와 함께 그의 목표 목록으로 이렇게 해 본 결과, 자신이 무엇을 중요하게 생각하는지 잘 표현할 수 있었다.

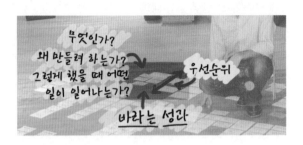

고객과 사용자를 묘사하자

계속해서 대화하고 기록하기를 진행했다. 다음으로 그의 제품을 구매할 사람과 사용할 사람에 대해 이야기하며 여러 종류의 사용자를 나열해 봤다. 어떤 점이 그들에게 좋을지, 왜 그들이 게리의 제품을 사용하려고 할지, 그리고 그들이 그 제품으로 무엇을 할 것 같은지에 대한 이야기를 나눴다. 그들을 위해 제품에 어떤 것이 들어 있어야 할지도 이야기했다. 이런 내용을 담고 있는 카드 더미가 잔뜩 생겼다. 사용자에게 가장 중요하다고 생각된 카드들을 더미의 위쪽에 놓았다. 명시적인 의사 결정 없이도 이렇게 할 수 있기에 정말 재미있었다.

상세한 부분을 이야기하기 전에 게리의 비전이 상당히 크다는 것을 알 수 있었다. 소프트웨어 개발에 대한 불편한 진실 중 하나는 가용 시간과 자금

보다 만들어야 할 것이 항상 많다는 점이다. 이 때문에 '전부 만들기'가 목표가 되면 안 되고, 만들어야 할 것을 최소화해야 한다. 그래서 던진 첫 번째 질문이 "이렇게 다양한 요구사항을 지닌 사용자가 있는데 가장 신경 쓸 한 명만 고른다면 누굴 고르겠어요?"였다.

게리는 한 명을 골랐고 진짜 스토리를 이야기하기 시작했다.

매드 미미의 사용자 유형

이것이 게리가 묘사한 매드 미미의 사용자 유형이다. 각자에게 이름을 지어주고 그들이 원하는 것을 간략히 기록했다. 상당히 많은 요구가 있

음을 알 수 있었다. 기능에 대해 이야기하기 전이었는데도 일부 사용자를 위한 기능은 연기하기로 결정했다.

사용자의 스토리를 이야기하자

다음으로 "좋아요. 미래를 상상해 보죠. 잠시 이 제품이 출시되었다고 가정해요. 우리 제품을 쓰면서 하루를 보낼 누군가의 삶에 대해 이야기해 보

고 스토리 이야기하기를 시작하죠. 그들은 우선 이걸 할 거고 그다음엔 이거, 이런 식으로 계속해서요"라고 했다. 카드를 왼쪽에서 오른쪽으로 순서대로 놓으며 스토리를 이야기했다. 가끔은 뒤로 돌아가 카드를 다른 카드의 왼쪽에 놓기도 했는데, 카드를 이용하고 있었기 때문에 쉽게 재배열할 수 있었다.

　카드를 가지고 작업할 때 흥미로운 점은 어떤 하나를 왼쪽에 두고 다른 것을 오른쪽에 둔다면 순서에 대해 말할 필요가 없다는 점이다. 내게는 일종의 마술 같았지만 금세 즐길 수 있었다. 말없이 얼마나 많은 대화를 할 수 있는지 놀라웠다.

> 함께 카드를 다시 배열함으로써
> 말없이 대화를 할 수 있다.

대화하고 이 모든 내용을 써 내려 가면서 우리는 정말 중요한 무언가를 만들고 있었다. 바닥에 있는 카드 더미에 대한 이야기가 아니다. 정말 중요한 무언가는 공유된 이해다. 우리는 같은 생각을 해 나가고 있었다. 게리는 이전에 누구와도 이만큼 상세하게 자신의 제품에 대한 아이디어를 명확히 해 본 적이 없었고 스스로도 이 정도로 생각해 본 적이 없었다. 중요한 부분은 그의 머릿속에 있었고 그것은 액션 장면만 모아놓은 영화의 예고편 같은 것이었다.

　지금까지 게리는 요청 받은 것을 수행했다. 여러 스토리 제목을 쓰고 목록에 추가하고 차례대로 하나씩 이야기했다. 무엇을 만들어야 할지 같은 상세한 내용에 대해 더 이야기하고 큰 그림에 대해서는 적게 이야기했다. 그리고 게리의 큰 그림에는 맹점이 많았다. 여러분이 얼마나 자신의 스토리에 대해 확신하는지 상관없이 스토리를 얘기하면서 맵을 만드는 동안 자신만의 생각에 갇힌 맹점을 발견할 수 있을 것이다.

스토리 맵을 만들면
맹점을 찾는 데 도움이 된다.

더 깊이 들어갈수록 그 스토리 또한 단순히 사용자 한 명만을 위한 것이
아니라는 점을 깨달았다. 게리는 밴드 매니저부터 시작했다. 밴드 매니저
는 밴드와 그가 하는 일을 홍보하기 위해 광고를 만들고 팬들에게 이메일
을 보냈다. 우리는 밴드의 팬에 대해, 그리고 그 팬이 광고를 보고 공연을
보러 갈 계획을 세우는 모습에 대해 이야기를 나누었다.

　　그런 다음 특정 장소에 밴드를 홍보하는 경우를 위해, 공연장 관리자의
스토리와 그가 알고 싶어 할 해당 홍보에 대한 정보를 이야기했다. 이쯤
되자 우리 지도는 벽에 닿을 만큼 넓어졌다. 그래서 첫 번째 층 아래에 새
로운 층을 만들고 계속해서 스토리를 만들어 나갔다. 이것이 사진의 스토
리 맵이 두 개 층이 된 이유다.

진행 도중 게리는 늘 자신이 좋아하는 부분이 나오면 신이 나서 많은 양의
세부 내용을 설명했다. 다른 카드 위에 쌓은 카드는 우선순위를 나타낸다.
하지만 이것은 스토리가 분해(decomposition)된다는 것일 수도 있다. 즉,
아래쪽 카드는 단지 더 큰 부분에 대한 일부분으로서 작은 세부사항일 뿐
인 것이다. 예를 들어, 밴드 매니저가 공연 홍보를 위해 사용할 광고지를
만드는 부분을 설명할 때 게리는 훨씬 더 열정적으로 얘기했고, 논의해야

할 많은 양의 세부 내용을 설명했다.

게리는 뉴욕에 살고 있었다. 밴드가 광고지를 만드는 부분에 대해 이야기할 때, 게리는 뉴욕 곳곳의 벽과 가로등에 붙어 있는 정말 끝내주는 광고들을 떠올렸다. 풀과 테이프로 짜깁기하고 복사한 것처럼 보였지만 몇몇은 정말 훌륭하고 예술적이었다. 나는 약간의 세부사항을 기록한 뒤 이렇게 이야기했다. "세부사항은 나중에 이야기하기로 해요. 지금은 이 스토리를 계속 진행하죠." 누군가 특히 무언가에 대해 열정적이라면 세부사항에서 길을 잃기 쉽다. 지도를 만들 때 최소한 지금 단계에서, 내가 사용하는 또 다른 주문은 "생각할 때 생각의 너비는 마일 단위로, 깊이는 인치 단위로 하라"이다. 미터법을 사용하는 나라에 사는 사람들에겐 "생각의 너비는 킬로미터 단위로 깊이는 센티미터 단위로"라고 할 수 있을 것이다. 세부사항에서 길을 잃기 전에 스토리의 끝까지 가도록 하자.

깊이 들어가기 전에
스토리의 폭에 집중하자.

마침내 우리는 게리의 스토리를 끝냈다. 밴드 매니저는 소문을 내줄 수많은 팬에게 성공적으로 공연 광고를 할 수 있었고 그 공연은 대성공을 거뒀다. 지금까지의 제품 비전은 우리 둘 모두에게 명백했다. 게리에게 "이제 다시 돌아가서 세부사항을 채워 보죠. 몇 가지 대안도 고려해 보고요"라고 했다.

미미의 큰 스토리

게리의 지도 윗부분을 보면 다음과 같은 여러 굵직한 활동이 있다.

- 가입하기
- 내 서비스 변경하기

- 내 밴드 상태 보기
- 공연 일정 관련 작업하기
- 관객 관련 작업하기
- 공연 광고하기
- 밴드의 메일링 리스트에 등록하기
- 온라인 광고 보기

스토리 맵 상단에 다른 여러 가지 굵직한 활동이 많긴 하지만, 이 정도면 여러분이 카드에 무엇을 써야 할지 아이디어를 줄 수 있을 것이다. 누가 무엇을 하는지에 대해 우리가 어떻게 아는지 보자. 게리가 '공연 광고하기'라고 하면 그가 밴드 매니저에 대해 이야기하고 있음을 알게 된다. 내가 '밴드 메일링 리스트 등록하기'라고 하면 게리는 내가 밴드의 팬에 대해 이야기하고 있음을 알았다. 이 카드들은 인접해 있었고 대화 도중 쉽게 가리킬 수 있었다.

'공연 광고하기'는 큰 스토리였다. 나는 이것을 다음과 같은 단계로 쪼개어 그 '공연 광고하기' 카드 밑에 왼쪽에서 오른쪽 순서로 배열했다.

- 공연 광고 시작
- 공연 광고지 검토하기
- 공연 광고지 맞춤 수정하기
- 내가 만든 공연 광고지 검토하기

우리가 모든 카드 위에 쓴 짧은 동사구가 어떻게 특정 유형의 사용자가 하고 싶어 하는 것을 이야기하는지 주목해 보자. 이런 방식으로 작성하면 스토리를 이야기하는 데 도움이 된다. "그러면 밴드 매니저는 그 공연을 광고하려 할 거예요. 광고를 시작하기 위해 해야 할 것은, 광고지를

검토하고 그런 다음엔 그 광고를 수정하고 그런 다음엔..." 여러분이 각
카드 위에 쓴 내용 사이에 '그런 다음엔'을 사용한다면 좋은 스토리를 얻
은 것이다.

세부사항과 선택사항 살펴보기

스토리 맵의 너비 부분을 끝내고 나면 두껍게 만들기 시작한다. 지도 각 행
에서 맨 위에 둔 카드들이 큰 항목이 된다. 그리고 작게 나눈 세부사항을
그 밑에 둔다. 사용자 스토리의 각 단계에서 멈추고 다음과 같이 질문한다.

- 여기서 사용자가 하려는 일이 특히 뭘까요?
- 사용자가 할 수 있는 대안이 있을까요?
- 뭐가 이걸 정말 멋지게 만들까요?
- 뭔가 잘못될 때는 어떻게 될까요?

여기까지 하고서 돌아가 상당수의 세부사항을 채웠다. 결과적으로 밴드
매니저가 일상적으로 하는 일과 그 밴드 매니저의 성공에 중요한 역할을
하는 사람들, 즉 팬과 공연장 관리자에 대한 스토리를 작성했다.

세부사항들

'공연 광고지 맞춤 수정하기' 같은 스토리 단계의 내부를 들여다보면 다음과 같은 세부사항이 있다.

- 그림 업로드하기
- 음악 파일 추가하기
- 동영상 넣기
- 자유 형식 텍스트 더하기
- 레이아웃 변경하기
- 이전에 사용했던 광고로 시작하기

이런 작은 단계들도 세부사항을 끌어내리면 더 많은 토론을 필요로 한다는 사실이 보일 것이다. 하지만 최소한 이제 이름은 붙일 수 있다.

이 카드들 위에 쓴 것 또한 짧은 동사구이고 여러분이 스토리를 이야기하는 데 도움이 된다는 점에 주목하자. '또는 아마' 같은 문구를 이용해 이것들을 연결할 수도 있다. '광고지를 수정하기 위해 밴드 매니저는 그림을 업로드하거나 음악 파일을 추가하거나 동영상을 넣거나…'처럼 할수 있다. 정말 괜찮은 방식이다.

게리에게 이렇게 말했다. "이제 뭐할까요? 다른 걸 하고 싶어 하는 다른 사용자들이 있는데 그들에 대해 이야기할까요? 계속해서 이야기하려면 더 큰 공간이 필요하겠네요. 그리고 게리, 이걸 다하려면 이 제품을 만드는데 드는 비용이 꽤 커질 거예요. 나머지 것들에 대해 이야기할 수는 있지만, 이쯤 만들어 제품을 출시해도 꽤 괜찮은 제품으로 보일 거예요."

게리는 동의했고 "거기서 멈춰야겠네요"라고 했다.

이 이야기의 슬픈 부분은 내가 게리에게 "이미 소프트웨어 개발이 꽤 진행된 걸로 압니다. 그런데 그중 어느 정도가 우리가 만든 이 스토리 맵에 포함되어 있나요?"라고 물어본 때다.

게리는 "거의 없어요. 목록을 만들고 우선순위를 부여할 땐 어딘가 다른 곳에서 시작해야 한다고 생각했어요. 달성하려면 몇 년이 걸릴 수 있는 이 제품의 큰 전체 비전을 생각하고 있었죠. 우리가 지금까지 한 논의는 전혀 시작해 보지 않은 부분이었어요"라고 했다.

대화는 오래된 방식이지만 여전히 유효하다. 그 다음 그것을 지도의 형태로 조직화한다. 스토리 매핑은 그게 전부다. 대부분의 사람은 지도를 살펴본다. 지도에는 커다란 스토리를 이야기하기 위해 밟아 나가는 각 단계가 왼쪽에서 오른쪽으로 나열되어 있다. 위부터 아래로의 흐름은 세부사항에 대한 것이다. 하지만 제품의 틀을 구성하거나 더 많은 문맥을 제공하는데 핵심적인 부분은 때때로 지도 주변에 있다. 이것들은 제품의 목표이자 고객과 사용자에 대한 정보다. 지도를 벽에 붙여 계속 보관한다면 사용자 인터페이스(UI) 스케치나 다른 정보를 스토리 맵 주변에 덧붙일 수 있는데 이것이 좋은 아이디어라는 걸 알게 될 것이다.

게리와 함께 그가 만들고 싶어 하는 제품에 대해 공유된 이해를 구축하는 데는 단 하루가 필요했다. 하지만 위험 징후가 머리에 맴돌고 있었고 우리도 알고 있었다. 우리가 작성한 이 각 카드의 내부에는 엄청난 세부 내용과 더 많은 토론거리가 있었다. 그리고 게리에게는 이 모든 세부 내용과 회의가 소프트웨어를 만들기 위해 자신이 써야 하는 돈의 액수와 같았고 그 정도 여유가 있지는 않았다. 게리는 소프트웨어 개발에 대한 근본적인 진실 한 가지를 배웠다. 항상 가진 시간보다 만들어야 할 것이 많다는 사실이다.

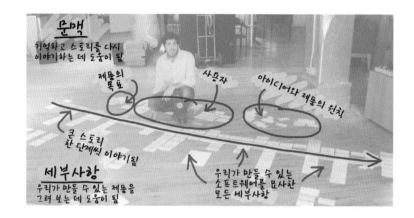

게리는 제품 사용자에 대해, 그리고 그들이 제품을 정말로 사용하고 싶어하거나 게리가 마음에 그린 대로 제품을 사용할 것인지에 대해 여러 가지 큰 가정을 했다. 하지만 지금 그것들은 게리가 최우선적으로 고려해야 할 사항이 아니었다. 우선 제품 아이디어를 실현 가능한 무언가로 최소화해야 했다.

게리의 이야기는 결국 행복한 결말로 끝이 났다. 하지만 다음 장에서 다른 조직의 이야기를 할 것인데, 개발하기에는 스토리가 너무 많다는 사실을 깨닫고 실행 가능한 해결책을 찾기 위해 스토리 맵을 어떻게 사용했는지 다루겠다.

예술과 애자일: 예술의 창의성이 IT의 창의성과 만나다

— 시디 (클레어) 도일(Ceedee (Clare) Doyle) , 애자일 프로젝트 관리자 겸 코치, 오서러티 (Assurity) 유한회사, 뉴질랜드 웰링턴

배경

TLC(The Learning Connexion)는 뉴질랜드 웰링턴에 위치한 예술과 창의성을 가르치는 예술대학교다. TLC의 과정은 '해보며 배운다'는 점이

독특한데, 이는 연습을 통한 이론 학습에 기반을 두고 있기 때문이다. 학생은 강사와 협력해 자신이 배우기로 선택한 아이디어와 관련된 보고서를 만든다.

TLC는 전형적인 중소 규모 조직으로, 필요한 것이 생기면 그것을 지원하기 위해 그때그때 필요한 IT 시스템을 개발해 왔다. 학생 정보는 다섯 곳에서 수집되었고 각각 달랐다. TLC는 조직에 맞는 학생 관리 방법과 교육 방식이 필요했는데 이는 다른 대다수 교육 기관과는 매우 달랐다.

하지만 TLC는 IT 프로젝트 경험이 없었다. 기존에 개발했던 애플리케이션은 마이크로소프트 엑셀이나 액세스 같은 프로그램을 이용해 만든 간단한 것이었는데, '누군가의 형제의 친구의 동거인의 개'가 만든 게 아닌가 의심스러울 정도였다. 정부 기관에 제출할 보고서 때문에 사용했던 유일한 상업용 애플리케이션은 다른 네 곳에서 받은 데이터를 이중으로 처리하고 있었다.

이 학교 학생이었던 나는 졸업 후에도 해당 팀과 연락을 유지하고 있었다. 그러던 중 내게 도움이 필요하다며 연락을 해왔는데, 2009년은 내가 IT 분야에서 일한 지 9년째 되는 해였다. 3년 전 애자일에 대해 알게 된 후로 애자일 프로젝트를 해보고 싶던 차라 시기로 보나 장소로 보나 적절한 프로젝트였다.

프로젝트 피닉스

첫 번째 워크숍은 핵심 직원들과 함께 반나절 일정으로 두 번 할 계획이었다. 나는 다양한 사람이 모인 큰 그룹과 함께 일해야 했으므로 공유된 이해를 구축하는 것이 워크숍의 목표였다. 워크숍은 스토리 매핑과 학사 관리에 대한 개요로 시작했다.

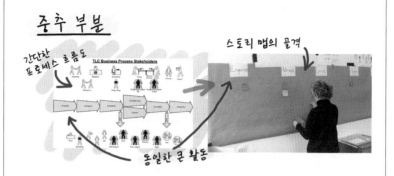

중추 부분

간단한 프로세스 흐름도

스토리 맵의 골격

동일한 큰 활동

내가 이 그림(스토리 맵의 중추)을 보여 주기 전까지 팀원들은 하던 일에 대해 각자 자기만의 생각을 갖고 있었다. 하지만 책임자 앨리스(Alice)는 자신들의 업무 절차와 모든 단계의 상호 작용 방식에 대해 명확한 그림을 그린 것은 아마도 처음 같다고 했다.

이걸 토대로 사람들은 시스템에 원하는 바가 무엇인지 브레인스토밍을 했다. 범위는 엄청 넓었고 스토리는 많았다.

아이디어로 가득 찬 스토리 맵

워크숍 전에 찾아내 인쇄해 둔 아이디어

워크숍 중 포스트잇을 이용해 추가한 아이디어

멋지게도 워크숍에 참여한 사람들은 모두 창의적이었고, '장점 탐구(ap-preciative enquiry)' 방식을 사용했다. 그래서 시스템이 해야 할 일에 대해 그들이 생각해 낼 수 있는 모든 것을 쏟아 내는 과정이 제빵사가 빵을 만드는 것처럼 자연스럽게 흘러갔다.

　도표에서 주요 제목은 입학 문의 → 입학 → 등록 → 수업 → 과제 완료 → 과목 이수 → 졸업이었다.

스토리 매핑 지침을 사용하여 각 부분을 살펴보면서 말이 되는지 확인해 보았고, 문의부터 졸업까지의 프로세스 단계를 거치는 학생들을 위한 흐름을 만들었다. 어떤 사람은 자신들이 전체 프로세스 중 어디에 위치하는지, 왜 그 활동을 해야 하는지 명확히 파악했다. 그리고 자신들에게 큰 변화를 줄 수 있는 단계가 빠져있음을 알아챈 사람도 있었다. 스토리 맵 각 단계를 밟아 가면서 동시에 벌어지는 스토리를 수직으로 놓아 강조했더니 함께 더 잘할 수 있는 부분이 보였다. 이전까지 팀은 다른 사람들이 하는 일에 대해 거의 알지 못했지만 이제는 전체 프로세스 작동 방식에 대한 공유된 이해와 공통 어휘를 만들어 냈다. 한 예로 모든 학생이 수업에 출석하지는 않기 때문에 수업을 전달이라는 이름으로 변경했다.

　우선순위를 부여해야 할 차례가 됐을 때, 우리는 반드시 해야 하는 것과 그다음으로 해야 하는 것, 그리고 할 수도 있는 것을 굳이 식별하는 작업을 하지 않았다. 단지 넣거나 빼기만 했다. 무척 단순해서 "이것 없이

우선순위 부여하기

스폰서

제품 책임자

넣을 것

뺄 것

본문에 언급된 '선(line)'

넣을 것

뺄 것

함께 일하고 있다!

는 절대 안 돼요"가 선(line) 위에 놓이면 나머지는 그 아래 위치했다. '입학 문의'에 대해 살펴본 뒤 팀은 그 부분을 이해했고 남은 시간은 다른 부분을 살펴보며 보냈다. 나는 한발 물러서 있을 수 있었다! 주요 직원들은 "이것들은 모두 함께 이뤄져야 하고 그 다음엔 이것들을 한다"를 더 잘 나타낼 수 있도록 부제목을 붙이기 시작했다. 최종적으로는 입학 문의부터 졸업까지 한 학생이 거치게 될 절차에 대한 큰 그림을 한 팀으로 함께 만들었다.

두 번의 반나절짜리 회의를 계획했지만 결국 세 번의 종일 워크숍을 열었다. 사람들은 수업이나 다른 이유 때문에 계속해서 필요에 따라 들어오고 나갔다. 업무가 유연해서 거의 모든 주요 직원이 피닉스 프로젝트실에 방문해 자신의 의견을 피력할 수 있었다. 이 방식이 큰 그림을 이해하고 직원들이 원하는 것을 포함시키는 데 정말 유용함을 알았다. 또 이 방식 덕분에 어디에 간극이 있는지 찾아내고 정말 불가결한 것이 무엇인지 가려내는 작업도 쉬워졌다. 맨 마지막엔 소프트웨어 첫 번째 버전이 무엇이어야 하는지에 대해 명확한 그림을 그릴 수 있었다.

2장

더 적게 만들기 위한 계획

사람과 돈과 시간이 준비되어 있더라도
만들어야 할 것은 항상 그보다 더 많다. 늘 그렇다.

'항상'이나 '결코' 같이 확신에 차서 이야기하면 늘 문제가 생긴다. 위에 쓴 문장을 증명할 과학적인 데이터는 없지만 틀린 적이 없다. "새로운 기능 추가 요청이 들어왔고 다행히 시간이 충분합니다"라고 말해 준 사람은 한 명도 없었다.

하지만 스토리 맵을 사용하면 여러분이나 동료에게 대안을 생각해 보고 주어진 시간 내에 훌륭한 성과를 만들어 낼 방법을 찾을 수 있는 여지가 생긴다. 이게 스토리 맵의 제일 괜찮은 점 중 하나다.

자, 의자에 편히 앉아 커피를 한잔 마시며 지금부터 내가 하는 이야기를 들어 보자. 브라질에서 가장 큰 미디어 회사인 Globo.com에서 일하는 내 친구의 이야기다. Globo.com은 텔레비전·라디오 방송국을 소유하고 있으며 TV용 영화나 자체 프로그램을 제작하고 신문도 발행한다. 브라질의 거대 미디어 회사이자 세계 최대의 포르투갈어 미디어 회사다.

Globo.com은 절대 변경할 수 없는 마감일이 진정 무엇인지 세상의 어떤 조직보다 더 잘 안다. 예를 들어, 이 회사는 월드컵 개최에 맞춰 판타지 축구 게임을 출시하고 매년 조금씩 변경하고 개선한다. 제품 개발이 늦어진다고 해도 출시 날짜를 바꿀 수는 없다. 월드컵 일정이 바뀔 리 없기 때문이다. Globo.com은 2016년 브라질에서 개최되는 올림픽에 맞춰 특집 방송과 콘텐츠를 제작할 텐데 분명히 제때 나올 것이다. 그래야만 한다. 다수의 텔레비전 프로그램과 리얼리티 쇼를 위해 특집과 콘텐츠를 제작할 것이다. Globo.com이 늦는다고 해서 일정 조정이 가능한 것은 없고 항상 제시간에 끝내야 한다. 그쪽 비즈니스의 현실이 그렇다 보니 Globo.com은 제시간에 끝내는 데 능숙하다. 다른 누구보다도 빠르기 때문에 그런 것은 아니다. 빠르긴 하지만 가장 빠르지는 않다. 바로 적게 하는 걸 잘한다.

스토리 매핑은 규모가 큰 그룹이 공유된 이해를 구축하는 데 도움이 된다

다음 사진을 보자.

이 사진은 Globo.com 내 스포츠, 뉴스, 연예 세 개 그룹에 속한 여덟 개 팀의 리더들이 만든 커다란 맵의 일부분이다. 회사 시스템의 근간을 이루는 콘텐츠 관리 시스템의 개선과 보수, 재구축을 위해 필요한 것들을 함께 생각해 보려고 만든 것이다. 이 시스템은 Globo.com의 모든 뉴스, 스포츠 및 드라마의 웹 사이트를 운영하고, 리얼리티 TV 쇼에 출연할 사람들을 모집하고 채용하는 기능 등 수많은 일을 한다. 이 거대한 시스템은 엄청난 수의 비디오 자료나 실시간 점수, 투표 결과, 사진, 아침 뉴스 내용 등도 처리할 수 있어야 한다. 해야 할 일이 많지만 당연히 문제없이 수행되어야 한다.

내가 Globo.com 사무실에 도착했던 날 그들은 너무 넓게 펼쳐진 백로그의 함정에 빠지기 일보 직전이었다. 팀마다 우선순위가 매겨진 백로그들이 있었다. 굳이 말을 하지 않아도 해야 할 일이 엄청나게 많다는 걸 알 수 있었고, 각 팀은 다른 팀의 작업을 필요로 했다. 예를 들어, 좋은 뉴스 사이트가 되려면 뉴스 팀이 필요할 뿐 아니라 뉴스 웹 사이트에서 사진이나 동영상, 실시간 데이터, 그 외 많은 것을 사용할 수 있도록 기본적인 요소를 만들어 주는 팀도 필요했다.

그들과 함께 앉아 이미 알고 있는 내용을 환기시켜 주었다. "중점을 두어 다루는 영역이 다른 것을 보면 여러분이 다른 팀임을 알 수 있습니다. 하지만 이번 일은 콘텐츠 관리 시스템의 주 버전(major revision) 개선입니다. 새 버전의 배포는 모두 함께 해야 하는 일입니다. 다 같이 전체 그림을 보지 못한다면 출시 계획을 세울 수 없습니다." 모두 이에 동의했고 재빨리 각자의 백로그를 하나의 맵으로 다시 만들었다. 콘텐츠 관리 시스템의 스토리가 적혀 있는 포스트잇을 이용해 벽에 맵을 만드는 데는 긴 시간이 걸리지 않았다.

팀원들이 맵을 함께 만드는 동안 나는 그 방에 없었다. 하지만 그날 늦게 돌아가 보니 놀랍게도 상당히 빨리 맵이 만들어져 있었다. 그들은 스스로 한 일에 만족했고 내가 봐도 그럴 만했다. 복잡하게 얽힌 여러 개의 백로그를 이해했으며 그것들을 하나의 응집된 제품 스토리로 만든 것이다. 이제 각 팀은 자신들의 일이 큰 그림의 어디에 들어가는지 알 수 있게 되었다.

여러 팀이 연관되어 완성되는 제품은
맵을 통해 각 팀의 의존성을 시각화할 수 있다.

거대한 스토리 맵의 구조

글로보의 맵은 일반적으로 프레임 짜기와 맵 만들기 그리고 수많은 세부 사항 탐색이 끝나면 스토리 맵이 어떻게 되는지 보여 주는 좋은 예다.

중추는 스토리 맵의 중심이다

맵의 맨 윗부분이 중추다. 가끔은 여러 단계로 구성되기도 한다. 기본적인 스토리 흐름을 가지고 한 층(layer)으로 시작할 수도 있다. 하지만 그게 정말 길어지면 내용을 좀 더 요약할 수 있도록 위에 한 층을 더 만들면 유용하다. 나중에 내가 각 층에 붙이고 싶은 용어를 추가할 것이다. 그런데 정확한 표현을 떠올리느라 너무 애쓰지 말라던 오랜 친구의 말이 떠오른다. 그 친구는 "그냥 큰 거랑 작은 것일 뿐이야"라고 이야기할 것이다. 사실 그가 맞다.

전체적인 모양은 미국 작가이자 만화가인 닥터 수스(Dr. Seuss)가 그린 특이한 동물의 척추처럼 보일 것이다. 상단에는 수많은 등뼈가 균일하지 않게 배치된 긴 중추가 있고 거기에 다양한 길이의 갈비뼈가 걸려있다.

출시해야 할 모든 것

이 맵은 글로보의 여러 팀이 함께 만들었다. 동영상을 담당하는 개발팀도 있고, 편집자가 콘텐츠를 만들고 관리할 수 있는 백엔드 도구를 만드는 팀도 있다. 기본적인 메타데이터와 나는 절대 이해 못할 시맨틱 마크업 덩어리인 데이터 사이의 연관 정보를 담당하는 팀도 있다. 외부용 발표 자료를 처리하고 이 자료를 사용자나 고객에게 좋게 보이도록 관리하는 사람도 있다. 뉴스, 스포츠 또는 연예 등과 관련된 특정한 기능을 담당하는 사람은 더 많다.

이번 주 버전 개선 업무는 어떤 팀도 다른 팀 없이 혼자서는 제품을 출시할 수 없었기 때문에 여러 팀이 이 맵을 이용해 함께 일했다. 모두가 제품 출시를 전체적인 관점에서 봐야 했으므로 여러 팀이 하나의 맵을 만들었다.

여러 사용자와 시스템을 다루는 서사 흐름

맵의 왼쪽에 놓인 활동과 관련된 사람들 그리고 새로운 이야기나 사진, 동영상이 올려질 화면에 기본 위젯을 설정하기 위해 사람들이 해야 하는 일부터 시작했다. 다른 유형의 사람도 있었는데 이 사람은 이 기본 위젯을 드라마나 뉴스 웹 사이트용 페이지에 조합해 넣는다. 그러고 나면 그 페이지에 콘텐츠를 더하는 편집자가 있다. 맵의 중추는 Globo.com에서 일하는 수많은 사람이 어떻게 회사 웹 사이트의 콘텐츠를 만들고 관리하는지 보여 준다.

맵의 중추를 왼쪽에서 오른쪽으로 읽으면 이는 그 시스템을 사용하는 모든 사람에 대한 스토리를 이야기해 줄 것이고, 사이트 및 콘텐츠를 만들고 관리하기 위해 무엇을 하는지도 이야기해 줄 것이다. 나는 이 왼쪽에서 오른쪽으로 읽어 가는 순서를 서사 흐름(narrative flow)이라고 부른다. 스토리를 이야기하는 순서의 학술적인 표현이다. 물론 이 모든 사람이 모든 것을 한 번에 하는 것도 아니고 진행 순서가 항상 완벽하지도 않다. 하지만 이는 우리가 인식하고 있는 부분이라 괜찮다. 우리는 스토리를 이야기하는 데 도움이 되도록 순서대로 놓았을 뿐이다.

이 거대한 시스템의 서사 흐름은 여러 유형의 사용자와 여러 시스템이 가진 다양한 스토리를 가로지를 수밖에 없다. 나는 페르소나를 간결하게 축약해 중추 위에 붙여 놓는 방법을 선호하는데, 이렇게 하면 우리가 스토리의 특정 부분에서 누구에 대해 이야기하고 있는지 알 수 있다. 백엔드 서비스나 시스템이 처리하는 복잡한 부분을 의인화하는 것도 괜찮다. SAP에서 일하는 내 친구는 스타워즈의 R2D2와 C3PO의 사진을 자신들의 시스템에 필요한 가상 페르소나를 만드는 데 썼다.

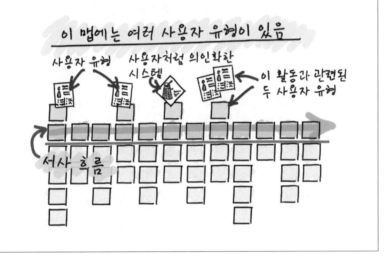

스토리 매핑은 스토리의 맹점을 찾아내는 데 도움이 된다

스토리 매핑을 해 본 사람들과 이야기해 보면 "매번 매핑을 할 때마다 맹점을 찾아내요. 다른 팀이 신경 쓸 거라고 생각했는데 그 팀이 그 부분을 모르고 있었다는 것을 발견하기도 했어요. 우리가 깜빡하고 다루지 못했던 중요한 큰 기능들 간에 필요한 것들도 찾아내고요"라고 한다. 함께 스토리 맵을 만들면서 Globo.com도 그런 것을 찾아냈다.

전체 제품이나 기능에 대해 그려본 후에는 '~은 어떨까요(What-About)?'

게임을 시작할 수 있다. "이 부분에 문제가 생긴다면 어떨까요?" 또는 "다른 사용자들이라면 어떨까요?"와 같은 질문을 하는 것이다. 여러분이 신경 쓰고 있는 문제를 가지고 '~은 어떨까요?' 게임을 해 보고, 그것을 해결하는 데 필요한 기능 아이디어를 기록한 포스트잇을 스토리 맵의 몸통에 붙이자. 1장에서 게리는 선택지와 대안을 고려해 보기 위해 '~은 어떨까요?' 게임을 했다. 여러분이 다른 팀과 이 게임을 해 보면 상이한 시스템들을 서로 연결할 때 발생할 수 있는 문제를 얼마나 훌륭하게 찾아내는지 알 수 있을 것이다.

간혹 사람들이 스토리 매핑에 대해 비판하는 점은 함께 매핑을 할 때마다 지나치게 많은 것이 나온다는 점이다. 하지만 나중에 우리를 괴롭힐 것들을 지금 찾아냈으므로 도리어 좋은 것이라 믿는다.

전통적인 소프트웨어 개발 방식에서는 개발 기간을 산정하고 출시일을 정해 개발을 진행하던 중 새로운 것이 드러나면 이를 은밀한 범위 확장(scope creep)이라고 한다. 개인적으로는 개발 범위가 확장된 것이 아니고 이해가 더 깊어진 것이라고 생각한다. 그리고 스토리 매핑을 하면서 일어난 이와 같은 일들은, 사람들이 이해하던 내용에서 맹점을 찾아낸 것이다.

범위는 늘어나지 않는다.
이해가 깊어질 뿐이다.

언제나 너무 많다

내가 Globo.com의 콘텐츠 관리팀을 떠날 땐 모든 것이 괜찮아 보였다. 상호 이해는 늘어났고 팀은 자신들이 해야 할 일이 무엇인지 알았다. 하지만 며칠 후 돌아가 보니 그들은 끝내야 할 일이 너무 많고 맵에 있는 모든 것을 다 하려면 1년 넘게 걸릴지도 모른다는 점을 깨닫고 다시 고생하고 있었다. 그리고 기술 관련 종사자라면 아마 알아챘겠지만 소프트웨어 개발자가 뭔가 1년 정도 걸린다고 말할 때는 실제로 2년 정도가 필요하다는 뜻이다. 그들이 무능해서도 아니고 날짜를 몰라서도 아니다. 단지 우리는 이전에 해 보지 않은 일에 대해 시간이 얼마나 걸릴지 추정해 보는 일 자체를 못할 뿐이다. 그리고 선천적으로 우리는 늘 낙관적인 동물이다.

"너무 많아요. 해야 할 일이 산더미처럼 많고 시간도 오래 걸릴 거예요"라고 팀원들이 내게 말했다.

"이걸 꼭 다 해야 하나요?" 내가 물었다.

"물론이죠. 이 모든 것이 하나의 대형 콘텐츠 관리 시스템에 관한 것이잖아요."

"하지만 프로젝트를 여기서 더 오래 끌 수는 없어요." 내가 대답했다. "여러분의 CEO는 분명히 결과를 더 빠르게 보길 원할 거예요. 그렇죠?"

"예. 몇 개월 후 치뤄질 브라질 선거 전에 뭔가 동작하는 걸 보고 싶어 할 거예요."

"그럼 이 모든 것이 그 선거를 위해 필요한 것인가요?" 나는 물었다.

그 질문을 던지자마자 그들이 무엇인가 깨달았음을 알 수 있었다. 당연히 전부 필요하지는 않다. 지금까지 그들이 순서와 의존성을 찾아내려고 했던 것은, 전부 다 만들어야 한다는 가정에 기반했던 것이었다. 그것은 '언제'의 문제였다. 그들은 성과에 대해 생각하는 것으로 방향을 바꿨다.

시스템 내부가 어때야 하는지 결정하려면
시스템 외부에서 무엇이 일어나길 원하는지에 초점을 맞추자.

Globo.com은 브라질 선거에 초점을 맞췄다. 선거 기간 동안 그들의 새롭고 매력적인 쌍방향 콘텐츠(interactive contents)로 어떻게 하면 방문객이나 광고주 그리고 글로보를 소유한 미디어 회사에 큰 감명을 줄 수 있을지 생각했다. 그렇게 한다면 승리는 당연한 것이었다.

불가능한 출시일에 도전하는 게 처음은 아니었다. 그들은 잠깐 생각해 본 뒤 뉴스 웹 사이트와 그 사이트를 지원하기 위해 필요한 것 위주로 가야 함을 깨달았다. 사람들이 브라질 선거 관련 정보를 얻기 위해 오는 곳이 바로 뉴스 웹 사이트이기 때문이었다. 뉴스 웹 사이트에 초점을 맞춘다는 것은 실시간 선거 자료와 뉴스 속보를 더 빠르게 보여 주기 위한 혁신적인 방법에 집중한다는 뜻이었다. 물론 최신 시각 디자인도 있었다.

최소 기능 제품 릴리스 나누기

그들은 파란색 테이프를 이용해 지도를 수평으로 나누고 카드들을 위아래로 옮겼다. 파란 선 위는 우선 해야 할 것이고 아래는 나중에 해도 되는 것이었다.

그들은 이렇게 생각했다. "우리가 브라질 선거에 맞춰 출시한다면 브라질의 많은 사람들이 보게 되고 크게 주목 받을 것이다. 이는 우리 웹 사이트에 영향을 주고 성공할 것이다. 이 슬라이스에 있는 모든 것은 사용자가 하길 원하는 일들이라 소프트웨어가 출시되면 크게 주목 받을 수 있다."

성과, 즉 시스템을 선보였을 때
사용자가 하고 싶고 보고 싶어 하는 것에 집중하자.
그리고 이 성과에 맞추어 출시를 구분하자.

릴리스 로드맵 나누기

스토리 맵은 Globo.com의 모든 웹 요소를 개선할 수 있는 혁신적인 내용을 담고 있었지만 이 모든 걸 전부 반영한다면 매우 많은 시간이 걸렸을 것이다. 선거가 만들어 낼 시장에 제때 출시하지 않으면 큰 기회를 잃을 수도 있었다. 따라서 첫 번째 릴리스는 시장에 제때 출시하기를 목표로 했다.

그런 다음 어떤 웹 요소와 시장의 이벤트를 이 다음에 출시해야 하는지 생각했다. 그들은 각 슬라이스의 왼쪽에 포스트잇을 붙이고는, 각각의 출시 슬라이스에서 그들이 목표로 하는 성과가 뭔지 적었다. 그런 다음 그들은 카드를 위아래로 옮기며 적당한 슬라이스에 넣었다.

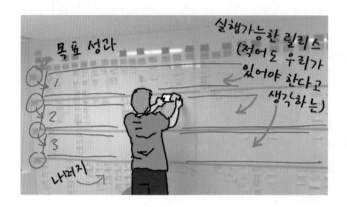

마침내 그들(팀)은 오랜 시간 동안 콘텐츠 관리 시스템 전체를 대체하고자 계획했던 일에 착수할 수 있는 점진적 출시 전략(incremental release strategy)을 만들어냈다. 그리고 이를 통해 각 릴리스의 실질적인 이득이 무엇인지 확인했다. 스토리 맵의 왼쪽 끝을 보면 각 릴리스의 이름과 그 릴리스가 목표로 하는 성과의 목록이 있다. 이것이 릴리스 로드맵이다.

이 목록이 기능 뭉치가 아니라는 점을 유의하자. 여러분의 과업은 단순히 소프트웨어를 만드는 게 아니라 세상을 바꾸는 것이므로, 이건 우리가 살고 있는 실제 세상을 이롭게 하는 목록이다. 이때 어려운 점은 어떤 사람을 위해, 어떻게 세상을 바꿀 건지 고르는 일이다.

목표로 하는 구체적인 성과에 집중하는 것이
개발 작업의 우선순위를 결정하는 비결이다.

그리고 그 반대도 마찬가지다. 만약 여러분이 목표로 하는 성과가 무엇인지 모른다면 혹은 얻고자 하는 이득이 뭔지 명확하지 않다면 우선순위를 매기는 것은 거의 불가능하다.

기능보다는 성과에 우선순위를 부여하자

또한 이번 일은 전체 콘텐츠 관리 시스템을 교체하겠다는 커다란 목표에서 시작했다는 데 주목하자. 교체된 시스템이 그들이 내놓을 결과물이었다. 그렇게 하면 긍정적인 성과를 많이 이끌어 낼 수 있었다. 이 거대한 결과물 덩어리를 나눌 수 있었던 비밀은 더 작고 명확한 성과에 집중한다는 점이었다.

성과의 실체는 특정한 활동에 관련된 특정한 사람들을 위한 특정한 행동의 변화라는 점을 기억하자. 다가올 브라질 선거에서 글로보는 뉴스를 지켜보는, 특히 분 단위로 갱신되는 선거 정보를 필요로 하는 사람들에 집중하기로 했다. 하지만 집중 대상을 이 사람들로 하게 되면 드라마나 스포츠를 좋아하는 사람들과 수많은 다른 유형의 사용자가 남는다. 이 다른 유형의 사람들은 한동안 현재의 웹 사이트에 만족해야 할 것이다. 모든 순간에 모두를 행복하게 할 수는 없다는 점을 기억하자.

이건 마법이다. 정말로

내가 쉽게 감명 받는 성격일 수도 있지만, 릴리스를 나누는 건 소프트웨어 아이디어를 스토리 맵으로 구조화하는 끝내주는 방법 중 하나다.

나와 같이 일했던 팀들은 완벽한 제품에 대한 모든 아이디어를 맵 위에 나타낸 뒤 그걸 모두 만들 경우 해야 할 일의 양이 너무 많아 압도된 적이 여러 번 있었다. 모든 것이 다 중요해 보였다. 하지만 그럴 때마다 한발 물러서서 우리 제품을 사용할 특정한 사람들이 누구인지, 그리고 그들이 성공하기 위해서는 무엇을 필요로 하는지 생각했다. 그리고 그걸 한두 문장 정도로 정제했다. 그러고는 필요하지 않은 모든 것을 쳐냈고 실행 가능한 해결책이 얼마나 작은지 정말 놀랐다. 마법이었다.

1장에서 게리는 이와 비슷한 방법을 그가 구상하는 제품에 적용했다. 결과적으로 밴드 매니저와 팬 그리고 사이트가 계속해서 운영될 수 있도록 매드 미미 내부 관리자로 초점을 좁혔다. 그리고 공연장 관리자와 뮤지션은 제외했다. 단지 몇 사람과 홍보에 관련된 몇 가지 활동에 집중함으로써 결과적으로 훌륭한 이메일 홍보 플랫폼을 만들게 되었다. 여러분 중 매드 미미 사용자가 있다면 지금 사용하고 있는 시스템이 바로 그 결과물이다.

크고 가시적인 스토리 맵에 우리의 생각을 표출하면 이 모든 과정이 쉬워진다. 이는 많은 사람들이 협업해서 목표를 달성할 수 있게 한다.

더 작은 기능 릴리스 찾기

– 크리스 신클(Chris Shinkle), SEP

FORUM 신용 조합(FORUM Credit Union)은 미국에서 가장 크고 기술적으로 진보한 신용 조합이다. 이 회사는 이미 만족할 만한 수준의 독창적인 개발 문화를 가지고 있었지만, 기존 상용 해결책(commercial off-the-shelf, COTS)과 경쟁할 새로운 온라인 뱅킹 시스템을 구축하고자 SEP에 연락했다. 목표에는 모바일 뱅킹, 개인 금융 관리 및 텍스트 뱅킹 기능을 추가하는 것이 포함되어 있었다.

SEP는 이틀간 회사 사람들과 함께 성과와 페르소나, 스토리 맵을 도출하는 스토리 매핑 세션을 진행했다. 이 세션은 수많은 기능 아이디어에 우선순위를 부여할 수 있도록 구조화된 대화(structured conversation)가 이루어질 수 있도록 도왔다. 하지만 스토리의 우선순위를 정하

이틀간의 회의와 스토리 매핑

페르소나 밑그림

스토리 맵 제작자

많은 수의 스토리 맵

기엔 성과와 페르소나가 충분하지 않았다. 이틀 뒤, 100제곱미터나 되는 개발 공간의 두 벽면은 스토리 맵으로 가득 찼다.

스토리 맵을 만든 뒤 SEP는 FORUM 이해 관계자에게 간단한 우선순위 모델을 제시했다.

- 차별화 요소
  경쟁자와 구별되는 기능

- 스포일러
  다른 사람에게 차별화 요소로 작용하는 기능

- 비용 절감자
  조직 비용을 줄여주는 기능

- 판돈
  시장에서 경쟁하기 위해 최소로 필요한 기능

SEP는 각 스토리의 범주를 다른 색의 포스트잇으로 나타냈다. 흥미로운 토론이 벌어졌다. 사실 어떤 이해 관계자에게는 차별화 요소인 것이 다른 이해 관계자에게는 판돈이었다. 이런 대화가 처음임에 분명했다! 우선순위 모델을 적용한 스토리 맵 덕분에 이전에는 하지 않았던 대화를 끌어낼 수 있었다. 또한 이 팀이 우선순위에 관련하여 공유된 이해에 도달하는 데 도움이 되었다.

스토리에 레이블을 표시한 뒤 SEP는 이해 관계자들의 아이디어와 토론 내용을 수렴해 성과에 초점을 맞춘 의미 있는 기능 모음을 만드는 데 도움이 되도록 투표 시스템을 사용했다. 놀랍게도 몇몇 스토리는 당장 해야 할 만큼 중요하지 않거나 불필요하다고 간주되었다. 대충 계산해 봐도 코드를 단 한 줄도 쓰지 않은 상태에서 수십만 달러를 절약할 수 있었다.

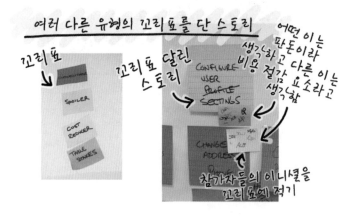

FORUM의 CEO인 더그 트루(Doug True)에게 프로젝트 시작에 스토리 매핑을 한 것이 어땠냐고 묻자 다음과 같이 말했다. "처음엔 페르소나 활용을 포함한 스토리 매핑으로 프로젝트를 시작하는 것에 부정적이었습니다. 특히 프로젝트의 유동적인 측면에 시간을 투자해야 한다는 점 때문에 그랬습니다. 둘째 날에 명확히 이해했고 가치 있는 시간이었다는 점이 분명해졌습니다. 사실대로 이야기하자면 이젠 이런 절차 없이 이런 범위에, 팀원에게 이렇게 직접적인 영향을 끼치는 프로젝트를 추진하는 것은 상상할 수 없게 되었습니다."

왜 최소 기능 제품에 대해 그렇게 논쟁하는가

오랜 기간 동안 소프트웨어 개발 산업에서 방치되던 용어가 있다. 바로 최소 기능 제품(minimum viable product) 또는 간단히 MVP라는 용어다. MVP라는 용어를 쓴 사람은 프랭크 로빈슨(Frank Robinson)이지만, 요즘엔 에릭 리스(Eric Ries)와 스티브 블랭크(Steve Blank)가 내린 정의를 주로 쓴다. 여러 똑똑한 사람들이 이 용어를 명확히 하려고 노력했지만 여전히 나를 비롯한 모든 사람이 혼동하는 듯하다. 내가 만나 본 모든 조직이 그 용어를 조금씩 다른 의미로 사용했다. 심지어 동일한 조직에 속해 있고 같은 대화에 참여하고 있는 사람 사이에서도 늘 다른 것을 가리킨다.

사전에 있는 대다수 단어처럼 이 용어에도 여러 의미가 있다. 여기서 이 용어의 세 가지 정의를 이야기해 보자. 하나는 나쁘고 나머지 둘은 괜찮다.

나쁜 정의는 다음과 같다.

> 최소 기능 제품은 가장 형편없는 제품은 아니므로
> 출시할 수도 있다.

이런 MVP는 사용자가 사용할 수 있는 제품이 아니기 때문에 나쁜 정의다. 가장 단순한 상황이거나 사용자가 인내심이 깊은 경우에만 사용할 수 있을 것이다. 나는 제품에 대해 내린 나쁜 결정을 누군가는 그 제품을 쓸 거라면서 합리화하는 조직을 봤다. 아무도 그 제품을 선택하지 않는다는 사실을 제품 개발에 참여한 모든 사람이 아는데도 말이다.

Globo.com이 첫 번째 릴리스에 이 정의를 이용했다면 나쁜 성과를 냈을 테고 누구도 인상 깊게 느끼지 않았을 것이다. 브랜드 가치는 떨어졌을 테고 차라리 아무것도 출시하지 않은 편이 더 나았을 것이다.

우리가 살아 있는 유기체에 독자 생존 가능한(viable)이란 용어를 쓴다면, 이는 유기체가 세상에서 홀로 죽지 않고 살아남을 수 있음을 뜻한다. 소프트웨어도 마찬가지다.

최소 기능 제품은 원하는 성과를 성공적으로 달성할 수 있는
가장 작은 제품 릴리스다.

나는 이 정의를 제일 좋아한다. '최소'는 주관적인 용어다. 그래서 누구의
주관인지 분명히 해야 한다(그 누구가 여러분은 아니다). 누가 여러분의
고객이고 사용자인지, 그들이 무엇을 얻고 싶어 하는지 명확히 하자. 그
들에게 최소란 무엇일까? 장담하건대 대화에 엄청나게 도움이 될 것이다.
물론 여전히 대화는 쉽지 않을 수 있다. 'HiPPO'라는 방법도 있다. 가장 급
여가 높은 사람의 의견(highest paid person's opinion)이라는 뜻이다. 더
나쁜 방법이다.

요즘 내가 선호하는 용어는 최소 기능 해결책(minimum viable solu-
tion)이다. 내가 조직들과 함께 했던 대부분의 일은 신제품 전체를 만드는
게 아니라 새로운 기능 개발이나 성능 또는 기존 기능 개선 등이었다. 그
래서 해결책이란 용어가 더 말이 되는 것 같다. 내 정의를 수정해 보자.

최소 기능 해결책은 원하는 성과를 성공적으로 달성하는
가장 작은 해결책 릴리스다.

이제 어려운 부분이 나온다.

우리가 하는 것은 단지 추측이다.

우리가 거대한 소프트웨어 기능 덩어리를 잘라서 출시하고 그걸 최
소 기능 해결책이라고 부른다고 해도 그게 해결책인지는 사실 모르는 일
이다.

성과와 관련된 문제는, 실제로 무엇인가 나오기 전까지는 성과를 측정
할 수 없다. 나눠서 릴리스할 때 여러분은 무엇이 일어날지 가설을 세우도
록 강요 받는다. 아마 어떤 고객이 여러분의 제품을 살지, 어떤 사용자가
그것을 선택할지 그리고 사용자가 그것을 사용한다면 주어진 시간 내에

만들어 낼 수 있는 것은 무엇인지 추측해야만 할 것이다. 그리고 얼마나 그들을 행복하게 해 줄지도 추측해야 한다. 엄청나게 많은 추측이다.

이건 좋지 않다. 너무 낮은 수준으로 추측한다면 최소보다 적게 되므로 실패할 것이다. 너무 높은 수준의 추측, 즉 위험을 막기 위해 많은 사람들이 하는 것처럼 양다리를 걸치면 많은 돈을 쓰게 될 것이고 종종 아무것도 완료하지 못하는 위험을 떠안게 된다. 최악의 경우는 완전히 잘못 추측해서 뭘 출시하든 아무 쓸모도 없어지는 것이다.

'출시할 수도 있는 가장 형편없는 제품'이라는 정의가 여전히 높은 빈도로 일어나고 있다는 것이 전혀 놀랍지 않다. 왜냐하면 사람들이 애초에 그런 걸 만들려고 작정했던 건 아닐테니 말이다.

새 MVP는 절대 제품이 아니다

독자들 중에는 지난 몇 장을 읽으면서 계속해서 불안한 느낌을 받은 사람도 있을 것이다. 아마 내가 가장 중요한 점을 간과하고 있는 게 아닌가 하고 생각할 수도 있다. 맞다. 여러분이 스토리와 스토리 맵을 위한 대화를 하는 동안 다룰 수 있는 가장 중요한 내용 중엔 이런 것이 있다.

- 가장 크고 위험도가 높은 가정은 무엇인가? 어느 부분이 불확실한가?
- 이 위험 요소나 가정을 진짜 정보로 대체하려면 뭘 해야 하나?

이 질문이 에릭 리스가 그의 책 *The Lean Startup*[1]을 통해 세상에 알린 세 번째 MVP 정의로 나를 이끌어 주었다. 우리가 그랬던 것처럼, 사람들은 단지 추측할 뿐이라는 사실을 에릭은 어렵게 배웠다. 에릭이 일했던 회사에서는 성공 가능하다고 생각한 제품을 출시했지만 실제는 그렇지 못했다. 현명하게도 그는 배움에 초점을 두는 쪽으로 전략을 수정했다. 회사가 첫 번째 MVP를 출시하면서 세웠던 모든 가정을 확인하는 과정에 집중한

---

1 번역서는 《린 스타트업》 이창수·송우일 옮김, 2012년, 인사이트 펴냄.

것이다. 에릭은 우리가 작은 실험을 하고 프로토타입(prototypes)을 만들어 무엇이 최소이면서 기능할 수 있는지 우리의 가설을 검증해야 한다고 한다. 여러분이 에릭의 방식을 적용한다면 첫 번째 제품은 진짜 실험이어야 한다. 그다음과 그다음에도 여러분이 제대로 된 제품을 만들었다는 것을 정말로 증명할 때까지 반복해야 한다.

> 최소 기능 제품이란 여러분이 가정한 바에 대하여 만들어낼 수 있거나
> 입증 혹은 반증할 수 있는 최소한의 것을 의미한다.

Globo.com의 사람들이 적게 만들 계획을 세울 수 있었던 건 매우 좋았지만 거기서 멈출 수 없었다. 그들이 세운 가정이 좋았는지 확인하기 위해 할 일이 아직 많이 남았다는 걸 알고 있었다. 지금부터 우리 모두가 해야 할 일은 더 많은 학습을 계획하는 것이다. 그리고 이것이 다음 장에서 할 이야기이다.

3장

더 빠르게 학습하기 위한 계획

사진에 있는 사람은 내 친구 에릭(Eric)이다. 그의 뒤에 보이는 것은 그의 팀이 사용하는 백로그와 작업 현황판(task board)이다. 그는 제품 책임자(product owner)이고 성공적인 제품을 만들기 위해 팀과 함께 열심히 일하고 있다. 물론 지금 당장은 성공적인 제품이 아니지만 에릭은 걱정하지 않는다. 성공적인 제품을 만들 수 있는 좋은 전략을 가지고 있기 때문이다. 현재까지는 잘되고 있다.

에릭이 일하는 회사는 기관 투자가를 위한 국제 무역 네트워크인 리퀴드넷(Liquidnet)이다. 저 사진을 찍기 훨씬 전에 회사의 누군가가 리퀴드넷이 더 나은 서비스를 제공할 수 있는 고객 집단이 어떤 사람들인지 파악하고 그 서비스를 실현하는 방법에 대한 아이디어를 제시했다. 에릭은 그 아이디어를 받아들이고 추진한 팀의 일원이다. 이게 바로 제품 책임자가 하는 일이다. 그들이 언제나 자신의 훌륭한 아이디어만을 위해 행동한다고 생각했다면 오산이다. 제품 책임자의 역할 중 어려운 부분은 다른 이의 아이디어를 성공할 수 있게 돕거나 그 아이디어가 성공하기 어려울 수도 있음을 입증해야 한다는 점이다. 에릭 같은 뛰어난 제품 책임자는 전체 팀이 주인의식을 갖고 주도적으로 일할 수 있게 한다.

기회에 대한 토론으로 시작하자

에릭은 사용자 스토리로 채워진 백로그부터 만들지 않았다. 그는 누군가의 훌륭한 아이디어가 회사를 위한 기회가 될 수 있다고 여기고 그것을 파악하는 일부터 시작했다. 실제로 그렇기 때문이다. 그 기회를 더 잘 이해하기 위해 회사의 대표와 이야기하기도 했는데 다음과 같은 내용을 이야기했다.

- 그 훌륭한 아이디어는 무엇인가?
- 고객은 누구인가? 그 제품을 살 것이라 생각되는 회사는 어디인가?
- 사용자는 누구인가? 그 회사에서 그 제품을 사용할 것이라 생각되는 사람들은 어떤 유형인가?
- 왜 그것을 원하는가? 그 제품이 고객과 사용자가 해결하지 못했던 어떤 문제를 해결하는가? 그 제품을 구매하고 사용함으로써 그들이 얻는 이득은 무엇인가?
- 우리가 그걸 왜 만들어야 하는가? 우리가 이 제품을 만들고 성공한다면 우리에게 어떻게 도움이 되는가?

에릭은 그가 이 기회에 대해 주인의식을 발휘하기에 앞서 조직 구성원과 공유된 이해를 쌓는 것이 먼저라고 판단했다. 앞으로 몇 달간 여러 번에 걸쳐 이 제품의 스토리에 대해 이야기할 필요가 있음을 알고 있었고, 그렇다면 지금 당장 해야 할 가장 큰 일은 구성원과 공유된 이해를 구축하는 것이었다.

여러분의 첫 번째 스토리 회의는
기회를 구체화하기 위한 것이다.

문제 검증하기

대표의 직관을 신뢰하기는 하지만 그 훌륭한 아이디어는 아직 가설이었다. 에릭은 아이디어가 성공하는 걸 실제로 보기 전까지는 아이디어가 성공할지 확신할 수 있는 방법이 없음을 알고 있었다.

그는 우선 고객과 사용자를 만나 직접 이야기하는 데 시간을 들였다. 그들을 제대로 알기 위해서였다. 그러던 중 문제를 가진 고객이 정말 있었고 해결책이 있다면 구매할 의사가 있음을 확인했다. 에릭은 그 제품을 사용할 법한 사람들과도 이야기했다. 그들은 그런 제품을 가지고 있지 않았고 그 문제를 처리하기 위해 그다지 좋지 않은 임시방편을 쓰고 있었다. 이 문제는 새로운 제품 아이디어로 해결할 수 있었다.

해결하려는 문제가 실재하는지 확인하자.

고객, 사용자와 이야기하면서 에릭은 그의 새로운 소프트웨어를 시도해보면 좋을 만한 후보군도 만들었다. 어떤 회사들은 이런 사람들을 고객 개발 파트너(customer development partner)라고 부른다. 이에 관한 내용은 뒷부분에 다시 나오니 기억해두자.

사실, 이 단계에서 에릭이 혼자서 일하지는 않았다. 에릭은 고객과 이야기하는 데 많은 시간을 할애하는 작은 팀과 함께 일했는데, 이 과정에서 문제를 푸는 것이 쉽지 않다는 것과 먼저 해결해야 할 문제가 있다는 것을 파악했다. 여러분이 꼭 기억해야 할 중요한 점은, 고객이 가진 문제에 대해 더 많이 알아낼수록 애초에 기회라고 생각했던 것도 더 많이 변경되었다는 점이다. 그들이 맨 처음에 말했던 대로 작업하지 않은 게 오히려 행운이었다. 만약 그대로 진행했다면 그들의 고객이나 그들 조직에 아무런 도움도 되지 않았을 테니 말이다.

고객과 이야기를 나눈 뒤 에릭과 팀은 사용자의 문제를 해결할 수 있는 해결책에 대한 구체적인 아이디어를 얻었고, 이 아이디어는 그들 회사에 이익을 가져다 줄 수 있었다. 따라서 에릭과 팀은 지금 당장 일을 시작할 수도 있었다. 그들이 만든 스토리의 백로그로 그들이 만들 해결책을 묘사하고 이 해결책을 만들 팀을 구성하도록 설득하는 그런 일들 말이다. 하지만 그들은 현명한 사람들이었다. 가장 먼저 한 일은 스토리 맵을 사용하여 큰 아이디어를 작은 구체적인 부분으로 쪼개는 일이었다. 그리고 그들이 정말 똑똑하다고 느낀 부분은 소프트웨어 개발을 가장 마지막에 했다는 점이다.

학습을 위한 프로토타입 만들기

여기서부터 에릭은 이 제품의 책임자로서 자신의 역할을 하기 시작했다. 그는 우선 해결책을 간단한 사용자 시나리오 몇 개로 나타냈다. 그 다음엔 그 아이디어를 간단한 와이어프레임(wireframe)으로 나타낸 후 그것을 충실히 재현한 프로토타입을 만들었다. 이것은 동작하는 소프트웨어는 아니었고 액슈어(Axure)나 파워포인트 같은 단순한 도구로 만든 간단한 프로토타입이었다.

에릭에게 이 모든 과정은 학습해 나가는 단계다. 프로토타입을 만들며 학습하는 과정은 해결책을 구상하는 데 도움이 된다. 궁극적으로 해결책을 사용자들 앞에 선보이고 사용자들이 어떻게 생각하는지 확인하면 좋겠지만, 그 전에 먼저 그 해결책이 사용자의 문제를 해결할 수 있다는 확신이 있어야 한다.

스케치와 프로토타입을 만들어서
해결책을 마음속에 그려보자.

이제 감춰 뒀던 중요한 내용을 말해야겠다. 사실 에릭은 인터랙션 디자이너였다. 대부분의 시간을 고객이나 사용자와 보내고 이런 간단한 프로토타입을 제작하는 디자이너 말이다. 하지만 지금은 그 제품의 성공에 궁극적인 책임이 있는 제품 책임자다. 디자인 기술이 없는 다른 제품 책임자들은 디자이너와 짝을 이뤄 현명하게 협업하면서 사용자를 인터뷰하고 해결책을 구상하면 된다.

최종적으로 에릭은 프로토타입을 사용자에게 가져갔다. 나는 그 자리에 없었기 때문에 에릭에게 무슨 일이 일어났는지 모른다. 하지만 나는 이런 경우를 매우 많이 겪어 봤고, 내 해결책을 실제로 사용할 사람들로부터 늘 놀라운 것들을 배웠다. 여기서 내가 할 수 있는 이야기는 놀라움과 나쁜 소식에 대해 마음의 준비를 해 두라는 것뿐이다. 사실, 이런 나쁜 소식은 축하해야 한다. 왜냐하면 똑같은 나쁜 소식을 몇 달 뒤, 이미 소프트웨어 개발이 한참 진행된 뒤에 들을 수도 있었기 때문이다. 그것이야말로 정말 끔찍하다. 지금 당장 고친다면 큰돈이 들지 않으므로 지금 하는 게 낫다. 그리고 에릭은 그렇게 했다.

해결책이 가치 있고 쓸만한지 알아보기 위해
프로토타입을 만들고 사용자와 함께 테스트하자.

해결책을 여러 번 반복해 보고 고객에게 보여 준 뒤, 에릭은 해결책에 대한 상당히 괜찮은 아이디어를 갖게 되었다고 확신했다. 확실한 건, 그는 명확한 백로그를 얻었고, 그의 개발팀은 프로토타입으로 만들어 본 해결책을 실제로 동작하는 소프트웨어로 만들 수 있게 됐다는 것이다. 하지만 에릭은 그렇게 하려고 하지 않았다. 음, 정확히는 그렇게 하지 않았다. 그러기엔 너무 큰 모험이었다.

사람들이 무엇을 원하는지 주의 깊게 보기

에릭은 그가 실현 가능한 해결책이라고 믿는 프로토타입을 가지고 있었다. 하지만 사람들에게 괜찮은 아이디어를 여러 개 보여 주었기 때문에 그게 정말 최소한인지 확신이 들지 않았다. 여러분이 괜찮은 아이디어를 모두 보여 주었다면 당연히 사람들도 좋아할 것이다. 하지만 에릭은 만들어야 하는 양을 최소화하면서도 사람들을 행복하게 하는 것이 자신의 역할임을 알고 있었다. 얼마나 덜어 낼 수 있을까? 여전히 실현 가능한 해결책일까?

그는 뭔가 약간 불안하다는 것도 알고 있었다. 그 해결책이 좋고 그 해결책을 사용할 것이라고 한 사람 역시 단지 추측을 한 데 지나지 않았다.

여러분이 무언가 샀을 때를 생각해 보자. 아마 제품을 미리 살펴보거나 판매원이 괜찮은 기능을 시연하는 모습을 봤을 것이다. 그 괜찮은 기능을 직접 써 보거나 그 제품을 사용하고 좋아하는 모습을 상상했을 수도 있다. 하지만 그 제품을 구매하고 실제로 사용하기 시작하고 나서 그 괜찮은 기능이 더는 중요하지 않다는 걸 깨닫기도 한다. 정말 중요했던 기능은 생각해 보지 않은 기능일 수도 있고, 최악의 경우 결국 그 제품이 그다지 필요하지 않을 수도 있다. 좋다, 지금 하는 이야기는 내게만 해당하는 거라고 치자. 내 창고에는 다시는 사고 싶지 않은 물건이 쌓여 있다.

에릭 이야기로 돌아가 보자. 프로토타입 테스트를 하면 고객과 사용자가 우리 제품이 사용하기에 좋다고 생각할 수 있다. 그리고 그렇다는 걸 에릭이 알면 자신이 가정했던 게 맞다고 확신할 수 있다. 하지만 가정이 사실이라는 게 입증되는 시점은 사람들이 실제로 매일 그것을 사용하길 결정했을 때이다. 그것이야말로 에릭이 원하는 진짜 성과이면서 그의 회사가 진심으로 원하는 이익을 줄 수 있는 유일한 성과다. 이제 학습을 위한 프로토타입에서 다음 단계로 나아갈 때다.

학습하기 위한 만들기

지금부터 에릭이 얼마나 똑똑한 사람인지 이야기해 보겠다.

에릭과 그의 팀은 소프트웨어를 만드는 일을 한다. 그들의 첫째 목표는 최소 기능 제품을 만드는 것이 아니다. 실제로 최소보다 적게 만든다. 잠재적 사용자가 그걸 가지고 뭔가 유용한 일을 해 볼 수 있을 정도로 말이다. 이 제품은 많은 사람에게 그다지 깊은 인상을 주지 못할지도 모르고 어쩌면 사람들이 이 제품을 싫어할지도 모른다. 마케팅이나 판매팀에서 힘껏 광고하거나 판매하길 바라는 제품도 절대 아니다. 사실 이 제품을 봐 주었으면 하는 사람들은 그걸 매일 사용할 사람, 즉 자신의 문제를 해결해 줄 제품을 진심으로 찾고 있는 사람이다.

에릭은 우연히 그러한 사람들로 이루어진 작은 집단을 만났다. 바로 이전에 문제를 학습하고 검증하는 동안 같이 했던 고객과 사용자들이다. 그들은 에릭의 개발 파트너다. 초기 프로토타입에 대한 피드백을 준 사람들이며 그중 일부는 에릭이 학습에 가장 도움이 될 것이라 믿는 사람들이다. 그들은 에릭이 최초로 만든 제품(최소보다 적은, 당연히 쓸만하지 않은)을 먼저 선보일 사람들이다. 에릭은 그들이 얼리어답터가 되길 바란다.

그리고 에릭은 그렇게 했다.

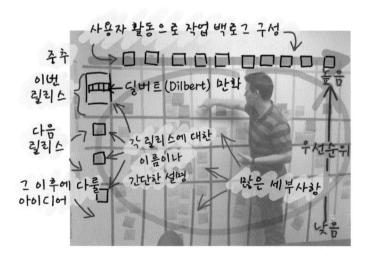

에릭이 현재 스토리 맵의 한 조각(slice)을 가리키고 있는 사진이다. 이 사진을 찍을 때 그는 이미 개발 파트너에게 소프트웨어를 출시한 상태였다. 에릭은 그들에게서 피드백을 얻기 위해 노력을 기울였다. 그의 팀은 간단한 측정 시스템을 만들어서 사람들이 정말 그 소프트웨어를 쓰는지, 그리고 해당 소프트웨어를 가지고 특히 무엇을 하는지 측정할 수 있도록 했다.

에릭은 사람들이 예의 바르다는 사실을 알고 있다. 앞에서는 좋다고 말하지만 그 뒤에 다시는 사용하지 않을 수도 있다. '사용하는 것'이 그가 원하는 진짜 성과이고 예의 바름은 도움이 되지 않는다. 그는 어떤 사람들이 요구가 많다는 것도 알고 있다. 그들은 제품의 문제점 목록을 가지고 있거나 버그에 대해 불평하거나 하지만 어찌 되었든 측정 시스템상으로는 매일 사용하고 있다. 그들이 불평을 하긴 하지만 괜찮다. 에릭에게 다음에는 어디를 개선해야 하는지 알려 주기 때문에 그 불평 역시 좋은 피드백이다.

에릭의 백로그는 중추 역할을 하는 노랑색 포스트잇이 상단을 가로지르는 형태의 스토리 맵으로 구성되어 있다. 이 노란색 포스트잇에는 사용자들이 그 제품을 가지고 무엇을 할지에 대해 함축된 스토리가 짧은 동사구 형태로 적혀 있다. 그 아래에는 모든 세부사항을 담아 두었다. 사용자가 할 구체적인 일과 제품을 실제로 사용하기 위해 필요한 세부적인 내용들이다. 에릭과 그의 팀이 할 세부적인 일은 릴리스와 릴리스 사이에 변경되기도 하지만 중추는 자주 변경되지 않는다.

테이프 선의 윗부분이 현재 에릭과 그의 팀이 작업하고 있는 대상이다. 이번 릴리스는 스프린트(sprint)가 두 번 필요하다. 그는 스크럼 개발 방식을 사용하고 있고 스프린트는 2주간 진행된다. 그래서 스프린트 두 번이면 기본적으로 한 달과 같다. 그 아랫부분은 현재 진행 대상이 아니다. 이 부분에는 다음 릴리스에 들어갈 내용이 들어 있고 이것이 계속 반복된다. 각 부분의 왼쪽엔 Globo.com의 팀이 했던 것처럼 출시 이름과 그 출시를 통해 알고자 하는 것을 몇 단어로 적어 둔 포스트잇이 있다.

자세히 보면 현재 맨 윗부분은 어느 정도 정리되어 있다. 나도 거기에

가장 우선순위가 높은 스토리를… 현재 스프린트로 이동

출시할 작업

스토리들

스토리 맵으로 구성된 백로그

개발 작업 현황판

포스트잇을 몇 장 추가했다. 그런데 이제는 더 이상 그곳에 남아 있지 않다. 맨 위에 있는 것들은 팀이 우선 만들어야 할 것이어서 작업 현황판으로 옮겨졌기 때문이다. 팀은 스프린트 동안 할 일을 계획하기 위해 이 포스트잇을 떼어 내 백로그의 오른편에 있는 작업 현황판으로 옮겼다. 작업 현황판은 현재 스프린트에 팀이 작업하고 있는 스토리와 완료해야 할 작업, 즉 개발자와 테스터가 스토리 아이디어를 작동하는 소프트웨어로 만들기 위해 해야 할 일들이 무엇인지 보여 준다.

에릭의 스토리 맵 백로그에서 그가 똑똑한 사람이라는 점을 알 수 있는 한 가지는, 가장 윗부분의 두께다. 아래 부분보다 두 배 정도 두껍다. 에릭과 그의 팀이 해당 부분을 끝내고 베타 고객이라 부르는 개발 파트너에게 전달하면 아래 포스트잇을 위로 옮긴다. 이때 위로 옮겨진 부분에 대해 상세한 회의를 여러 번 한다. 이 회의에서 다음번 릴리스에 대한 아이디어를 도출하고, 큰 아이디어는 작은 아이디어 두어 개로 나누기도 한다. 그러고 나서 무엇을 먼저 만들지 결정하기 위해 우선순위를 정한다.

얼마나 현명한가!

충분해질 때까지 반복하기

에릭은 최소 기능 제품이 무엇이어야 할지에 대한 아이디어로 전체 프로세스를 시작할 수도 있었다. 하지만 그는 일부러 최소보다 작은 무엇인가를 만드는 것부터 시작했다. 그리고 매달 조금씩 더했다. 대화를 통해 개발 파트너에게서 얻는 주관적인 피드백과 데이터를 살펴봐서 얻는 객관적 피드백을 둘 다 받았다.

　에릭은 개발 파트너가 실제로 자신의 제품을 일상적으로 사용하게 될 때까지 이 제품을 천천히 키우고 개선하는 전략을 계속 유지할 것이다. 사실 그는 개발 파트너가 다른 사람에게 그의 제품을 권하는 진짜 추천 고객이 되었으면 한다. 그렇게 된다면 그때 최소이면서 기능하는 제품을 만들었음을 알게 될 것이다. 그리고 그때가 제품을 시장에 내놓아도 괜찮고 엄청나게 팔 수 있을 때다. 에릭과 그의 팀이 그 전에 제품을 팔려고 한다면 많은 고객이 실망하게 될 테고, 이들은 제품을 만드는 과정 중 개인적인 관계를 쌓은 사람들에 비해 비호의적일 것이다.

잘못된 방식으로 하기

에릭은 구성 요소를 하나씩 만드는 방식으로 가장 좋은 최종 프로토타입을 만들 수도 있었다. 그렇게 해서 몇 달 후 뭔가를 출시해 자신의 큰 추측이 맞는지 확인할 수 있었을 것이다. 그러나 그런 일은 거의 일어나지 않으므로 만약 에릭이 그렇게 했다면 아무것도 배우지 못했을 것이다. 날 믿어도 좋다.

이 단순한 그림은 친구 헨리크 크니버그(Henrik Kniberg)가 그린 것이다.

잘못된 출시 전략을 훌륭하게 묘사하고 있다. 사용할 수 없는 뭔가를 출시하다가 마지막에 가서야 사용 가능한 것을 얻게 하고 있다.

헨리크는 다른 전략을 보여 주었다.

만약 이러한 방식으로 출시한다면 매 릴리스마다 사람들이 사용할 수 있는 무언가를 제공하게 된다. 자, 이 웃긴 운송수단의 예를 한번 보자. 내 목표는 몇 가지 자질구레한 것들을 가지고 장거리 여행을 떠나는 것이다. 그런데 여러분이 내게 스케이트보드를 줬다면, 난 좀 당황하며 '너도 알겠지만 이걸로 차도에서 놀 수는 있어도 장거리 여행을 떠나긴 어려워'하고 말할 거다. 여러분의 목표가 나를 기쁘게 하는 것이었다면, 여러분은 낙심했을 것 같다. 하지만 진짜 목표가 배움이었다면 제대로 했다. 여러분은 내가 장거리 여행을 가고 싶어 한다는 것을 알았고, 더불어 내가 재미를 추구한다는 것도 알아챘기 때문이다.

헨리크의 진행 순서로 보자면 자전거 정도에서 시작할 것이다. 일단 적절한 운송수단으로 사용할 수 있기 때문이다. 오토바이 정도가 되면 내 목적에 부합하면서 재미도 있을 것이다. 그게 내게는 최소이면서 기능할 수 있는 운송수단이 될 수도 있다. 내가 진짜 오토바이를 좋아한다면 다음 단계는 스포츠카가 아니라 더 크고 빠른 할리 데이비슨일 것이다. 지금 중년의 위기를 향해 가고 있으니 내게는 할리의 소리가 꽤 좋게 들린다. 하지만 그렇다는 건 일단 내가 오토바이를 배워 보고 가장 좋은 결정을 할 수 있을 정도로 알게 된 뒤의 일이다.

모든 릴리스를 실험이라 간주하고
무엇을 알고 싶은지 염두에 두자.

하지만 아이와 함께 장거리 여행을 하고 싶은 사람은 어떨까? 그들이 대상인 시장이라면 앞의 것들은 좋은 선택이 아니다.

항상 대상 고객, 사용자 그리고 여러분이 바라는 성과를 마음에 담아두자. 모든 사용자 유형에서 동일한 좋은 성과를 내기는 정말 어렵다. 그러니 집중해야 한다.

유효한 학습

친구 에릭이 한 일은 린 스타트업 사고방식에서 가장 중요한 개념 중 하나인 유효한(validate) 학습 전략이다. 에릭은 그가 풀고 있던 문제와 고객과 사용자가 해결하려던 문제 그리고 그가 염두에 둔 해결책 모두가 가정이라는 점을 알고 있었다. 많은 해결책 중 괜찮은 것도 있었지만 그것도 단지 가정이라는 점에선 같다. 에릭은 그 가정들을 이해한 뒤 그것을 검증했다. 즉, 고객과 사용자들이 직면한 문제에서 그들을 위해 준비한 해결책으로 옮겨 가게 했다. 각 단계마다 무엇인가를 배울 수 있는 명확한 목표와 함께 무언가를 하거나 만들었다.

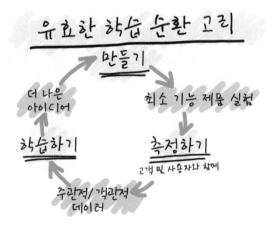

에릭이 한 일은 《린 스타트업》의 지은이 에릭 리스가 설명한 만들기-측정하기-배우기 순환의 핵심 내용이다. 그리고 리스의 정의에 의하면 에릭이 내놓은 각 릴리스는 최소 기능 제품이었다. 하지만 보다시피 대상 고객과 사용자의 눈에는 적어도 아직은 사용가능한 수준의 기능이 아니었다. 그래서 나는 리스의 MVP를 최소 기능 제품 실험(minimum viable product experiment)이라고 부르기 좋아한다. 그것은 내가 무언가를 배우기 위해 만들 수 있는 최소한의 것이다. 그리고 이때 배운 것은 내 대상 고객과 사용자의 관점에서 진짜 기능할 수 있는 것이 무엇인지 이해하게 해 줄 것이다.

에릭은 여러 도구와 기법을 계속 사용했다. 그 중에서도 단어와 그림을 사용해서 이야기를 들려주는 것은 언제나 그의 일하는 방식에 녹아 있었다. 그가 이야기를 조직화하기 위해 맵을 사용하는 것은 그의 제품이 기능하는 제품이 되기까지 반복해서 개선하는 동안 고객과 사용자가 누군지, 그들의 여정을 늘 염두에 두게 하는 역할을 했다.

나는 이 단계에서 우리가 정말 무엇을 하는지 설명하기 위해 제품 탐색(product discovery)이란 용어를 쓰려고 한다. 우리의 목표는 무언가를 만드는 것이 아니다. 대신 우리가 올바른 것을 만들고 있는지 알려는 것이다. 그래서 무언가를 만들어서 고객 앞에 선보이는 것은 우리가 제대로 만들고 있는지 알 수 있는 최고의 방법이다. '탐색'에 대한 내 정의는 마티 케이건(Marty Cagan)[1]에게 빌려온 것이다. 내가 말하는 탐색이란 린 스타트업 실천법, 린 사용자 경험 실천법, 디자인 씽킹(design thinking) 실천법, 그리고 다른 여러 아이디어를 포함한다. 탐색 단계에서 하는 일은 계속 발전한다. 하지만 목표는 여전히 같다. 즉, 우리가 올바른 것을 만들고 있는지 가능한 한 빨리 알아내기다.

---

1 마티는 2007년에 쓴 글(*http://www.svpg.com/product-discovery*)에서 제품 탐색의 의미를 설명한다. 그는 나중에 그의 책 *Inspired: How to Create Products Customers Love** 에서 제품 탐색에 대해 더 자세히 설명한다.
* (옮긴이) 번역서는 《인스파이어드: 감동을 전하는 제품은 어떻게 만들어지는가》 배장열 옮김, 제이펍 펴냄

실험을 정말로 최소화할 것

우리의 목표가 학습이라는 걸 알았다면 이제 우리는 만들어야 할 것을 최소화할 수 있고 오직 배울 필요가 있는 것에만 중점을 둘 수 있다. 여러분이 이것을 잘한다면 여러분이 초기에 만드는 것은 아마 출시할 만한 제품은 아닐 것이다. 혹시 그렇다면 여러분이 너무 많이 나갔을 가능성이 크다.

예를 들어 보자. 내가 대형 소매점 체인이 사용할 소프트웨어를 만드는 회사의 제품 책임자였을 때다. 나는 백엔드에 대형 오라클 데이터베이스가 필요하다는 것을 알고 있었다. 하지만 데이터베이스 담당자는 같이 일하기가 쉽지 않았다. 그들은 늘 내가 한 모든 변경을 아주 세세히 살펴봤다. 어떤 때는 간단한 변경을 살필 때도 한 주 또는 그 이상 걸리기도 했다. 이 때문에 우리 팀은 너무 비생산적이 되었다. 모든 애플리케이션이 그 데이터베이스에 연결되어 있었기 때문에 데이터베이스 담당자의 걱정은 일리가 있었다. 데이터베이스에 문제가 생기면 모두에게 위험할 수 있었다. 데이터베이스를 변경하고 변경사항을 평가하기 위한 훌륭한 절차가 있었지만 너무 오래 걸렸다.

내게 가장 부담스러웠던 부분은 내 제품이 올바른지 확인해야 한다는 점이었다. 그래서 우리는 초기 버전의 소프트웨어가 간단한 인메모리(in-memory) 데이터베이스를 사용하도록 만들었다. 물론 확장성도 없었기에 초기 버전을 일반 고객에게 절대 보일 수는 없었다. 하지만 우리의 초기 최소 기능 제품 실험(그때는 그렇게 부르지 않았다)으로 작은 일부 고객 그룹과 함께 아이디어를 테스트할 수 있었고 진짜 데이터를 쓸 수도 있었다. 몇 번의 반복주기(iteration)를 고객과 함께 한 뒤 잘 동작할 것이라 생각되는 해결책을 찾아내어 실제 데이터베이스에 변경을 가했다. 인메모리 데이터베이스를 더는 사용할 필요가 없어 응용 프로그램도 실제 데이터베이스를 사용하도록 전환했다. 우리가 만든 변경사항이 올바르다고 자신했기 때문에 데이터베이스 담당자도 우리를 좋아했다.

요약

게리는 단조롭고 넓게 펼쳐진 백로그 함정에서 벗어나고 자기 제품의 큰 그림을 보기 위해, 누구를 위해 무엇을 해야 하는지에 집중하려고 스토리 맵을 사용했다.

Globo.com의 팀은 여러 팀에게 필요한 대규모 계획을 조정하는 데, 그리고 기능할 수 있는 해결책이라 믿는 것을 만들기 위해 해야 할 일을 하위 집합으로 나누는 데 스토리 맵을 사용했다.

에릭은 스토리 맵을 이용하여 '좀 더 작은 기능을 갖춘' 릴리스로 나누고 최소 기능 제품 실험을 했다. 이 실험을 통해 무엇이 가능한지 주기적으로 찾을 수 있었다.

소프트웨어 개발을 어렵게 만드는 마지막 난관이 있다. 바로 제때에 끝내기다. 여러분이 꼭 만들어야겠다고 확신하는 어떤 것이 있다고 하자. 그리고 어떤 사람이 특정한 날에는 그게 세상에 나온다고 믿고 있다고 가정해 보자. 제때 끝내기 위해 예술가들 사이에는 지난 여러 세기동안 공유하고 있는 비법이 있다. 다음 장에서 그 비법을 어떻게 소프트웨어에 적용하는지 배워 보겠다.

4장

제때 끝내기 위한 계획

사진 속 두 사람은 워키바(Workiva)라는 회사에서 일하는 애런(Aaron)과 마이크(Mike)다. 워키바는 Wdesk라는 플랫폼에서 동작하는 제품군을 만든다. 대기업에서 다양하게 발생하는 큰 문제를 해결하는 제품인데 여러분은 아마 거의 들어 보지 못했을 테지만 가장 큰 SaaS(software-as-a-service) 회사 중 하나다.

애런과 마이크가 기분이 좋아 보인다. 그렇지 않은가? 어려운 문제를 해결하기 위해 함께 일하는 사람들은 대개 저렇다. 한 손에 맥주를 들고 있기 때문이라고 생각할 수도 있지만 그 때문이 아니다. 그들이 기분이 좋은 이유는 어려운 문제를 해결했기 때문이다. 맥주는 문제 해결에 대한 보상

일 뿐이다. 일터에서 어려운 문제를 해결했는데도 맥주나 그와 비슷한 상을 받지 못했다면 여러분은 누군가와 그 문제에 대해 반드시 이야기해야 한다.

애런과 마이크는 지금 막 여러 번에 걸쳐 진행된 제품 탐색 단계를 끝마쳤다. 그리고 만들어야 할 것과 제품화해야 할 것들을 찾아냈다고 자신했다.

그들은 주어진 기능 아이디어를 구체화하면서 누구를 위해 제품을 만들고 왜 만드는지 이해하는 것으로 제품 탐색 과정을 시작했다. 그리고 그들의 작업 방식과 진짜 문제가 무엇인지에 대한 그들의 추측을 검증하기 위해 고객과 직접 이야기했다. 그런 다음 액슈어(Axure)를 이용해 간단한 프로토타입을 만들었고 원격으로 고객과 같이 테스트해 봤다. 이는 우선 고객이 그들의 제품을 가치 있게 생각하는지 확인해 보고 제품이 사용할 만한지 확신을 갖기 위해서였다. 그들은 작업 중인 기능에 뭐가 필요할지 학습하기 위해 실제로 동작하는 프로토타입을 만들 필요는 없다고 생각했다.

간단한 프로토타입을 이용한 반복주기를 몇 번 거치고 난 후 최종적으로 만들 만한 가치가 있는 무언가를 가졌다고 자신했다. 엄청나게 많은 작업을 한 것처럼 들리지만 실제로 이 모든 작업은 약 사흘 만에 이루어졌다. 마지막 단계는 해당 기능을 출시하기 위해 계획을 세우고 백로그를 만드는 것이었다. 그것이 사진 속에 있는 그들의 계획이다. 괜찮은 계획이었다. 그리고 그들이 기분 좋은 이유이기도 했다.

이 맵은 전체 제품에 대한 것이 아니라는 점을 강조해야겠다. 기존 제품에 그들이 추가하려는 기능에 대한 것이다. 그래서 1장에서 본 게리의 스토리 맵이나 Globo.com 팀의 맵보다 작다. 이렇게 이야기하는 이유는 작은 변경을 위해서도 전체 제품에 대한 스토리 맵을 만들어야 한다고 잘못 생각하는 사람이 있기 때문이다. 그런 사람은 이런 이유로 맵을 사용하지 않는다고 한다.

스토리 맵은 대화를 지원하기 위한

도구일 뿐이다.

팀에 이야기하기

새로운 기능을 만들려면 팀과 함께 공유된 이해를 구축해야 한다. 팀은 문제점과 개선 가능성을 찾아내고 그 일이 얼마나 걸릴지 추정할 수 있어야 한다. 이것이 애런과 마이크가 앞서 본 맵을 만든 이유다. 그들은 해당 기능에 대한 스토리를 사용자 관점에서 단계별로 이야기하는 데 이 맵을 썼다. 인쇄된 화면을 맵에 붙여 놓은 것이 보이는가? 맵을 검토하는 동안 그 화면들을 가리키고 세부사항을 강조함으로써 듣는 사람은 해당 제품을 더 잘 떠올릴 수 있다. 스토리 보드를 이용해 영화를 검토하는 디즈니에서도 이 정도까지는 하지 못했다.

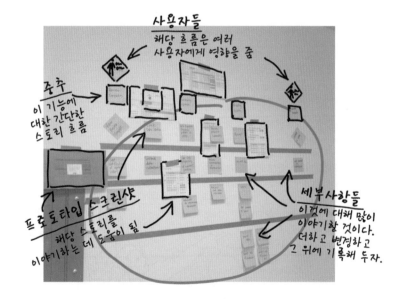

팀원들이 화면이 왜 그렇게 동작하는지 물으면 애런과 마이크는 그들이 시도했던 다양한 방법과 사용자의 행동 방식을 이야기 해주었다. 데이터

가 입력됐거나 정보가 전송될 때 정확히 무슨 일이 일어나는지 물어본다면, 그게 만약 그들이 이미 생각해 봤던 내용인 경우에는 대답해 줄 수 있었다. 만약 모르는 내용일 경우 팀과 같이 아이디어에 대해 토론하고 이를 맵 상의 프로토타입이나 포스트잇에 간단히 적어 놓았다. 팀이 애런과 마이크가 생각해 보지 않은 아이디어를 내놓으면 그에 대한 세부사항을 포스트잇에 기록하여 붙여 놓았다. 애런은 그와 마이크가 전혀 알아채지 못했던 여러 기술적 의존성을 팀이 찾아냈다고 이야기했다.

좋은 추정을 하기 위한 비밀

일정 기간 동안 진행되는 소프트웨어 개발에 참여해 본 사람이라면, 실제로 개발이 얼마나 오래 걸릴 지 추정하는 게 매우 어렵다는 걸 잘 알 거다. 하여 여러분이 좋은 추정을 할 수 있도록 아껴둔 비밀을 하나 알려주겠다.

무엇을 추정하고 있는지 진정으로 이해한 개발자가
가장 합당한 추정을 할 수 있다.

더욱 정확한 추정을 약속하는 수많은 방법이 있으나 여기서는 아무것도 다루지 않겠다. 다만 소프트웨어를 만드는 사람이 제품을 구상한 사람이

나 같이 만들 다른 사람과 이해를 공유하고 있지 않다면 그 방법 중 어느 것도 제대로 동작하지 않으리라는 점은 말해야겠다.

공유된 이해를 구축하는 것이야말로 추정을 잘하기 위한 가장 좋은 방법이다. 더 이상 이걸 비밀로 아껴두지 말고 다른 사람들에게 이야기하자. 지금 당장 누군가와 대화를 시작하자.

한 조각씩 만들기 위한 계획

워키바 팀은 현시점에선 적게 만들기를 할 수가 없다. 모든 기능이 필요하다는 것을 이미 검증했기 때문에 2장에서 Globo.com이 했던 것처럼 덜어내기를 할 수 없다. 프로토타입을 만들면서 많은 것을 이미 덜어냈고 그들의 해결책이 여전히 고객에게 가치 있음을 확인했다. 하지만 스토리 맵에서 보다시피 그들은 맵을 세 부분으로 나누었다.

그들에게 왜 그렇게 했냐고 물어보고 싶을 수도 있다. 고객이 원하는 것 중 3분의 1만 출시하는 것은 스포츠카를 3분의 1만 출시하는 것과 비슷하고 아무도 그런 차를 운전할 수 없다. 하지만 마이크는 제품 책임자 (product owner)다. 좋은 해결책을 찾아냈는 데도 그걸 외면해 버리지는 않는다. 지금 그의 역할은 좀 바뀌어서 영화 감독과 비슷하다. 모든 장면을 찍기 위해 그가 있어야 한다. 게다가 어떤 장면을 먼저 찍을지, 어떤 장면을 나중에 찍을지 결정해야 한다. 결국 마이크는 영화가 한 편이 되려면 각 장면이 함께 모여야 하고, 그렇게 모인 전체는 일관성이 있게 보여야 한다는 것을 알고 있다.

그래서 마이크는 팀과 함께 개발 계획을 세우고 스토리 맵을 사진과 같이 세 부분으로 나누었다.

첫 번째 부분을 작업하며 해당 기능을 끝까지 다룬다. 여기 있는 것을 다 만들고 나면 팀은 스토리 맵에 그려진 기능이 대체적으로 동작하는 제품을 갖게 된다. 제대로 동작하지 않는 상황도 있을 것이고 이걸 그대로 출시한다면 사용자들은 울부짖을지도 모른다. 하지만 마이크와 팀은 모든 기능이 대체적으로 동작하는 소프트웨어를 다뤄 볼 수 있다. 실제 데이터를 입력해 보고 얼마나 잘 작동하는지 볼 수 있고, 자동화된 테스팅 도구를 적용해 얼마나 확장 가능한지도 볼 수 있다. 나중에 문제를 일으킬 수도 있는 기술적인 위험 요소에 대해서도 배울 수 있다. 또한 제때 출시할 수 있다는 자신감을 더 가지고 진행할 수도 있다. 그렇지 못하더라도 최소한 나중에 지연을 일으킬 수 있는 예측하지 못한 어려움을 찾아낼 수 있다. 나는 이 첫 부분을 기능적으로 동작하는 골격(functional walking skeleton)이라고 부른다. 이 용어는 앨리스터 코오번(Alistair Cockburn)이 만들었다. 또 어떤 이들은 '실을 꿴 바늘(steel thread)'이나 '예광탄'이라고 부르기도 한다.

스토리 맵의 두 번째 슬라이스는 기능을 발전시키는 단계이다. 이때는 실제 출시할 수 있는 제품에 더 가까워지게 한다. 이러한 방식으로 진행하면 이전에 예측할 수 없었던 것들을 배우기에 좋다. 프로토타입에서 세세한 부분까지는 볼 수 없기 때문에 기능이 가져야 하는 몇 가지 특성을 간과할 수 있다. 시스템 성능이 기대했던 것보다 낮아서 그들이 원하는 수준으로 만들려면 추가 업무가 필요하다는 사실을 깨달았을 수도 있다. 이것이 '예측 가능한 예측할 수 없는 것들(predictably unpredictables)'이다.

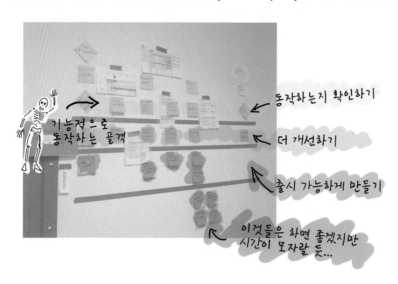

도널드 럼즈펠드(Donald Rumsfeld)의 '모르는지 모르는 것들(unknown unknowns)'과 상당히 관계 있는 개념이다. 그런 게 존재한다는 걸 몰랐다고 하지 말자. 그렇다는 걸 여러분은 이미 알고 있다.

마지막으로 기능의 개선을 위한 세 번째 부분이 있다. 이 부분을 작업할 때는 가능한 한 기능을 세련되게 만드는 데 주안점을 둔다. 그리고 앞서 말한 예측 불가능했던 것들도 여기에 추가한다.

개별 슬라이스를 출시하지 말 것

맵의 각 슬라이스는 고객과 사용자에게 출시할 것이 아니다. 이건 팀원들이 잠시 멈춰 그들이 현재 어디까지 와있는지 확인하기 위한 마일스톤(이정표)이다. 사용자와 고객의 관점에서 이것은 미완성품일 뿐이다. 그들을 당황하게 하지 말자.

마이크와 애런의 팀은 이 기능을 만드는 데 약 두 달이 걸릴 것으로 추정했다. 그들은 에릭처럼 2주 스프린트를 사용했으므로 총 4번의 스프린트가 필요했다. 난 그들이 각 스프린트마다 하나씩, 총 4개의 슬라이스를 만들 수도 있겠다고 예상했지만, 그들은 그 방법을 채택하지 않았다. 여러분도 그러면 안 된다. 각각의 슬라이스를 서로 다른 학습 목표를 가진 개별적인 작업으로 생각하자. 그리고 때가 되면 어떤 스프린트나 이터레이션에 들어갈지 결정하자.[1]

좋은 추정을 위한 다른 비밀

비밀 같아 보이지만 실제로는 그렇지 않은 건, 추정은 추정일 뿐이라는 점이다. 웹을 열어 모순어법 목록을 찾아보자. '정확한 추정(accurate estimate)'이란 용어를 찾을 수 있을 것이다. 얼마나 걸릴지 정확히 알고 있다면 우리는 그걸 추정이라 부르지 않을 것이다. 그렇지 않은가?

---

1 (옮긴이) 슬라이스는 프로젝트 전체를 진행하는 관점에서 볼 때 마일스톤의 개념이고, 슬라이스 각각은 규모가 다를 수 있다. 그 점을 고려하지 않고 스프린트마다 슬라이스 하나를 배정하면 그저 끝내기에 급급하여 완성도가 떨어지는 산출물이 나올 수 있다. 이 때문에 스프린트마다 슬라이스를 배치하는 방식을 사용하지 말라고 하고 있다.

하지만 여러분이 소프트웨어를 좀 만들어 보면 그것에 걸린 시간은 확실히 알 것이다. 이것을 측정이라 하고 조금 더 정확하다.

좋다. 다른 비밀도 있다. 더 자주 측정할수록 더 잘 예측할 수 있다. 여러분이 매일 출퇴근한다면 시간이 보통 얼마나 걸릴지 아주 잘 예측할 수 있다. 내가 여러분에게 대충 비슷한 지역의 다른 주소에서는 출퇴근에 시간이 얼마나 걸릴지 물어본다면, 10분 이내의 오차 범위에서 그것을 예측할 수 있을 것이다. 이것이 추정이 동작하는 방식이다.

큰 것을 작은 것으로 나누면 더 자주 측정할 수 있게 된다. 물론 이렇게 하기에는 미묘한 부분도 있다. 하지만 일반적으로는 비슷한 것을 만드는 데 걸렸던 시간에 대한 자료가 많으면 많을수록 더 잘 예측할 수 있게 된다.

마이크는 제품 책임자이기에 기능이 제때 출시되도록 해야 했다. 좋은 제품 책임자였기 때문에 팀원 모두가 목표 주도적으로 일할 수 있도록 도왔다. 그는 이 초기 추정을 일종의 예산처럼 다뤘다.

예산을 관리할 것

마이크와 애런은 개발자들과 함께 일했고 초기에 추정한 시간을 신뢰했다. 예산처럼 다뤘기 때문에 적극적으로 관리했다.

팀이 만든 작은 부분을 통해 그것에 시간을 얼마나 썼는지 측정할 수 있다. 그들은 만드는 데 소요되는 시간을 돈을 쓰는 것처럼 관리한다. 절반만큼의 시간 예산을 썼는데 기능은 3분의 1 정도만 만들어져 있다는 것을 발견할 수도 있다. 당연히 그런 상황을 기대하지 않았지만 알아챘다면 그에 대해 어떤 조치를 취할 수 있다. 작업 중인 다른 기능에서 시간을 빌려올 수도 있다. 또는 사용자들이 얻게 될 이득에는 영향을 미치지 않는 수준에서 기능을 변경할 수도 있고, 비난을 감수하고 약속했던 전달 예상 일자를 변경하려면 무엇을 해야 할지 봐야 할 수도 있다.

심각한 정도에 따라 더 많은 맥주가 필요할지도 모른다.

작게 잘라서 개발하는 전략을 취하면 예산을 날려 버릴 수 있는 부분을 빨리 찾아낼 가능성이 높다. 바로 이런 게 위험 요소다. 전체 팀과 대화를 나누면 위험 요소를 찾아내는 데 도움이 된다.

스토리 맵에 위험 요소 나타내기

– 크리스 신클(Chris Shinkle), SEP

한 대형 보안 업체가 학교나 작은 병원, 소매점 같은 중간 크기의 건물에 설치할 적당한 가격대의 무선 출입 제어 시스템을 만들기로 했다. 그 회사는 잠금 장치와 그 장치에 내장할 펌웨어, 그리고 잠금 장치와 통신하는 지그비(ZigBee) 무선 게이트웨이를 개발하려고 SEP와 계약을 맺었다.

그 프로젝트는 기술적으로는 재미있었지만 너무 적은 예산과 빠듯한 일정, 중간에 일어난 리더 교체, 검증되지 않은 기술 사용, 엄청나게 부풀려진 범위 등 실패할 만한 요소는 모두 갖추고 있었다.

당연히 모든 것이 빠르게 잘못되기 시작했다. 프로젝트 팀은 마일스톤을 몇 번이나 놓쳤다. 고객은 불만스러워 했고 팀의 사기는 바닥이었다. 회고를 하는 동안 팀은 계획되지 않은 일이 일정 지연을 일으키는 가장 큰 요인임을 깨달았다. 이는 주로 불확실성과 현실화된 위험 요소에서 비롯됐다. 무엇인가 바꿔야 했다.

현명한 엔지니어 집단이 그렇듯이 팀은 당면한 문제에 도전했다. 해결책은? 스토리 맵 수정이었다.

크게 보자면 스토리 매핑을 수행하는 빈도와 맵의 정확도를 향상시켰다. 중간 릴리스마다 스토리 매핑을 더 자주 하면, 위험 요소를 찾을 가능성이 더 높아질 것이라고 생각했다. 스토리 맵에 일반적인 활동과 작업(task) 그리고 세부사항뿐 아니라 '위험 요소 스토리'를 추가해 정확도를 향상시켰다. 이를 통해 위험 요소를 가시화하고 그에 대해 토론하고 더 잘 관리할 수 있다고 생각했다.

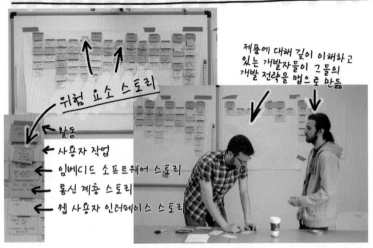

위험 요소가 보이도록 위험 요소 스토리를 추가하기

제품에 대해 깊이 이해하고 있는 개발자들이 그들의 개발 전략을 맵으로 만듦

위험 요소 스토리

활동
사용자 작업
임베디드 소프트웨어 스토리
통신 계층 스토리
웹 사용자 인터페이스 스토리

결과는 믿기 어려울 정도였다.

그들은 일반적으로 스토리 맵의 폭과 깊이가 프로젝트 크기를 가늠하게 해 준다는 점을 깨달았다. 맵을 통과하는 경로의 수가 복잡도를 나타내는 좋은 척도라는 것도 확인했다. 하지만 불확실성과 위험 요소는 스토리 맵에 포함되어 있지 않았기 때문에 맵은 학습을 포함해 실제로 해야 할 일의 양을 모두 나타내지는 못했다.

위험 요소 스토리가 추가된 새로운 스토리 맵은 앞으로 가야 할 길의 크기와 복잡도에 대해 더 나은 정보를 주었다. 맵을 원래 알려진 스토리와 알려지지 않은 스토리(위험 요소나 아니면 알려진 스토리를 자신 있게 진행하기 위해 팀에 필요로 했던 지식)로 구성했기 때문에 프로젝트의 크기와 복잡도가 더 명백히 드러났다.

예상할 수 있듯이 일정을 계획하는 데 스토리 맵이 더욱 유용해졌다. 팀에 시간이 필요한 위험 요소와 불확실성을 강조했다. 그런 시간을 계획에 포함시킬 수 있게 되었기 때문에 팀은 더 잘 예측하고 믿음직스러

위졌다.

　학습하는 동안 부수적인 효과도 있었는데 측정 방법을 분명히 하고 이해 관계자에게 갱신된 정보를 줄 수 있었다. 전통적인 기능 번다운 (burn-down) 차트와 함께 팀은 위험 요소 번다운 차트를 이용했다. 특히 기능 번다운 차트상의 데이터가 좋지 않을 때 고객은 위험 요소 번다운 데이터를 살펴볼 수 있었다.

　최종적으로 팀은 스토리 매핑을 더 자주 하고 새로운 위험 요소 스토리를 추가하는 것이 실제 현실을 더 잘 반영하는 맵을 만드는 강력한 방법이라는 사실을 배우게 되었다.

'다 빈치'라면 어떻게 했을까?

'난 자주 스스로에게 이렇게 묻는다'라고 말하고 싶지만 사실은 아니다. 하지만 그렇게 해야 할 것 같다.

　마이크와 애런이 해낸 것은 예술가들이 제때 끝내기 위해 사용하던 전략이다. 내가 소프트웨어 개발을 하며 여러 해 동안 써온 방법이기도 하다. 그리고 내가 Globo.com에서 그 친구들을 처음 만났을 때 그들도 사용하고 있었다. 앞에서도 이야기했듯이 Globo.com이 올림픽 관련하여 새로 추가한 인터랙션 기능을 늦게 출시하더라도 올림픽 위원회는 올림픽을 연기하지 않을 것이다. 아마 여러분도 특별한 생각 없이 가끔 이 전략을 썼을 것이다.

　우선 다 빈치가 무엇을 하지 않았는지 설명하겠다. 불행하게도 이건 소프트웨어를 만드는 사람들이 자주 시도하는 방식이다.

　여러분이 다 빈치이고 작품 하나를 만들고 싶은데 고지식한 소프트웨어 팀이 하는 방식으로 일한다고 가정해 보자. 아마 여러분은 마음속으로 떠올리고 있는 그림이 명확한 비전이라고 생각하고 시작할 것이다. 그 다음엔 그 그림을 여러 부분으로 나눌 것이다. 이 그림을 다 칠하는 데 닷새가 걸린다고 하자. 여러분은 매일 더 많은 부분을 칠할 것이다. 5일째가 되면 끝이다, 와우!! 끝났다! 참 쉽죠?

그런데 일이란 게 그렇게 되지 않는다. 적어도 예술가들에겐 그렇다. 이 방식으로 무언가를 만들려면 우리 머릿속에 떠올린 그림이 맞고 정확하다는 가정이 필요하다. 이 방식은 또한 창조자의 능력, 그리고 전체를 보지 않고도 부분을 정확히 정의할 수 있는 능력에 대해 무언가를 가정하고 있다. 여러분이 이 방식으로 소프트웨어를 개발한다면 점진적 전략(incremental strategy)이라고 부를 것이다. 이건 벽돌공이 벽을 만드는 방식이다. 각 조각이 균일한 크기이고 벽돌처럼 명확히 정의된 경우에만 올바르게 동작한다.

어린 시절 그림을 그릴 때 자주 이 함정에 걸려들었다. 어떤 동물을 그리고 싶으면 그 동물의 머리부터 그렸다. 완벽해질 때까지 작업한 뒤에 다리나 꼬리 같은 나머지 부분을 계속 그렸고, 거의 다 되어 갈 때쯤 그 동물의 비율이 이상하다는 것을 알게 된다. 머리가 너무 컸거나 아니면 몸의 나머지 부분이 너무 작았고, 다리는 이상한 각도로 꼬여 있는 것처럼 보였다. 그 동물의 자세는 좀 딱딱해 보였다. 적어도 재능 있는 여섯 살의 관점에서는 그렇게 보였다. 사실 모든 여섯 살 아이는 재능 있는 예술가다.

나중에서야 전체를 먼저 스케치해 보는 편이 더 낫다는 사실을 배운다. 그렇게 해야 비율도 제대로 되고 그 생물체의 자세도 바꿀 수 있었다. 심지어 내가 무엇을 그릴지 다시 생각해 볼 수도 있다.

내가 다 빈치와 함께 했던 것은 아니지만 그가 이와 비슷한 무언가를 했으리라 생각한다.

심지어 다 빈치 역시 그의 머릿속 그림이 완벽하지 않다는 것을 깨닫고 그 작품을 그려가면서 무언가를 배웠을 수도 있다. 첫날엔 전체를 먼저 스케치하거나 가볍게 밑그림을 그리는 다 빈치를 상상해 본다. 이 시점에 작품 변경을 결정했다고 가정해 볼 수 있다. "아, 미소가 제일 중요한 부분이 되어야 할 것 같아. 손은 입에서 떨어트려 놓아야 하겠네. 배경의 산은… 너무 많아."

주중에 다 빈치는 그 그림에 많은 색과 형태를 더하고 있다. 하지만 그는 진행과 동시에 변경을 하고 있다. 주말이 되면 시간이 다 되었음을 알게 되고 그 그림을 다듬는 데 모든 역량을 집중한다. 모나리자에 눈썹을 그리지 않은 건 일부러 그랬는지, 아니면 단지 새롭고 완전히 정제된 기능을 추가하기에는 시간이 모자라서 그랬는지 궁금하다.

위대한 예술 작업은 결코 끝나지 않는다. 단지 그만둘 뿐이다.
- 레오나르도 다 빈치

다 빈치에게서 나온 저 인용구는 우리가 더하고 다듬는 작업을 영원히 할 수도 있지만 어느 순간에는 제품을 끝내야 한다는 점을 말하고 있다. 그리고 만약 다 빈치나 많은 예술가의 작품이 좋은 예라면 그 작품에 감명 받는 우리는 그게 그만둔 것인지 알 수가 없다. 완성한 것처럼 보일 뿐이다.

반복적 그리고 점진적
예술가나 작가는 반복적이고 점진적인 방식으로 일한다. 사실 아침 신문이나 저녁 뉴스를 제작하는 사람도 이렇게 일한다. 공연장을 설치하는 사람도 이렇게 일한다. 누구든 정해진 시간에 일을 마쳐야 한다. 진행하면서 학습하는 사람은 이 방식을 알고 있다.

반복적 사고를 통해
이미 만든 것을 평가하고 변경하자.

소프트웨어 개발에서 반복은 두 가지 뜻이 있다. 프로세스의 관점에서는 같은 작업 절차를 계속 반복하는 것을 의미한다. 이것이 애자일 개발 방식에서 사용되는 고정된 개발 기간(time-box)을 흔히 반복주기라 부르는 이유다. 하지만 이 단어를 소프트웨어를 개발하는 과정에서 무엇을 하는지 설명하려는 목적으로 사용한다면, 이때는 평가와 변경을 의미한다. 소프트웨어를 만든 후의 변경을 실패로 간주할 때가 너무 많다. 이때 무엇을 만들지 결정한 사람들을 비난하는 데 나쁜 요구사항이나 범위 확장 같은 용어들을 이용한다. 하지만 우리는 변경은 배움의 결과이므로 변경이 필요하다는 사실을 알고 있다.

추가적인 것을 만들기 위해 점진적인 사고를 하자.

안타깝게도 우리는 반복의 소용돌이 속 함정에 쉽게 걸려든다. 그래서 달력을 주시하면서 점진적으로 추가해 나가지 않으면 안 된다. 예술가는 그림에 완전히 새로운 것을 추가할 뿐 아니라 이미 추가했던 것을 더 키우기도 한다.

소프트웨어 개발에도 같은 방식을 적용할 수 있는데 처음엔 어떤 부가 기능도 없는 단순한 버전을 만든다. 이걸 스케치라고 생각할 수 있다. 그 단순한 버전을 사용해 본 뒤 거기에 더 많은 기능을 더해서 확장한다.

시간이 지나면서 관련된 사람들이 원래 구상했던 버전이 만들어질 것이다. 그런데 모든 게 정말 잘 만들어졌다고 하더라도 애초에 구상했던 것과는 뭔가 다르게 만들어졌을 것이다. 하지만 그동안의 학습 덕분에 더 좋게 만들 수 있다.

초반·중반·종반전 전략

머리가 아플 수도 있겠지만 몇 가지 비유를 섞어 쓰려고 한다. 나는 개인적으로 소프트웨어 개발을 위한 전략에 체스에서 가져온 은유를 즐겨 쓴다. 물론 게임의 규칙만 겨우 알 정도로 시원찮은 솜씨여서 엉뚱하게 비유할 수도 있으나 굳이 바로잡아 줄 필요는 없다. 나는 제품이나 기능 릴리스의 크기에 상관없이 백로그를 세 개의 그룹으로 나눈다.

• 초반전

제품 전체에서 핵심적인 기능이나 사용자의 행동에 집중하자. 기술적으로 어렵거나 위험한 요소에 집중하고, 사용자가 선택할지 하지 않을

지 모르는 옵션은 지나치자. 출시 전에야 필요하게 될 복잡한 비즈니스 규칙도 넘어가자. 제품의 핵심인 시나리오가 동작하는 것을 보는 것만으로 충분하다.

- 중반전

기능을 채우고 완성하자. 사용자가 선택할 수도 있는 옵션을 추가하고, 복잡하고 어려운 비즈니스 규칙을 구현하자. 초반전에서 해야 할 것들을 제대로 했다면 성능이나 확장성, 사용성 같은 것들에 대해 시스템 전체를 꿰뚫는 테스트를 시작할 수 있다. 이런 것들은 나중에 추가로 집어넣기 어려운 품질 요소들이다. 우리는 이런 부분을 인지하고 계속해서 테스트해야 한다.

- 종반전

릴리스를 더 다듬자. 더 멋지고, 더 효과적으로 사용할 수 있게 하자. 이제 여러분은 실제 규모에서 진짜 데이터를 사용할 수 있기 때문에 프로토타입에서는 보기 힘들었던 개선 기회를 찾을 수 있다. 사용자에게 피드백을 받아 적용할 수 있는 단계이기도 하다.

스토리 맵에서 개발 전략 쪼개기

만약 여러분이 고객과 사용자에게 첫 번째 릴리스로 전달할 수 있다고 판단되는 것을 찾았다면, 팀과 함께 다시 첫 번째 공식 릴리스를 전반전, 중반전, 종반전으로 나누자. 무엇이 위험 요소이고 학습 기회가 어디에 있는지 찾아내는 일은 해당 제품을 만드는 팀이 가장 잘한다. 팀원들은 자신들이 함께 만든 계획에 강력한 주인의식을 느낄 것이다.

이것이 애런과 마이크가 개발 팀 전체를 돕기 위해 한 일이다. 그들이 얼마나 행복해 보이는지 다시 한번 보자.

위험 요소를 어떻게 관리하느냐가 중요하다

3장에서 에릭은 잘못된 제품이 될 만한 위험 요소를 찾고 해결해야 했다. 그는 나눠 출시하는 전략을 이용해 전체 제품을 고객 앞에 내놓을 수 있었다.

이번 장에서 애런과 마이크는 일정을 지연시키거나 예상보다 더 많은 비용이 소요될 기능 등 기술적인 위험 요소에 초점을 맞췄다. 불충분하다는 것을 이미 알고 있었기 때문에 주기가 끝날 때마다 무엇을 했는지 고객과 사용자에게 보여 주지 않았다. 팀은 위험 요소를 잘 살폈고 기능 개발을 안전하게 진행하는 방법을 사용했다.

2장에서 에릭은 최소 기능 제품 실험을 만들기 위해 2주 스프린트를 두 번 사용했다. 첫 번째 스프린트에서 무엇을 만들지 결정해야 했고 두 번째 스프린트 때도 그래야 했다. 그는 그 결정을 내리기 위해 비슷한 생각을 했다. 즉, 그와 그의 팀은 위험 요소 부분을 먼저 만들었다. 에릭과 팀은 동작하는 것을 빨리 살펴보고 해당 부분을 고객 앞에 내놓기 전에 진로를 수정할 수 있었다.

이제 다음은?

지금까지 각각 다른 목적을 달성하려고 스토리 맵을 사용한 네 가지 좋은 사례를 살펴봤다. 이후 장에서는 훨씬 더 많은 스토리 맵 사용법을 다룰 것이다. 더 많이 나가기 전에, 다른 사람들에게 스토리 매핑하는 법을 가르칠 때 내가 즐겨 쓰는 방법을 알려주고 싶다. 이걸 해보면 그 순간부터 여러분 또한 전문가처럼 스토리 맵을 다룰 수 있을 것이다.

자, 이제 5장으로 가보자.

5장
—
여러분은 이미 알고 있다

스토리 맵을 만드는 것이 복잡하거나, 모호하거나, 어렵다고 느낄지도 모르겠다. 하지만 그렇지 않다고 장담한다. 사실 여러분은 이미 스토리 맵을 만드는 데 필요한 기본 개념을 모두 이해하고 있다. 지금 당장 일상에서 가져온 예제로 스토리 맵을 만들어 보자. 간단하게 만들어 보도록 여러분의 일상을 활용할 것이다. 이 방법을 따라할 수 있도록 몇 가지를 알려줄 텐데 이는 여러분이 이미 이해하고 있는 중요한 개념이다.

포스트잇 한 묶음과 펜을 들고 나를 따라해 보자. 걱정 말라, 서두를 필요 없다. 준비될 때까지 충분히 기다리겠다.

자, 준비됐다면 출발하자.

1. 스토리를 각 단계별로 따로따로 적는다

눈을 감고 아침에 자리에서 일어났을 때를 되돌아보자. 일어나지 않고 누워있기만 하지는 않았을 거라 믿는다. 가장 먼저 무엇을 했는지 떠올려 보자. 이제 눈을 뜨고 머릿속에 떠오른 걸 포스트잇에 적어 보자. 나도 함께 적어 보겠다. 나는 '자명종 다시 울림 버튼 누르기'라고 썼다. 안타깝게도 평소에 그렇게 한다. 컨디션이 나쁘면 두세 번 누를 때도 있다.

이제 그 포스트잇을 떼서 여러분 앞에 있는 탁자에 붙여 보자. 그리고 그다음 무엇을 했는지 생각해 본다. 새로운 포스트잇에 그것을 쓰고 첫 번째 포스트잇 옆에 붙인다. 이를 반복한다. 나는 '자명종 끄기'와 '비틀거리며 욕실로 걸어가기'를 썼다.

일터로 향할 준비가 될 때까지 수행한 일을 같은 방식으로 반복해 포스트잇에 쓰자. 아니면 오늘 한 일은 무엇이든 써도 좋다. 나는 주로 출근길 운전을 위한 '차에 타기'가 마지막이다. 여기까지 쓰는 데 약 3~4분 정도 걸릴 것이다.

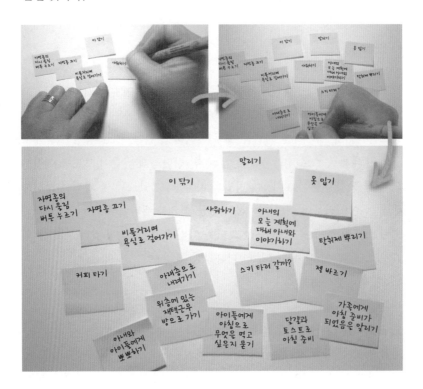

우리가 하는 일이 곧 작업이다

지금 작성한 모든 포스트잇을 살펴보자. 전부 동사로 시작할 것이다. 음, 거의 대부분이라고 하자. '샤워하기' 또는 '이 닦기' 같은 이 짧은 동사구는 작업(task)으로 목표를 달성하기 위해 우리가 하는 일을 뜻한다. 목표를 달성하기 위해 우리 소프트웨어를 사용하는 사람들이 수행하는 작업을 설명할 때 사용자 작업이라고 부른다. 이는 좋은 스토리를 쓰고 이야기하는 것은 물론이고, 좋은 스토리 맵을 만드는 데도 가장 중요한 개념이다. 사람들은 소프트웨어를 이용해 하는 일을 스토리 맵의 포스트잇에 대부분

짧은 동사로 적는다.

이제 잠시 멈춰서 포스트잇에 쓰는 게 얼마나 쉬웠는지 생각해보자. 나는 여러분에게 무엇을 했는지 쓰라고 했고, 여러분의 머릿속에서는 그 작업들이 자연스럽게 튀어나왔다. 난 이 과정이 정말 멋지다고 생각한다. 가장 중요한 개념이 가장 자연스럽게 느껴진 것 말이다.

작업이라는 단어에 너무 집착하지 말자. 여러분이 프로젝트 관리자라면, 프로젝트 계획이 작업으로 가득 차 있음을 알게 되었을 것이다. 여러분이 애자일 개발에서 스토리를 사용하고 있었다면, 계획 업무에는 개발과 테스트 작업을 작성하는 과정이 다수 포함된다는 걸 알 것이다. 만약 프로젝트 관리자도 소프트웨어 개발자도 아니라면 작업이라는 단어를 쓸 때 주의하자. 왜냐하면 다른 사람들은 여러분이 말하는 '작업'이 그들이 일반적으로 생각하는 종류의 일을 의미한다고 생각할 것이고, 이로 인해 여러분이 틀리게 사용하고 있다고 말할 것이다.

사용자 작업은 스토리 맵의 기본적인 구성 요소다.

이제 여러분이 작성한 작업의 수를 세어 보자.

사람들은 대부분 15개에서 25개 사이로 쓴다. 더 썼다면 굉장한 것이고, 그보다 적게 썼다면 단순한 삶을 살고 있는 것이다. 나도 아침에 준비를 금방 끝내면 좋겠다. 그런데 작성한 목록을 다시 살펴보고 혹시 빠트린 것이 있는지 확인해 봐도 좋다.

내 작업 목록은 여러분의 것과 다르다

당연히 사람마다 다르다. 이 차이는 무엇을 할지 선택하는 방식에서 나타난다.

예를 들어, 어떤 사람들은 거의 매일 아침마다 운동을 하기 위한 동기 부여와 자기 수련을 한다. 여러분이 운동과 관련된 몇 가지 작업을 썼다면 대단하다고 말해주고 싶다. 나는 여전히 노력 중이다.

또 어떤 사람들은 가정을 꾸렸다는 이유로 더 많은 책임을 지기도 한다. 아이가 있다면 아이가 없는 사람은 하지 않았을 몇 가지 작업을 더 썼을 것이고, 개를 키운다면 개를 돌보는 작업이 한두 개쯤 더 있을 것이다.

여러분이 만든 소프트웨어를 사용하는 사람들에 대해 생각할 때 이 점을 명심하자. 그들은 서로 다른 목적으로 그 소프트웨어를 사용했을 수 있다. 다른 사람이나 사물을 고려해야만 하는 각기 다른 상황에서 그 소프트웨어를 사용할 수 있다.

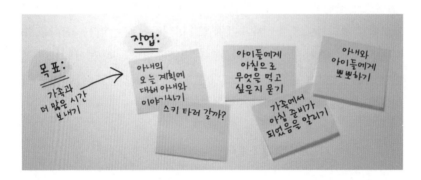

나는 그저 세부사항을 좀 더 중시한다

이 연습을 할 때 다른 사람들보다 훨씬 많은 세부사항을 쓰는 사람도 있다. 그들은 '아침 식사 준비하기' 대신 '빵을 토스터에 넣기', '음료를 유리잔에 따르기', 또는 내 아내라면 그녀가 하는 일 중에서 내가 정말 싫어하는 것 중 하나인 '스무디에 케일 넣기' 등을 쓴다.

작업은 돌과 같다. 망치로 큰 돌을 때리면 작은 조각들로 쪼개진다. 그리고 이 작은 돌도 여전히 돌이다. 작업도 이와 마찬가지다. 지금 나는 돌이 얼마나 커야 바위라고 할 수 있는지, 또는 얼마나 작아야 돌멩이라고 부를 수 있는지 모른다. 하지만 큰 작업을 작은 작업과 구분하는 괜찮은 방법이 있다.

내 친구 앨리스터 코오번(Alistair Cockburn)은 그의 책 *Writing Effective*

Use Cases[1]에서 목표 수준(goal level)이라는 개념을 설명했다. 유스케이스 쓰기를 시작하려는 것이 아니니 걱정하지 말자. 이 개념은 사람의 행동에 대해 이야기할 때 정말 유용하다.

앨리스터는 고도(altitude)와 관련한 은유(metaphore)를 사용하여 해수면은 중간이고 그 외의 모든 것은 그보다 높거나 낮은 것으로 설명한다. 따라서 해수면이 되는 작업(sea-level task)은 다른 무언가를 하기 전에 반드시 완료하기를 기대하는 작업이다. 혹시 작업 목록에 '샤워하기'라고 적었는가? 샤워를 하는 도중에 샤워가 오래 걸리는데 커피 한잔 마시고 나중에 마저 씻어야겠다고 생각하지는 않을 것이다. 앨리스터는 이를 기능 수준 작업(functional-level tasks)이라고 불렀고 작은 파도(ocean wave)라고 주석을 달았다. 하지만 나는 그냥 작업이라고 부를 것이다.

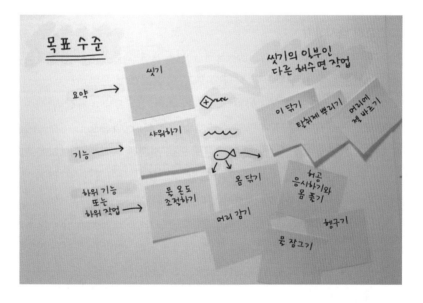

'샤워하기' 같은 작업은 여러 작은 하위 작업으로 나눌 수 있다. '물 온도 조절하기'와 '머리 감기', (내 아내라면) 각질 제거를 위한 목욕솔질 하기

---

1 (옮긴이) 번역서는 《앨리스터 코오번의 유스케이스》임병민 옮김, 인사이트 펴냄

같은 것도 있다. 사람들은 각기 다르다는 것을 기억하자. 그러면 여러분은 그들이 작업에 접근하는 방식에 따라 행동에 차이가 있음을 보게 될 것이다. 앨리스터는 이를 수면 아래에 있기 때문에 작은 물고기라고 했다.

마지막으로 우리는 여러 작업을 하나의 요약수준(summary-level) 작업으로 묶을 수 있다. 샤워, 면도, 양치질, 아침에 일어나서 한 모든 일을 하나의 요약수준 작업으로 묶을 수 있다. 그런데 뭐라고 불러야 할지는 모르겠다. 씻기? 아침 목욕재계? 목욕재계라는 단어는 좀 우스워 보인다. 쓰지 말자.

여러 작은 작업을 하나로 모으거나
큰 작업을 나누는 데 목표 수준 개념을 이용하자.

2. 스토리 배치하기

아직 하지 않았다면 지금까지 한 작업을 왼쪽에서 오른쪽으로 배치해 보자. 가장 먼저 한 일은 왼쪽에, 나중에 한 일이 오른쪽에 온다.

첫 번째 포스트잇을 가리키며 스토리를 이야기해 본다. "가장 먼저 이걸 했어요". 그리고 나서 다음 포스트잇을 가리키며 "다음으로 이걸 했어요"라고 한다. 계속해서 왼쪽에서 오른쪽으로 진행해 나가며 스토리를 이야기한다. 각 포스트잇이 한 단계이고, 각 포스트잇 사이에 "… 그리고 나서…"라는 작은 접속사구가 숨겨져 있다.

나는 왼쪽에서 오른쪽으로 향하는 이 흐름을 서사 흐름(narrative flow)이라고 부른다. '이야기 전개 순서'를 좀 멋지게 부른 것이다. 우리는 이 전체를 스토리 맵이라 부르고 서사의 흐름은 왼쪽에서 오른쪽으로 가로지르는 축이다.

와, 내 흐름은 상당히 넓었다. 나는 동시에 혹은 비슷한 시점에 일어나는 일들을 쌓기 시작했다. 흐름을 따라가다가 몇 가지 세부사항이 빠진 것을 알았다. 그것들이 중요한지 아닌지 결정했다.

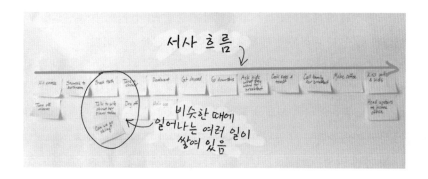

스토리 맵은 서사 흐름을 이용해 왼쪽에서 오른쪽으로,
즉 스토리를 이야기하는 순서로 배치되어 있다.

빠진 세부사항 채워 넣기

포스트잇 배열 방식의 좋은 점은 전체 스토리를 볼 수 있다는 점이다. 서사 흐름에 따라 정렬된 스토리를 보면 빠진 부분을 더욱 쉽게 발견할 수 있다.

커지는 스토리 맵을 살펴보고 혹시 빠진 부분이 있는지 살펴보라.

난 몇 가지만 추가했다. 세부 정보가 많고 해수면 아래에 있는, 포스트 잇에 쓰지 않기로 결정했던 일도 많다. 만약 그걸 전부 썼다면 포스트잇 수백 장은 됐을 거다.

3. 대안 스토리 탐색하기

지금까지 한 얘기는 너무 빤했다. 나도 안다. 고작 이걸 배우느라 종이만 낭비한 것 같겠지만 이제부터 재미있어질 것이다.

어제 아침엔 무엇을 했는지 잠시 생각해 보자. 오늘 아침에 한 일과 다른 점이 있다면 그것을 쓰고 스토리 맵에 추가하자.

무엇인가 문제가 생겼던 아침을 생각해 보자. 따뜻한 물이 나오지 않았다면 어떻게 했을까? 우유나 시리얼 또는 무엇이든 평소 아침에 먹던 음식이 다 떨어졌다면? 아이가 오늘까지 제출해야 하는 숙제를 깜빡 잊고 있다가 공황 상태에 빠졌다면? 우리 집에서는 종종 일어나는 일이다. 그럴 때 어떻게 했는가? 여러분이 한 일을 적고 스토리 맵에 추가하자.

이제 이상적인 아침을 생각해 보자. 여러분에게 완벽한 아침이란 무엇인가? 난 잠시 운동을 하고 읽을거리를 보면서 긴 아침 식사를 즐길 수 있다면 완벽한 아침이라 생각한다. 하지만 그렇게 하려면 한참 일찍 일어나야 하고 자명종의 다시 알림 버튼을 누르지 말아야 한다.

몇 가지 작업은 세로로 배치해 공간을 줄이고 싶은 생각이 들 수도 있다. 평소에 하는 다른 작업과 비슷해 보이기 때문이다. 예를 들어, 근사한 아침 식사를 준비하는 데 필요한 여러 작업을 간단한 아침 식사를 준비하는 데 필요한 작업과 같은 행(column)에 둘 수 있다.

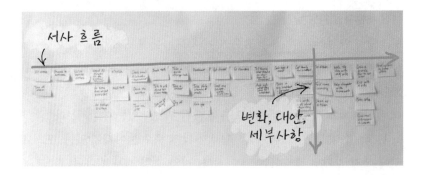

친구 데이비드 허스맨(David Hussman)은 이 활동을 '이건 어때 놀이'라고 불렀다. 이 문구는 2장과 3장에 나온다. 우리는 '이건 어때 놀이'를 장시간 했고 큰 스토리 맵이 만들어졌다. 나는 운동하기와 아침 먹으면서 편안하게 글 읽기 등 내가 완료했으면 하는 것 몇 가지를 스토리 맵에 추가했다.

세부사항, 대안, 변화 그리고 예외를
스토리 맵 본체에 추가하자.

서사 흐름을 유지하기

새로운 작업을 추가하기 시작하면 서사 흐름을 재구성해야 할 수도 있다. 난 그렇게 한 경우가 있었다. 예를 들어, 운동을 일어나기와 샤워하기 사이에 끼워 넣으려고 했다. 그러려면 '운동복 입기'를 추가해야 하는데 이는 샤워를 한 뒤의 '옷 입기'와는 다른 것이었다.

마음을 편하게 먹고 새 작업들을 자연스러워 보이는 곳에 추가하면 서사 흐름이 적절하게 느껴질 것이다. 이제 다양한 방식으로 스토리를 이야기할 수 있다. 보통 때의 스토리를 이야기할 수도, 정말 좋았던 날이나 뭔가 위급한 일이 있었던 날의 스토리를 이야기할 수도 있다. 작업을 하나로 연결하기 위해 다른 접속사를 써 보자. "전 보통 ~을(를) 하지만 가끔 ~을(를) 하기도 해요" 또는 "저는 ~ 또는 ~을(를) 하고 나서 ~을(를) 해요"처럼 해 본다('~'에 여러분이 실제로 하는 일을 넣어 보았으면 좋겠다. 나는 여러분이 무엇을 가리키고 있는지 볼 수 없기 때문이다).

어렸을 때 *Choose Your Own Adventure*라는 인기 있는 어린이 책 시리즈가 있었다. 기억하는 사람도 있을 것이다. 한 섹션을 끝까지 읽으면 주인공이 그다음에 무엇을 해야 하는지를 두고 몇 가지 선택사항이 주어진다. 각 선택에는 지정된 쪽 번호가 할당되어 있다. 결정을 내리면 지정된 쪽을 펼쳐 거기서부터 읽기를 계속한다. 사실대로 말하면, 나는 그 책을 좋아한 적이 한번도 없다. 무엇을 선택하든 항상 같은 부분에서 끝난 것 같다. 정말 멋진 모험을 만들 만큼 선택사항이 충분하게 주어진 적이 없었다. 스토리 맵도 그보다 더 낫다는 점만 빼면 동일하게 동작한다. 스토리 맵을 따라가는 방식에는 가짓수의 제한이 거의 없다. 사람들이 목표를 이루기 위해 실제로 소프트웨어 제품을 사용하는 방법을 생각해 본다면 이는 상당히 잘 맞는다.

진정으로 무엇인가 변화시키고 싶다면 이 연습을 여러분과 같이 일하는 두세 명과 같이 해 보자. 그들에 대해 여러분이 알고자 했던 것 이상으로 배울 수 있고, 모두가 동의하는 서사 흐름을 찾는 재미도 있을 것이다. '재미'는 '논쟁'을 뜻한다. 샤워를 하기 전에 늘 아침을 먹는 사람이 있고 나중에 먹는 사람이 있다. 이를 닦는 것을 두고 큰 논쟁이 생기기도 한다. 아침 먹기 전에 닦는가, 먹고 나서 닦는가, 아니면 둘 다인가?

진정하자.

여러분이 논쟁 중이라면 사실 큰 문제가 아닐 확률이 높다. 예를 들어, 아침을 샤워 전에 먹는지 샤워 후에 먹는지는 단지 선호도 차이일 뿐이다. 여러분과 같이 일하는 그룹에서 가장 공통된 것으로 진행하자. 중요한 것인데 사람들이 논쟁을 하지 않는 경우도 있다. 예를 들어, '샤워하기' 뒤에 '옷 입기'를 두는 것은 선호도 문제가 아니다. 반대 순서로 한다면 일터에 젖은 옷을 입고 나타나게 될 것이다.

4. 중추를 만들기 위해 스토리 맵을 정제하기

이제 만들어진 스토리 맵은 상당히 넓을 것이다. 그리고 여러 가지 선택사항을 다뤘다면 아마 깊이도 살짝 있을 것이다. 스토리 맵에 30개 또는 그 이상의 작업이 있을지도 모른다. 기묘한 동물의 척추나 갈비뼈처럼 보일 것이다.

한 발 물러나서 스토리 맵을 왼쪽에서 오른쪽으로 훑어보자. 그러면 함께 움직여야 하는 스토리 묶음이 여러 개 있음을 발견할 것이다. 예를 들어, 출근 준비를 마치기 위해 욕실에서 해야 하는 일들이나 아침을 만들기 위해 주방에서 해야 하는 일들 또는 날씨 확인, 외투 챙기기, 가방에 노트북 넣기 혹은 집을 나서기 전에 해야 하는 일 등이다. 이 작업 묶음이 더 큰 목표를 달성하기 위해 함께 움직이는 것처럼 보이는가?

이제 비슷한 포스트잇끼리 묶은 후 각각의 묶음을 다른 색깔의 포스트잇에 옮겨 적자. 그리고 각 묶음을 잘 표현할 수 있는 짧은 동사구를 그 위에 적자.

다른 색의 포스트잇이 없다면 비밀을 한 가지 알려 주겠다. 모든 포스트잇 패키지에는 두 가지 모양이 들어 있다! 포스트잇을 45도 돌리면 훌륭한 마름모 모양을 얻게 된다. 포스트잇을 다르게 보이게 하려면 이 방법을 써 보자.

묶음 위에 짧은 동사구로 작성한, 좀 더 상위 수준의 목표를 담고 있는 포스트잇을 활동(activity)이라고 부른다. 활동은 특정한 목표를 달성하기 위해 비슷한 때에 비슷한 사람들이 수행하는 작업 묶음이다. 스토리 맵 상단의 활동을 읽어 보면 그 여러 활동 역시 서사 흐름을 따르고 있을 것이다. 이 포스트잇 열(row)이 지도의 중추(backbone)다. 수많은 포스트잇이 붙은 스토리 맵을 공유하려고 할 때 가장 좋은 방법은, 상위 수준의 스토리를 이야기하는 것이다. 그 후 스토리 맵 전체를 가로지르는 중추를 읽을 때는 "그리고 나서 그들은…"이라는 접속사를 각 활동 사이에 넣어보자.

활동은 공통 목표를 가지고 있는
여러 작업의 모음이다.

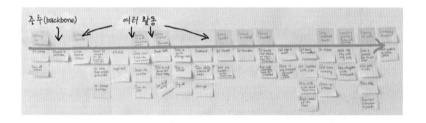

위의 사진은 내가 만들고 있는 스토리 맵인데 중추를 만들기 위해 여러 활동을 추가했다. 이렇게 하면 지도를 읽고 뭔가를 찾는 일이 매우 쉬워진다. 최소한 내게는 그렇다. 그리고 아침에 내게 무슨 일이 일어나는지 큰 그림을 얻기 정말 쉽다.

여러 활동과 높은 수준의 작업이
스토리 맵의 중추를 이룬다.

활동은 작업과는 다른 말로 쓰여야 할 것 같다. 예를 들어, 집을 나서기 전에 해야 할 일을 무엇이라고 부를까? 그것은 가방을 집어 들고, 쇼핑 목록을 찾고, 날씨를 확인한 뒤 필요하면 우산을 챙기는 일이다. 나는 '잡다한 것 챙기기'라고 할 것 같다. 여러분은 아마 다른 말을 쓸 수도 있다.

여러분의 제품과 고객을 위해 스토리 맵을 만든다면, 그들이 원하는 이름으로 부르면 된다.

5. 특정한 성과에 도달할 수 있도록 작업 나누기

자, 이번에 살펴 볼 건 정말 멋진 부분인데, 아직 일어나지 않은 일을 상상하는데 스토리 맵을 사용할 것이다.

지금까지 여러분이 만든 스토리 맵을 보면, 아마 '다시 알림 누르기' 혹은 '알람 끄기'가 왼쪽 끝 어딘가에 있을 것이다. 오늘 아침에 이 일을 건너뛰었다고 상상해보자. 이 일을 건너뛴 건 지난밤에 알람 맞추는 것을 잊었기 때문이다. 눈을 뜨고 시계를 봤을 때 출근 시간까지는 이미 몇 분 남아 있지 않았다. 정말로 늦었다. 아, 당황하지는 말자, 그냥 상상하는 거니까.

포스트잇에 '몇 분 안에 집에서 나가기'를 적고 맵의 왼쪽 상단 가까운 곳에 놓자. 이제 맵의 중간을 왼쪽에서 오른쪽으로 허리띠처럼 나누는 선을 상상해 보자. 다음으로 몇 분 안에 준비해서 나가는 데 필요하지 않은 작업을 그 선 아래로 옮기자. 활동 아래에 아무 작업이 없다고 해서 그 활동을 아래로 내리면 안 된다. 아무런 작업도 없는 활동이 존재한다는 건 오늘 아침에 그 목표를 달성하지 못했다는 뜻이다.

상단에는 작업 몇 개만 남아 있을 수 있다. 이제 다시 흐름을 따라가며 빠진 작업과 출근이 늦었을 때 할 것 같은 작업을 채워 넣는다. 예를 들어 평소에는 샤워를 하지만, 늦었을 때는 '고양이 세수하기'나 '몸에서 냄새 나는 곳만 수건으로 닦기' 같은 작업을 추가한다. 개발자 그룹과 이 과정을 진행하면 나는 '냄새 제거제 더 뿌리기'를 자주 목격한다. 아, 내가 뭐라고 하는 건 아니고 단지 그랬다는 말이다.

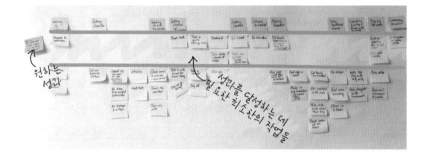

이 사진은 내가 몇 분 안에 집에서 나서야 할 때 해야 할 일을 찾으려고 만든 스토리 맵이다.

여러분은 왼쪽에 있는 다른 목표를 생각하는 데 이 방식을 시도해 볼수 있다. '가장 호화로운 아침 시간 누리기'나 '2주 동안 휴가 가기' 같은 것말이다. 아마 이쯤해서 느꼈을 테지만, 서사의 흐름은 그대로 남겨두되 다른 목표를 달성하기 위한 작업을 추가하거나 삭제할 필요가 있다.

특정 성과와 관련된 모든 작업과 세부사항을
알아보려고 나눠 둔 슬라이스를 이용할 것.

자, 이제 중요한 개념을 모두 배웠다!

너무 쉽지 않나? 지금까지 스토리 맵을 만들면서 다음과 같은 것들을 배웠다.

- 작업은 사람들이 무엇을 하는지 설명해 둔 짧은 동사구다.
- 각 작업은 다른 목표 수준을 갖는다.
- 스토리 맵에서 작업은 왼쪽에서 오른쪽으로 가는 서사 흐름에 따라 배치된다.
- 스토리 맵의 세로 방향은 변화를 주거나 대체하는 작업을 포함한다.
- 작업은 스토리 맵의 윗부분에 위치한 활동으로 조직화된다.
- 활동은 스토리 맵의 중추를 이룬다.

- 특정한 성과를 달성하는 데 필요한 작업을 찾아내기 위해 스토리 맵을 조각 낼 수 있다.

집이나 일터에서 시도해 보기

단언컨대, 아마 이 책을 읽은 대다수의 사람들은 그저 책을 읽는 것에서 그치고 스토리 매핑은 하지 않았을 것이다. 내가 모를 것 같은가? 여러분이 아침에 일어나는 일을 스토리 맵으로 만들지 않은 게으름뱅이 중 한 명이라면, 꼭 해 보겠다고 약속하자. 이건 내가 스토리 매핑의 기본적인 개념을 가르칠 때 가장 선호하는 방법이다. 여러분이 속한 조직에서 스토리 매핑 작업를 처음 시도한다면 작은 그룹의 사람들과 함께 이 연습을 처음부터 끝까지 해 보자. 모든 기본적인 내용을 익힐 수 있을 것이다. 그리고 어떤 일이든지 여러분 나름대로 잘 스토리 매핑할 수 있을 것이다.

일하러 가기 전에 샤워를 해야 하나요?

— 릭 쿠식(Rick Cusick), 리딩 플러스(Reading Plus) 사, 버몬트(Vermont) 주 위누스키(Winoosky) 시

개발자 네 명과 프로젝트 책임자, 테스터, UX 팀장 그리고 제품 교육 담당자 두 명과 함께 아침에 일어나는 일을 스토리 맵으로 만드는 연습을 했다. 두 팀으로 나누어 참가자들이 아침에 일어나서 하는 일을 빠르게 수집한 뒤 각자의 아침을 정렬, 재정렬하여 스토리 맵을 하나 만들었다. 이 맵은 '평균적인 아침'이 어떤지 보여 주었다. 이들은 이전에 스토리 맵을 만들어 본 적이 없었고 만들어야 한다고 생각해본 적도 없었지만, 제품에 대한 경험을 쌓는다는 관점에서 스토리 맵을 작성하는 과정을 좋아했다.

사람들과 이 연습을 할 때 나의 목표는 우리의 일을 가시화하는 활동의 효과를 알리고, 스토리 맵을 함께 만드는 과정이 어떻게 공유된 이해

를 만들어 내는지 보이며, 눈으로 확인 가능한 형태로 경험을 살펴보는 활동의 가치가 얼마나 영향력 있는지 알게 하는 것이었다. 게다가 기대하지 않았던 이점이 드러났는데, 한 프로젝트에서 한 팀으로 일하자 협업하는 그 자체를 통해 목표가 드러났다는 점이다. 바로 긴밀한 협업의 효과였다. 그리고 다른 사람에게 공감하는 순간도 있었다. "매일 아침 아이를 학교에 데려다 주는지 몰랐어요.", "일하러 오기 전에 아침에 요가를 해요?" 또는 "나는 아침을 꼭 먹어야 해요. 그렇지 않으면 아무것도 못해요" 같은 것이었다.

　동시에 일어나는 사건이나 인과 관계가 있는 사건에 대해서는 혼동이 좀 있었다. "커피를 마시면서 신문을 읽으면 포스트잇 한 장에 써야 하나요, 두 장에 써야 하나요" 또는 "금요일엔 아내가 아이들을 학교에 데려가요. 그런 건 어떻게 나타내야 하나요" 같은 내용이었다. 다른 고려사항으로는 시간이 일직선으로 왼쪽에서 오른쪽으로 흘러가는 스토리 맵은 모든 경우의 수를 다 담아낼 수 없다는 점이었다. 이 연습이 원활히 흘러가게 해야 하는 사람으로서, 비록 내가 모든 사안에 바로 답을 할 수 없었지만 연습이 진행되는 동안 그러한 종류의 의문이나 고려사항이 나타나는 것이 흐뭇했다.

　활동에 우선순위를 정하면서 몇 가지 어려운 선택 때문에 웃기도 했다. "일하러 가기 전에 샤워를 해야 하나요"라는 다소 더럽지만 재미있는 농담이 나오기도 했다. "어쨌든 일어나서 옷 입고 출근은 해야죠."라고 한 참가자가 이야기하자 다른 사람이 재빠르게 "집에서 일하지 않는 한 그렇죠!"라고 하기도 했다.

이 연습 이후로 스토리 맵은 우리가 일을 하는데 가장 선호하는 방식이 되었다. 경험을 공유하거나 사용자 스토리의 우선순위를 잡거나, 반복주기와 출시 일정 등을 수립하는데 이용되었다. 회사의 풍토와 개발 문화에 접목되었고 지금까지 지속되고 있다.

동일한 연습을 조직 내 여러 팀과 수행하면서 배운 한 가지 교훈은, 참가자들이 이런 사고를 하도록 준비할 수 있는 아이스브레이킹이 필요하다는 점이었다. 아이스브레이킹 세션은 참가자 모두가 아침에 일어나서 출근할 때까지 일어난 일 중 하나를 쓰는 것으로 시작한다. 그 다음 참가자에게 이렇게 묻는다. "왜 그것을 했나요?" 이렇게 질문하면 참가자의 무의식 속에서 맥락의 줄기가 생겨 이후에 있을 계획 세션을 대비한다는 것을 발견했다: "이 사용자 스토리의 가치는 무엇입니까? 왜 사용자들이 이것을 할까요?"

이것은 미래가 아니라 현재를 보여주는 스토리 맵이다

아마 독자들 중 일부는 알아챘겠지만 지금 막 만든 스토리 맵은 앞의 네 개 장에서 만든 스토리 맵과는 근본적으로 다른 점이 있다. 게리와 Globo.com, 에릭, 마이크와 애런이 만든 스토리 맵은 모두 나중에 제품을 출시한 뒤, 즉 미래에 사용자가 그들의 제품을 어떻게 사용할지에 대한 예상이다. 그들은 제품을 출시한 이후 사람들이 그 제품을 어떻게 사용할지 예상한 작업과 활동을 썼다. 하지만 지금 만든 스토리 맵은 사실 오늘 아침에 수행한 일이다. 그렇더라도 두 경우 모두 같은 개념을 사용하고 있다. 여러분의 시간을 낭비하지 않았으니 안심하자.

'현재 스토리 맵'의 좋은 점 중 하나는, 사람들이 오늘 어떻게 일했는지

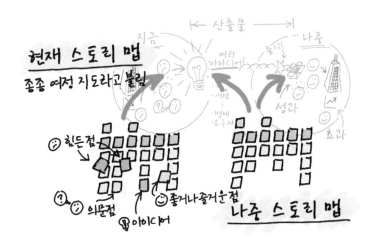

더 잘 이해하고 스토리 맵을 만들 수 있다는 것이다. 여러분은 오늘 아침 준비를 어떻게 했는지 알기 위해 이 활동을 했다. 스토리 맵으로 돌아가 다른 내용을 더 추가한다면 더 많은 것을 배울 수 있다. 추가하기 쉬운 것은 이런 내용들이다.

- 고충
  동작하지 않거나 사람들이 싫어하는 것

- 좋거나 즐거운 점
  재미있거나 할 만한 가치가 있는 것들

- 질문
  왜 사람들이 이것을 할까? 그때 무슨 일이 일어나지?

- 아이디어
  사람들이 할 수 있는 것, 사람들의 고충사항을 없애거나 더 즐겁게 하기 위해 우리가 만들 수 있는 것

UX(User Experience) 커뮤니티의 수많은 사람이 여러 해 동안 그들의 사

용자를 더 잘 이해하기 위해 스토리 맵을 만들어 왔다. 가끔은 '여정 지도(Journey map)'라고 불리기도 하지만 기본적인 아이디어는 똑같다.

스토리 매핑을 실제로 시도해 보기

2000년대 초 나는 토맥스(Tomax)라는 이름의 작은 회사에서 팀을 이끌고 있었다. 그 팀은 소매점에서 사용하는 소프트웨어를 만들었는데, 이 소매점은 사람들이 온라인에서 많은 시간을 보내기 전에 쇼핑하러 가던 곳이었다. 팀은 페인트와 실내 장식용품을 판매하는 체인 운영자를 새로운 고객으로 맞았다. 당시 우리는 소매점에 대해서 상당히 잘 알고 있었고, 판매 관점에서 물품을 판매하고 재고 관리를 해 본 사용자에 대해서도 잘 알고 있었다. 하지만 페인트와 실내 장식용품 상점에 대해서는 모르는 것도 있었다. 예를 들어, 우리는 고객 맞춤형 페인트나 고객 맞춤형 블라인드를 어떻게 판매하는지 몰랐다.

그에 대해 잘 알 수 있도록 사진에 나오는 여성 세 명에게 도움을 요청했다. 세 사람은 소프트웨어 쪽 사람이 아니었다. 그들은 우리 소프트웨어를 원하는 회사에서 실내 장식 전문가로 일하고 있었다. 그들은 고객 맞춤형 블라인드 판매에 대해 속속들이 알려주었다. 덕분에 우리는 빠르게 학습할 수 있었다. 우리는 그들에게 맞춤형 블라인드를 마지막으로 판매했을 때를 떠올려 달라고 부탁했고, 고객이 그들에게 연락해 온 시점부터 배달된 블라인드가 설치되고 고객이 좋아할 때까지 그들이 한 모든 일을 쓰도록 부탁했다. 이 얘기가 꽤 익숙하게 들릴 것이다. 우리가 그들에게 요청한 일은 여러분의 아침을 스토리 맵으로 만든 일과 같은 것이었고 상당히 비슷한 방식으로 진행되었기 때문이다. 여러분이 아침 준비를 마치기 위해 했던 일에 이름을 붙였던 것만큼 쉽게, 그들은 맞춤형 블라인드를 팔기 위해 그들이 하는 일에 이름을 붙였다. 우리가 그들의 작업을 체계화하자, 그 작업들을 수행하는 데에는 한 가지 방법만 있는 것이 아니라는 사실을 깨달았다. 그들은 각자 다른 방식으로 혹은 다른 순서로 작업을 수행했다. 만약 여러분이 여러 사람으로 구성된 작은 그룹과 함께 아침 일찍 일어나기 스토리 맵을 만들어 본다면, 여러분 역시 이와 같은 상황을 마주할 것이다.

이 간단한 활동 이야기하기와 구성하기를 수행함으로써, 우리는 그들이 현재 어떻게 일하는지에 대한 공유된 이해를 구축했다. 그리고 이를 바탕으로 스토리 맵을 해석하여 우리가 만들어 낼 소프트웨어로 그들이 수행하고자 하는 작업 목록을 만들 수 있었다.

소프트웨어로는 더 어렵다

거짓말 않겠다. 여러분이 소프트웨어 전문가라면, 기능이나 화면에 대해 이야기하길 멈추고 사람들이 실제로 시도하는 일에 대해 짧은 동사구로 된 문장을 쓰기까지는 시간이 좀 걸릴지 모른다. 하지만 계속 연습하자. 할 수 있다.

사용자가 누구인지, 그가 무엇을 달성하고자 하는지 또는 어떻게 하고 있는지 정확히 알지 못한다면 문장으로 쓰는 일이 정말 힘들 것이다. 슬프게도 이 상황에서 스토리 맵을 만들어 보면 무엇을 모르는지 알게 될 것이다. 정말로 현 상태가 그러하다면, 사람에 대해 그리고 그들이 무엇을 하는지에 대해 더 많이 배워야 한다. 물론 가장 좋은 방법은 스토리 맵을 그들과 함께 만드는 것이다.

스토리 매핑의 간단한 여섯 단계

우리가 앞서 살펴 본 네 개 장은 여섯 단계로 요약할 수 있다. 그리고 내가 왜 이걸 맨 첫 장에서 이야기 하지 않았는지 궁금해 할 수 있다. 하지만 그랬다면 난 여러분에게 스토리에 대해 이야기하는 걸 생략하고 단지 요구사항만을 전달했을 것이다. 그리고 그건 당연히 잘될 리 없다(는 걸 이제는 모두가 알 것이다).

스토리 맵을 만들고 사용하는 올바른 방법이 많다는 걸 알고 있지만, 내게는 다음 6단계 프로세스가 가장 잘 맞았다.

1. 문제 구체화하기. 누구를 위한 것이고 우리는 왜 그것을 만드는가?
2. 큰 그림을 스토리 맵으로 만들기. 깊이가 아닌 너비에 집중하자. 1마일 너비에 1인치 깊이로 다룬다(미국 외 나머지 세상에 사는 친구들을 위해선 1킬로미터 너비에 1센티미터 깊이라고 하자). 명확한 해결책이 마음속에 있지 않거나, 설사 가지고 있다고 생각하더라도 사용자가 느끼는 어려운 점과 좋은 점을 포함해 현재 세상을 스토리로 매핑해 보자.
3. 탐색하기. 일하는 방식과 잘못할 수도 있는 일들에 대해 다른 유형의 사용자들과 더 깊이 이야기해 보자. 더 나아가서 밑그림을 그리고, 프로토타입을 만들어 보고, 테스트를 수행해 보고 해결책 아이디어를 개선해 보자. 동시에 만들 스토리 맵도 변경하고 개선한다.
4. 출시 전략 나누기. 항상 만들어야 할 것이 너무 많다는 점을 기억하자. 비즈니스를 위해 달성하고자 하는 것과 제품을 사용할 사람들에게 집중하자. 사람들을 기쁘게 하고 조직이 그 목표를 달성하는 데 도

움이 될 최소 해결책을 내놓는 데 필요한 것이 아니면 잘라 내자.

5. 학습 전략 나누기. 최소 기능 해결책이라고 생각하는 것을 찾았을지도 모른다. 하지만 그렇다는 걸 증명하기 전까지는 아직 가설이라는 점을 기억하자. 가장 큰 위험 요소가 무엇인지 찾아내기 위해 스토리 맵을 사용하고 논의를 하자. 스토리 맵을 더 작은 최소 기능 제품 실험으로 나누자.

6. 개발 전략 나누기. 배포해야 할 필요가 없는 모든 것을 잘라 냈다면 이젠 필요한 것만 남았을 것이다. 이제 먼저 개발해야 할 최소 기능 해결책과 나중에 개발해야 할 부분으로 나누자. 기술적인 이슈나 개발 위험 요소를 조기에 파악하는 데 필요한 부분을 먼저 개발하는 데 초점을 맞추자.

스토리 맵은 그저 시작일 뿐이다

스토리 맵을 만드는 일은 큰 그림, 즉 숲을 보는 데 도움이 된다. 스토리 매핑의 가장 큰 이점이다. 하지만 그 숲을 만드는 사람이라면 나무를 하나씩 해결해야 한다. 이미 앞에서 스토리가 제대로 동작하기 위해 필요한 가장 중요한 두 가지를 배웠다.

- 공유된 이해를 구축하기 위해 문서나 그림을 함께 놓고 스토리를 이야기하자.
- 단순히 무엇을 만들어야 하는지에 대해 이야기하지 말자. 누가 이것을 사용할지, 산출물은 어떻게 최소화하고 성과를 어떻게 최대화할지에 대해 이야기하자.

이 두 가지를 염두에 두면 진행하는 모든 일이 제대로 돌아갈 것이다.

이제 스토리를 '나무 하나하나' 수준으로 사용하기 위한 전술을 이야기해 보자. 많은 일이 잘못 돌아갈 수 있고, 스토리를 잘 사용하기 위해 알아야 할 몇 가지가 더 있기 때문이다.

SAP에서 수행한 사용자 스토리 매핑: 큰 조직에 맞게 확장하기

– 앤드리아 슈미튼

제프가 사용자 스토리 매핑이라는 개념을 처음 발표했을 때, SAP에서 근무하던 우리는 바로 이해했다. 그것은 제품 비전을 백로그로 전환하고, 우리가 무엇을, 누구를 위해, 왜 개발해야 하는지 이해할 수 있는 간단하면서도 강력한 방법 같았다. 그래서 우리는 그 방법을 시도해보기로 했다.

그러나 우리는 개인 사업자나 개별 스크럼 팀에서는 간단했던 일이 여러 스크럼 팀으로 구성된 제품 개발팀에서는 완전히 다르다는 걸 깨달았다. 약 2만 명가량의 개발자로 구성된 대규모 개발 조직이 있는 SAP에서는 다른 팀들에 의존하는 대규모 개발 프로젝트가 진행되는 일이 흔했다. 우리는 이 큰 조직에서 사용자 스토리 맵 만들기를 안정적으로 할 수 있는 방법을 찾아야 했다.

도전 과제

우리에겐 다음 두 가지 과제가 주어졌다.

- 어떻게 하면 포스트잇에 파묻히지 않고 복잡한 제품을 스토리로 매핑할 수 있을까?
- 어떻게 하면 이 방식을 개발 조직에 보급하고 사람들이 사용하게 만들 수 있을까?

1. 대규모 제품을 위한 사용자 스토리 매핑

첫 번째 질문의 답을 찾기 위해서는 실제 프로젝트에서 몇 가지 실험적인 워크숍을 진행하는 게 최선이라고 판단했다. 열정적인 코치들로 구성된 작은 팀과 약 10개의 시험용 프로젝트로 시작했다. 가장 큰 프로젝트는 14개(!) 스크럼 팀으로 구성됐다. 이 시험 기간 동안 우리는 워크숍 형식이나 콘텐츠, 프로젝트 기간, 스토리 맵의 형식 등 다양한 면에서 변화를 주었다. 여러 번의 피드백 주기 이후에 우리는 대규모 개발 환경에서 상당히 잘 동작하는 좋은 실천법 집합을 얻게 됐다.

주요 성공 사례

어떤 팀이 사용자 스토리 맵 만들기를 처음 하면 우리는 경험이 있는 코치와 함께 수행하도록 권했다. 코치는 요청한 사람과 함께 회의를 열고 워크숍 목표와 초대 명단, 의제, 관련 자료 등을 논의했다. 대개 우리는 전체 팀과 함께 하루 일정의 워크숍을 열고 필요하다면 작은 추가 세션을 했다.

워크숍 당일에, 우리는 일반적으로 잘 알려져 있는 엘리베이터 피치나 커버스토리(Cover Story)[2] 같은 형태의 제품 비전 연습으로 시작했다. 이 연습에선 팀이 지금부터 1년 후 업계 신문에서 그들의 제품에 대한 글을 읽는다면 무엇을 읽을 것 같은지 묘사했다. 이 방식은 팀이 전체적인 방향에 대해 공통의 이해를 가지고 있는지 혹은 추가적인 연구, 이를테면 인터뷰를 더 하거나 프로토타입 테스트 등을 더 해야 하는지를 보여 주었다.

다음 단계는 제품의 일반적인 사용자를 살펴보는 것이다. 워크숍의 목표가 세부적인 백로그를 구축하는 것이라면, 사용자 역할이나 페르소

---

2 커버스토리(Cover Story)[*]는 데이브 그레이(Dave Gray) 등이 지은 *Gamestorming*[†] 책에서 찾을 수 있는 많은 멋진 실천법 중 하나다.
* (옮긴이) 내가 만든 소프트웨어가 성공해서 신문 커버 페이지를 장식했다고 가정하며, 이를 이미지로 그려보는 활동이다. 전면을 장식할 이미지, 헤드라인에 쓰일 문장, 성공을 설명할 짧은 글, 비전을 드러내는 문장이 포함되어 제품 개발 시 회사와 개발팀 간에 비전을 공유하는 데 도움이 된다.
† (옮긴이) 번역서는 《게임스토밍: 잠자는 조직의 창의성을 깨우는 87가지 회의 전략》 정진호·강유선 옮김, 2016년, 한빛미디어 펴냄

나는 사용자 조사 단계에서 이미 나왔어야 한다. 프로젝트 초기 단계라면, 팀은 그들이 가정한 것을 기록한다. 그러면 사용자 조사 단계에서 그 가정들을 테스트할 수 있고, 이러한 방식은 사용자 조사를 준비하는 좋은 방법임이 증명됐다. 이것은 또한 디자인 씽킹 실천법과 사용자 스토리 매핑 작업이 함께 잘 동작한다는 것을 보여주기도 한다.

우리는 이 다음으로 사용자 스토리를 정의하기 위해 다음과 같이 세 단계 접근법을 사용했다. (1) 상위 수준의 사용 단계부터 시작한다. 그것을 (2) 사용자 역할별로 상세한 활동으로 나누고, 각 활동은 (3) "〈역할〉인 나는 〈기능〉을 원한다, 그러면 〈가치〉를 수행할 수 있다"와 같은 형식의 구체적인 사용자 스토리로 만들어 냈다. 이 사용자 스토리들은 첫 번째 제품 백로그에 추가했다. 이 세 단계 접근법은 큰 프로젝트에서 특히 유용하다. 각 단계에서 팀은 어느 부분의 세부사항을 다루는 것이 좋을지, 다른 팀과 연결된 사항 중 고려해야 하는 것은 무엇인지 결정할 수 있다. 이러한 접근 방식은 큰 그림을 염두에 두면서 핵심 개발 작업에 집중하는 데 유용하다.

스토리 맵이 쉽게 파악될 수 있도록 개별 페르소나나 역할과 관련된 활동 및 사용자 스토리에 다른 색의 포스트잇을 썼다. 다음 그림과 같다.

팀이 스토리 맵을 만드는 동안 '빈 구멍(white spot)' 같은 추가적인 부분이 나타나기도 한다. 팀이 연구를 더 해야 하거나 답변이 아직 안 된 질문이나 의존성, 또는 간극 같은 문제점을 강조해야 할 때는 색이나 크기가 다른 포스트잇을 썼다. 처음엔 이 모든 미해결 문제점을 스토리 맵에 붙이는 게 어색해 보일 수 있다. 하지만 우리 경험에 비춰봤을 때, 이것은 스토리 매핑 과정에서 가장 유용한 부분이다. 더 명확히 해야 하는 사항에 대해 솔직하고 분명하게 드러낼 수 있다. 문제를 드러낸 후에는, 이를 해결하기가 훨씬 쉽다.

팀이 적절한 수준의 세부사항에 도달하면 우리는 백로그에 있는 사용자 스토리에 우선순위를 매겼다. 프로젝트 크기와 단계에 따라 사용자 스토리 수준이 아닌 활동 수준에서도 수행됐다. 우리는 도트 스티커 붙이기 같은 단순한 투표 방식을 이용했는데, 가끔은 투표를 위해 단순화된 카노(Kano) 모델[3]을 사용했다. 이 모델에서는 팀이 사용자 스토리에 '꼭 해야 하는', '즐겁게 하는', '만족시키는' 같은 태그를 붙인다. 이 간단한 투표는 추가 조정할 때나 이해 관계자, 최종 사용자 및 고객과 함께 검증할 때 기준이 된다.

우리 제품 책임자 중 한 명은 다음과 같이 써 붙였다. "제품 책임자로서 많은 요구사항을 매우 빡빡한 일정에 맞춰 넣어야 하는 도전을 자주 마주하게 됩니다. 우리 고객을 1일 사용자 스토리 매핑 워크숍에 초대하면 스토리 맵 작성이나 스토리 매핑 워크숍이 고객의 우선순위에 대한 공통된 이해를 얻는데 매우 효율적이고 효과적인 방법임을 입증할 수 있을 것 같습니다."

워크숍에서는 일반적으로 더 자세한 세부사항, 상세한 추정 등은 다

---

3 (옮긴이) 카노 노리아키(狩野紀昭)에 의해 1980년대에 연구된 제품 개발에 관련된 상품기획이론이다. 어떤 상품을 기획할 때 각각의 구성요소에 대해 소비자가 기대하는 것과 충족시키는 것 사이의 주관적 관계 그리고 요구사항의 만족, 불만족에 의한 객관적 관계를 설정하여 설명하고 있다. *https://ko.wikipedia.org/wiki/%EC%B9%B4%EB%85%B8_%EB%AA%A8%EB%8D%B8* 참고

루지 않는다. 하지만 대신 그 뒤에 더 작은 그룹에서 그런 것을 논의한다.

2. 사용자 스토리 매핑 확장하기

이 접근법을 확장하고 내놓기 위해 코치들로 이루어진 초기 팀은 스토리맵을 만드는 데 필요한 엑셀 템플릿이나 페르소나용 템플릿, 표준 워크숍 목차, 위키 문서 그리고 방법을 설명해 놓은 '치트 시트(cheat sheet)' 같은 자료를 제공했다. 그리고 사용자 스토리 매핑을 위한 내부 도구가 개발되고 있었다.

하지만 자료를 만들고 배포하는 일과 워크숍을 운영하는 일은 다른 일이었다. 그래서 우리는 다시 경험 있는 코치를 참가시키도록 강력히 권유했다. 코치 수를 충분히 늘리기 위해 초기 코칭 팀은 더 많은 코치들을 훈련시켰다. 이 '하급 코치'들은 '상급 코치'와 함께 워크숍에 참여하고 개별 세션을 진행한 뒤 그들만의 워크숍을 운영했다. 또, 우리는 전세계에 있는 SAP의 주요 개발 거점에서 "코칭 트레이너 양성" 세션 워크숍을 진행했다. 그리고 우리 모두가 다른 사람이나 다양한 경험을 통해 확실히 배울 수 있도록, 코치들이 함께 이용하며 질문과 좋은 사례를 공유할 수 있는 위키 페이지와 사례 커뮤니티를 만들어 글로벌 네트워크 망을 구축했다. 마지막으로 가장 중요한 건, 제프와 수많은 교류를 하며 많은 것을 배웠다는 점이다.

사용자 스토리 맵 만들기를 확장하려는 우리의 노력은 성공적이었다. 우리는 워크숍을 200회 이상 다양한 부서와 장소에서 개최하였고, 이제 대부분의 팀은 그들 스스로 사용자 스토리 매핑을 성공적으로 사용할 수 있다.

6장

스토리에 관한 진짜 이야기

스토리 맵 만들기는 상당히 간단한 아이디어다. 간단한 맵을 사용하여 다른 사람들과 함께 제품 스토리를 말하고 큰 그림을 그려 볼 수 있다. 그러고 나서 그 큰 그림을 작은 조각으로 나누어 좋은 계획을 세울 수 있다. 이 모든 것의 바탕엔 애자일 스토리의 간단한 개념이 있다.

켄트의 엄청나게 간단한 아이디어

스토리라는 아이디어는 켄트 벡(Kent Beck)이라는 아주 똑똑한 사람에게서 시작됐다. 켄트는 1990년대 후반 소프트웨어 개발 분야에서 일하면서 다음 사실에 주목했다. 바로 우리가 원하는 것, 즉 요구사항을 정확히 기술하기 위해 문서를 사용하는 전통적인 방식이 소프트웨어 개발에서 매우 큰 문제 중 하나를 초래한다는 점이었다. 여러분도 이제는 그 방식이 문제임을 알고 있을 것이다. 사람들은 같은 문서를 읽고도 다른 것을 상상한다. 심지어 모두 동의했다고 믿으면서 문서에 '서명'을 하기도 한다.

우리 모두가 동의해서 좋네요.

우리가 같은 것을 생각하지 않았음을 깨닫는 순간은 소프트웨어를 한참 개발하는 도중이거나 소프트웨어를 고객에게 전달한 후다. 이렇게 공유된 이해가 없었던 것을 많은 이들이 '나쁜 요구사항'이라고 부른다.

잠시 숨 좀 돌리자. 나는 제품 개발에 관여하는 모든 팀과 함께 일하기를 좋아한다. 우리는 일을 시작하면서 그들이 처한 가장 큰 난관이 무엇인지 이야기한다. 그리고 가장 많이 듣는 이야기가 바로 '나쁜 요구사항'이다. 모두가 문서를 지적한다. 그러면 문서 작성자는 자기가 문서를 더 적게 혹은 더 많이, 아니면 뭔가 괜찮은 요구사항 기법을 써야 했나 싶어 속상해한다. 서명을 했던 사람들은 처음에는 기분 나빠 하다가 나중에는 화를 낸다. "제가 세부 사항을 다 읽을 거라고 생각한 건 분명 아니겠죠! 어쨌든 이 사항에 대해 며칠 동안 이야기했잖아요. 저는 단지 제가 이야기했던 것을 이해하길 바랐을 뿐이에요. 이 어처구니없는 요구사항 문서는 도저히 이해하지 못하다고요." 그 소프트웨어를 만드는 사람들은 뒤통수를 맞았다고 느낀다. 그들(소프트웨어를 만드는 사람들)은 수수께끼 같은 문서에 갈피를 못 잡지만, 그들 나름의 방식대로 이해하면서 잘못된 소프트웨어를 만들어낸다. 결국 모두가 그 문서를 싫어한다. 하지만 우리는 여전히 더 나은 문서를 만들려고 노력한다.

우리는 같은 문서를 읽지만
서로 다르게 이해한다.

하지만 문서를 잘못 이해하는 것이 문제의 전부가 아니다. 문서에 기술된 내용을 만드는 데 많은 시간과 돈을 낭비한다. 실제로 해결하려던 문제는 전혀 다른 것이었다는 사실도 아주 늦게 알게 된다. 맞다. 잘못된 내용을 문서에 그대로 기술할 때도 있다. 문서는 일반적으로 우리가 원하는 내용을 기술하지만 왜 그것을 필요로 하는지는 설명하지 않는다. 소프트웨어를 만드는 사람이 이 소프트웨어를 사용할 사용자나 사용하려는 이유를 잘 이해하고 있는 사람과 간단하게나마 이야기할 수 있다면, 비용 대비 효과가 더 큰 방식으로 사용자를 행복하게 할 수 있다. 이야기하지 않는다면 알 수 없는 내용이다.

가장 좋은 해결책은 해결해야 하는 문제를 가진 사람과
그 문제를 해결할 수 있는 사람 사이의 협업에서 나온다.

켄트의 단순한 아이디어는, 완벽한 문서를 만들기 위해 고생하는 일을 그만두고 같이 모여 스토리를 이야기하자는 것이었다. 스토리라는 이름은 그것의 작성 방식에 대해서가 아니라 그것을 어떻게 사용해야 하는지 알려주기 위해 붙여졌다. 좀 더 감정을 실어서 반복해 보겠다. 하던 일을 당장 멈추고 다음을 크게 소리 내어 읽어 보자.

스토리라는 이름은 무엇을 작성하는지가 아니라,
어떻게 사용하는지 알려주기 위해 지어졌다.

켄트의 아이디어는 단순하다. 우리가 모두 모여서 소프트웨어로 해결하려는 문제와 그것을 쓸 사람에 대해 이야기해 본다면, 우리 모두는 해결책을 찾을 수 있을 것이고 그와 함께 공유된 이해도 구축할 수 있을 것이다.

단순하다고 쉽지는 않다

얼마 전 스토리에 관련된 모든 내용이 옆길로 새고 있음을 알아챘다. 스토리에 대해 책을 쓰거나 가르치고 스토리를 사용하는 많은 사람들이 스토리 작성에 초점을 맞추고 있었다. 사람들이 스토리를 잘 기술하는 방법에 대해 물어볼 때마다 10센트씩 받았다면 앞서 1장에서 애자일 개발과 큰 그림에 대해 질문이 반복될 때 10센트씩 받아 모은 것보다 더 많이 모았을 것이다. 스토리를 작성하는 데 너무 집중을 하니 혹시 내가 뭔가 빠트린

게 있는지 확인하기 위해 켄트와 이야기했다. 이메일로 대화하면서 그는
스토리 아이디어가 어디서 왔는지 설명했다.

제가 생각했던 건, 사용자가 소프트웨어를 사용하며 새롭다고 느낀 괜
찮은 기능에 대해 이야기하는 방식이었습니다. 예들 들어 "제가 우편
번호를 입력하면 버튼을 누르지 않아도 자동으로 도시와 주(state)를
채워 주세요" 같은 것이죠.

저 예가 아이디어를 이끌어 낸 것 같습니다. 소프트웨어의 기능에
대한 스토리를 이야기하고 그것이 듣는 사람에게 흥미와 비전을 이끌
어 낼 수 있다면, 소프트웨어를 만들기 전에 스토리를 이야기하면 되
지 않겠어요?

— 2010년 8월, 켄트 벡이 보낸 이메일 중에서

그 아이디어에서 설명하다시피 듣는 사람의 마음에 에너지와 흥미, 비전
을 이끌어 내고 있다면 여러분은 제대로 하고 있다. 중요한 이야기다. 그
리고 전형적인 요구사항 문서를 읽는 것보다 훨씬 재미있게 들린다.

하지만 소프트웨어 개발에 스토리 방식을 처음 사용해 보거나 머릿속
에 여전히 전통적인 방식으로 개발하던 습관이 남아 있는 사람은 스토리
를 작성하는 일 자체에 몰두하는 경향이 있다. 전통적인 요구사항 단계를
스토리 작성으로 바꾼 팀을 본 적이 있는데, 무엇을 만들어야 하는지 정확
한 대화를 한답시고 스토리 작성에 힘을 쓰다가 좌절을 맛보았다. 만약 지
금 그렇게 하고 있다면 당장 그만하자.

함께 모여 스토리에 대해 다양한 논의를 하고 있지 않다면
실질적으로 스토리를 사용하는 것이 아니다.

론 제프리즈와 3C

스토리 프로세스에 대한 가장 좋은 설명이 론 제프리즈가 쓴 *Extreme Programming Installed*[1]에 쓰여 있다.

- 카드(card)

  만들려고 하는 소프트웨어에 무엇을 기대하는지 인덱스카드에 쓰기

- 대화(conversation)

  어떤 소프트웨어를 만들지 함께 모여 많이 이야기하기

- 승인(confirmation)

  모두가 동의하는 소프트웨어가 완료된 것을 승인할 (수 있는) 방법 찾기

짧은 문장이라 단순하게 들릴지도 모르겠다. 하지만 단순하다고 쉽지는 않다는 점을 기억하자.

1. 카드

어떤 소프트웨어를 만들기 위해 팀으로 일하고 있다고 상상해 보자. 상상

---

1 번역서는 《Extreme Programming Installed》 박현철 외 옮김, 2002, 인사이트 펴냄

할 수 있는 최고의 소프트웨어를 떠올리면 된다. 그리고 사용자가 그 제품으로 하고 싶은 일을 하나씩 카드에 쓴다. 카드 뭉치가 생길 것이다. 켄트의 원래 아이디어는 인덱스카드에 쓰는 것이었는데, 이는 탁자 위에 여러 장의 카드를 배치하기 편하기 때문이었다. 우선순위를 부여하거나 큰 그림을 보기에 좋고 구조적으로 배열하기에도 편리하다. 그 구조는 당연히 스토리 맵 같은 것이다.

제품 전체 혹은 제품에 반영하고자 하는 모든 변경사항을 묘사한 카드 뭉치를 제품 백로그라고 부른다. 이 용어는 스크럼 프로세스에서 왔다. 내가 아는 어떤 사람은 "저는 백로그라는 용어를 싫어해요. 아직 소프트웨어 개발을 시작도 안 했는데 벌써 뒤쳐진 것 같은 느낌이거든요!"라고 말했다. 스토리 뭉치에 더 좋은 이름을 붙일 수 있는지 잘 모르겠지만 혹시 좋은 용어가 있다면 그걸 쓰고 내게도 알려 주길 부탁드린다.

2. 대화

대화는 아마 생각하고 있는 것을 묘사하면서 시작할 것이다. 듣는 사람은 들은 내용을 기반으로 머릿속에 아이디어를 형성할 텐데, 무언가를 완벽하게 설명하기란 어렵고, 각자의 과거 경험을 바탕으로 다른 것을 떠올리기 쉽기 때문에 듣는 사람이 상상한 것은 내가 상상한 것과 다를 수 있다. 하지만 바로 그런 이유로 마법이 일어난다.

이건 대화이기 때문에 듣는 사람은 질문할 수 있고, 올바로 이해할 수 있도록 정정해서 알려줄 수 있다. 대화는 이처럼 서로가 주고받으면서 모두가 같은 공유된 이해에 다다를 수 있도록 한다.

전통적인 소프트웨어 개발 프로세스에서 요구사항을 가진 사람의 목표는 요구사항을 정확하게 작성하는 것이다. 그 소프트웨어를 만들 사람에게 정확하게 이해시키기 위해서다. 허나 지금 하려는 일은 스토리 기반 프로세스이기 때문에 여러분 각자는 이전과는 다른 공유된 이해를 갖는다. 여러분의 목표는 소프트웨어를 만들어 해결할 수 있는 문제를 이해하고,

가능한 한 최선을 다해 문제를 해결하는 것이다. 즉, 제품 사용자를 돕는다고 믿는 것을 만들어야 한다는 점에 동의해야 한다.

중요한 부분이니 다시 한번 말하겠다.

> 스토리 대화란, 우리 모두가 이해하는 문제를 해결할 수 있는
> 최선의 방법을 찾기 위해 함께 일하는 과정에 관한 것이다.

3. 승인(Confirmation)

이 모든 과정이 좋긴 하지만 궁극적으로 소프트웨어를 만들어 내야 한다. 그렇지 않은가? 그러므로 우리가 좋은 해결책에 이르렀다고 생각된다면 다음 질문에 대한 답에 초점을 맞추자.

- 우리가 동의한 것을 만들었다면 완성을 승인하기 위해 무엇을 점검해야 하는가?

  이 질문에 대한 답은 대개 짧은 체크 리스트다. 흔히 인수 기준(acceptance criteria)이나 스토리 테스트라고 부른다.

- 제품을 리뷰하는 시점에 시연해야 할 때가 오면, 우리는 어떻게 할 것인가?

  이 질문에 대한 답을 하려다 보면 종종 빠뜨린 부분이 있다는 사실을 깨닫는다. 예를 들어, 소프트웨어를 작동하게 할 수는 있지만 시연하려면 실제 데이터로 직접 확인해야 한다. 시연에 대한 논의를 하면서 인수 기준 목록에 항목이 더 추가될 수 있다.

단어와 그림

한 장의 카드와 여러 번의 불확실한 설명으로는 합의에 이를 수 없다. 최고의 성과를 내려면 간단한 페르소나와 작업 흐름도(workflow diagram), UI 스케치 혹은 설명하는 데 도움이 될 만한 다른 전통적인 소프트웨어 모

델 등 많은 내용을 대화에 포함시켜야 한다. 그 방법을 이용하면 확실하지 않은 설명은 하지 않아도 된다. 꼭 집어 가리킬 부분은 많다. 우리가 대화에 무엇을 끌어들이든지 표시하고 쓰고 고치고 바꿀 것이다. 심지어 대화를 진행하는 동안 많은 내용을 그 위에 만들어 나타낼 것이다. 화이트보드나 플립차트(flipchart paper)를 쓰자. 대화를 끝내기 전에 '휴가 사진'처럼 기록용 사진을 꼭 찍자. 사진을 찍어 두면 문서로는 기억하기 어려운 대화의 세부 내용을 상기하는 데 도움이 된다.

좋은 스토리 대화는 수많은 단어와 그림으로 이루어진다.

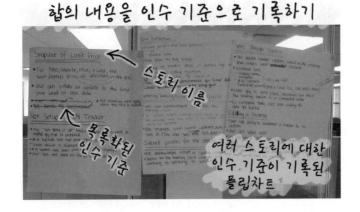

여러분이 대화 중 결정한 인수 기준을 크게 하여 잘 보이도록 해 두자. 이 팀은 이를 위해 플립차트를 썼다.

그게 전부다

지금까지 설명한 내용이 전부다. 그게 바로 켄트의 엄청나게 간단한 아이디어다. 실천해 본다면 모든 것이 바뀌리라는 점을 약속한다.

해 보지 않으면 바뀌지 않을 것이다.

오래된 방식으로 일하는 사람에게는 이 대화가 정말 나쁠 수 있다. 누군가 일거리를 가져오고, 어떤 사람은 그가 원하는 내용을 정확히 다른 사람에게 전달하기 위해 열심히 일하며, 또 어떤 사람은 그 사람이 이야기한 내용을 이해한 후 천공카드에 구멍을 내서 프로그램을 짜기 위해 열심히 일하는 오래된 방식에 쉽게 빠져든다. 일이 안 되기 십상인 이 상태가 너무 오래 지속되면 종종 다른 사람에게 구멍을 내고 싶은 느낌이 들지도 모른다.

이 대화가 더 잘 진행될 수 있게 하려면 기억해야 할 것이 몇 가지 있다. 기쁘게도 다음 장이 그에 관한 내용이다.

7장
더 좋은 스토리 이야기하기

스토리의 아이디어는 간단하다. 아니, 너무 단순하다. 소프트웨어 개발 분야의 많은 사람들이 이러한 대화를 너무 이질적이거나 불편하게 느낀다. 그래서인지 항상 해 왔던 것처럼 요구사항을 이야기하는 상황으로 자주 돌아간다.

켄트 벡이 스토리라는 아이디어를 처음 설명했을 때 그것을 사용자 스토리라고 부르지 않고 그냥 스토리라고 불렀다. 그는 여러분 같은 사람이 스토리를 이야기하길 바랐기 때문이었다. 하지만 익스트림 프로그래밍에 관한 첫 번째 책이 출간되고 얼마 안 되어 스토리 앞에 '사용자'라는 말을 덧붙였다. 개발자가 아닌 사용자 관점에서 대화를 해야 한다는 사실을 기억하기 위해서다. 하지만 이름을 바꾸는 것만으로는 충분하지 않았다.

커넥스트라의 멋진 템플릿
친구 레이첼 데이비스(Rachel Davies)가 스토리 카드를 한 장 들고 있다.

1990년대 후반 그녀는 커넥스트라에서 일했다. 커넥스트라는 스토리의 원류인 익스트림 프로그래밍 프로세스를 초창기에 도입한 곳 중 하나였다. 커넥스트라 사람들이 스토리를 사용하기 시작했을 때 공통적인 문제에 부딪혔다. 커넥스트라에서 스토리를 작성하는 대부분의 사람은 판매나 마케팅 소속이었는데, 그들은 자신이 필요로 하는 기능만 적는 습관이 있었다. 하지만 개발자 입장에서 그들과 대화하려면 원래의 이해 관계자가 누구고 왜 그런지 알아야 좋은 대화를 할 수 있었다. 단순히 기능 이름만 가지고는 누구와 이야기해야 적절한지 알아내거나 올바른 대화를 하기가 어려웠다. 그리고 그때는 카드에 무엇을 할 수 있고 무엇을 해야 하는지 드러나지 않았다. 시간이 흐르자 커넥스트라에서 템플릿이 나타났다. 특별히 레이첼이 발명한 건 아니었다. 중요한 무언가를 만들기 위한 전체 조직의 욕구가 만들어 냈다고 봐야 한다.

어느 정도 템플릿을 사용해 본 뒤 커넥스트라 사람들은 자신들이 만든 새로운 기법을 선보이고 싶었고, 여러 예제 카드를 인쇄하여 런던에서 열린 작은 컨퍼런스인 XPDay 2001에서 내보였다. 레이첼이 사진에서 들고 있는 카드가 바로 그 카드다. 그것이 그녀가 가지고 있던 마지막 카드였고, 아마도 현존하는 마지막 카드일 터라 역사적인 가치가 있는 물건이다.

템플릿은 다음과 같다.

> [사용자 유형]인 나는
> [무엇을 하길] 원한다.
> 그래서 [어떤 이점]을 얻고 싶다.

커넥스트라 사람들은 이 간단한 템플릿을 사용해 스토리의 설명을 작성했다. 그들의 스토리는 무척 짧고, 유용한 제목이 붙어 있었다. 그들은 스토리 대화를 시작하기 전에 잠시 멈추고 이 짧은 글을 쓰는 행위가 누가, 무엇을, 그리고 왜에 대해 생각하게 한다는 점을 발견했다. 스토리를 작성하

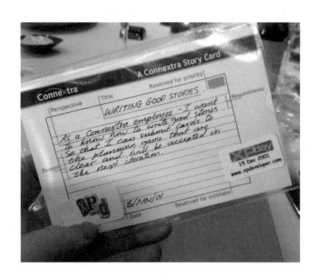

는 활동이 이처럼 스스로의 행동을 유발하게 한다는 걸 깨닫지 못했다면, 그들은 스토리를 왜 작성해야 하는지 질문했을지도 모른다. 그들이 스토리 대화를 하려고 모여 앉았을 때, 그들은 카드를 집어 들고 카드에 적힌 설명을 읽었다. 그 설명은 대화의 시작이었다.

대화를 시작하기 위해
간단한 스토리 템플릿을 쓰자.

스토리 맵에 속하지 않은 개별 카드를 고른다면, 스토리 템플릿을 작성하는 일이 대화를 시작하기에 좋은 방법이다. 1장에서 게리의 스토리 맵에 있던 카드 중 하나가 '이미지 업로드'였던 것을 떠올려 보자. 그 카드는 '공연 광고지 맞춤 제작' 밑에 있던 세부 내용 카드 중 하나였다. 내가 스토리 맵에 놓은 카드들에 적은 건 '사용자들이 내 소프트웨어로 수행할 작업들'을 적은 짧은 동사구들이다. 하지만 카드 중 하나만 집어야 한다면 스토리 맵이 묘사한 사용자의 긴 여정의 중심에 있는 스토리를 선택해야 한다. 그리곤 이렇게 이야기할 것이다.

"밴드 매니저인 나는 이미지를 업로드해서 공연 광고지를 맞춤 제작하고 싶다."

상당히 괜찮은 기법이다. 다른 사용자의 스토리를 담은 카드는 스토리 맵 위쪽에서 찾을 수 있다. 그리고 사용자의 상위 목표가 적힌 카드는 언제나 여러분이 보고 있는 카드의 위쪽에서 찾을 수 있다.

하지만 그건 단지 대화의 시작일 뿐이다. 실제로 대화는 다음과 같이 이어진다.

> "왜 밴드 매니저가 광고지를 맞춤 제작하길 원하는 거죠?"
> "아, 그 전단에 밴드 사진이 자동으로 들어가지 않기 때문에 넣고 싶을 거에요. 그는 독창적인 것을 매우 중요시해요. 다른 광고지와 비슷하게 보이고 싶어 하지 않지요."
> "일리 있네요. 밴드 매니저 같은 사람은 밴드의 사진들을 어디에 보관하나요?"
> "여기저기요. 자기 하드 드라이브나 플리커(Flickr) 계정 아니면 웹 어딘가에 보관할 거에요."
> "음, 제가 원래 생각했던 것과는 조금 다르네요. 저는 그냥 하드 드라이브에만 보관할 거라 생각했어요."
> "아니예요. 저희가 이야기해 본 많은 사람들이 사진을 여기저기에 흘어 두더라구요. 말하다 보니 좀 문제 같네요."

실제로 내가 게리와 했던 많은 대화가 이와 같았다. 대화하면서 화이트보드나 카드에 필요한 내용을 썼다. 너무 길어지기 전에 아이디어를 스케치했다.

저 아주 짧은 템플릿은 명세서가 되기에는 충분하지 않다. 하지만 템플릿을 이용해 대화를 시작하면 단순히 파일 업로드에 대해 이야기할 때보다 훨씬 풍부한 정보를 담고 있는 대화를 하게 될 것이다.

작은 대화의 재발견

- 맷 크로퍼(Mat Cropper), 소트웍스

나는 소트웍스(ThoughtWorks)가 영국 정부 기관에서 발주한 프로젝트를 진행할 때 비즈니스 분석가[1]로 일했다. 우리는 제품 출시를 책임졌을 뿐 아니라 고객 팀에 애자일 개발 방법론에 대한 실제 경험을 전수해야 할 책임도 있었다. 그래서 기술 분야 전문가와 비즈니스 전문가로 구성된 약 25명의 큰 팀이 만들어졌다. 방 하나에 25개의 다른 에어컨 설정이 필요한 상황이라면 이해가 될 것이다.

제품 책임자와 나는 먼저 스토리를 작성했다. 그리고 2주마다 반복주기(iteration)[2]를 시작할 때 팀원 전체가 함께 모여 플래닝 미팅[3]을 했다. 인원이 많은 탓에 부득이하게 회의 규모가 컸는데, 이 때문에 마치 자동차 사고가 난 것 같았다. "왜 이 일을 이런 방식으로 하는 거죠?" "이 스토리들은 너무 커요/작아요." "말이 안 되네요." "저는 특정 기술로 구현하는 것을 매우 선호합니다." 이런 내용이 일반적인 (그리고 좌절감을 안겨주는) 논의였다. 솔직히 말하면, 그 미팅들은 나를 꽤 낙담하게 만들었다. 게다가 개인적인 실패로 느껴지기도 했다.

이 상황을 개선할 만한 무언가를 해야 했다. 우리는 모두가 모든 것에 대해 논의하기 위해 한 번의 미팅을 진행하는 대신 주제를 좁혀 자주 대화하기로 했다 예를 들어, 반복주기의 첫 주에는 작은 그룹(제품 책임자, 프로젝트 관리자, 비즈니스 분석가, 테크니컬 아키텍트)과 함께 백로그

1　(옮긴이) 애자일 프로젝트에서는 통용되는 용어로, 기획팀과 개발팀 사이의 갭을 줄여 주는 역할이다. 즉, 기획이 작성한 요구사항을 개발팀이 보면서 이해했다고 말은 하지만 실제로 서로의 머릿속에 네모가 있는지, 세모가 있는지, 동그라미가 있는지 확인해 보기 전까지는 모른다. 비즈니스 분석가가 서로의 머릿속에 모두 별 모양을 생각하고 있는 게 맞는지 확인하는 과정을 리드한다.

2　(옮긴이) 스프린트(sprint)라고도 한다. 한데 스프린트는 주로 스크럼에서 사용하는 용어이고, 같은 의미를 애자일에선 iteration이라 하며, 이 책 역시 iteration을 사용하고 있기에 '반복주기'로 번역했다.

3　(옮긴이) 스크럼의 액티비티를 설명할 때 계획 미팅이라고 번역하지 않고 스프린트 플래닝이라고 쓴다. 하여 여기서도 계획 미팅이 아니라 플래닝 미팅이라 놔두었다.

그루밍(backlog grooming)[4]을 진행했다. 이 과정에서 다양한 스토리들이 빠르게 만들어졌다. 그랬더니 나중에 팀 전체가 모여 그루밍 세션을 진행했을 때는 분쟁이 훨씬 줄어들었다. 이 대화는 우리의 스토리들을 수정하고 개선하는 것이었기에 우선순위나 스토리 포인트 같은 것은 무시했다. 효과가 있었다.

또, 우리는 스토리 작성을 훨씬 더 건설적으로 할 수 있게 됐다. 그 주에 작업했던 스토리를 해치울 아이디어가 생기면 카드 벽의 '분석 중' 열에 올렸다 일일 스탠드업 미팅 때마다 내가 특정 스토리를 처리 중임을 알리고, 개발자와 한 조로 그 내용을 검토하는 시간을 가질 수 있었다. 그리곤 함께 앉아서 우리의 목표가 무엇인지 논의하고 기술적인 부분들을 살펴본 뒤 그 모든 내용을 기록했다. 우린 기존에 사용하고 있던 디지털 카드 보드인 트렐로(Trello)는 제쳐두고, 직접 얼굴을 보며 대화 나누는 일에 집중했다. 때로는 화이트보드 앞에 서서 진행하기도 했다. 세부적인 면에서 볼 때, 그룹으로 함께 일하는 건 실제로 꽤 보람 있었다. 게다가 매번 약 20분 정도밖에 걸리지 않아서 부하가 크지도 않았다. 사람들은 짝을 이뤄 일하고 프로젝트에 기여할 수 있었다는 점에 진심으로 기뻐했다.

행복하게도 우리의 대규모 백로그 그루밍 세션은 점차 사라졌고, 스토리의 크기 또한 점점 균일해졌다. 결과적으로 반복주기 플래닝 미팅이 덜 고통스러워졌다. 대화의 질이 높아질수록 스토리의 문서화 수준도 향상됐고, 우리의 일 또한 향상되었다.

---

4 (옮긴이) 뭘 해야 할지 끄집어내고, 이걸 다시 다듬는 과정을 백로그 그루밍 혹은 백로그 정리라고 한다. 스프린트 시작 전에 수행하며, 도출한 백로그의 우선순위를 파악하여 가장 가치 있고 중요한 것을 스프린트의 to do로 넘기는 것을 의미한다.

템플릿 좀비와 전제동

템플릿 좀비라는 용어는 톰 드마르코(외 공저)가 쓴 *Adrenaline Junkies and Template Zombies: Understanding Patterns of Project Behavior*[5](Dorset House)에서 나왔다. 이름이 모든 걸 말해 주지만 지은이들의 정의를 소개하자면 다음과 같다.

> **템플릿 좀비:**
> 프로젝트 팀이 제품 출시까지 해야 할 일을 매번 생각하지 않고, 템플 릿이 주도하게 한다.

스토리 템플릿은 간단한 만큼 남용되기도 쉽다. 맞지 않는 아이디어를 템플릿에 욱여넣으려고 고생하는 사람을 본 적이 있다. 백엔드 서비스나 보안 문제 등이 그렇다. 실제로 사람들을 이롭게 할 관점이 아니라 자신의 관점에서만 사물에 대해 생각하고 작성하는 사람도 봤다. "제품 책임자로서 파일 업로드를 구현하여 고객의 요구사항이 관철되기를 원한다" 같은 끔찍한 내용이었다.

더 나쁜 건, 스토리 템플릿이 이젠 아주 흔하고 일반적이 되었기에 이런 형태로 작성되지 않는다면 그것은 스토리가 아니라고 믿는 사람들이 있다는 점이다. 심지어 많은 이들이 스토리에 제목을 쓰지 않거나 각각의 카드에 매우 긴 문장만 쓴다. 그런 식으로 작성된 스토리 목록을 읽고 있다고 상상해 보자. 아니면 그런 식으로 작성된 포스트잇으로 구성된 스토리 맵을 보면서 누군가에게 스토리를 이야기한다고 상상해 보자. 상상만 해도 머리가 아프다.

이러한 모든 상황이 참 슬프다. 스토리의 진정한 가치는 무엇을 카드에 쓰느냐가 아니기 때문이다. 스토리의 가치는 스토리를 이야기할 때 우리가 무엇을 배우느냐에 있다.

---

5 (옮긴이) 번역서는 《프로젝트가 서쪽으로 간 까닭은》, 박재호·이해영 옮김, 2009년, 인사이트 펴냄

스토리를 꼭 템플릿에
맞춰 써야 할 필요는 없다.

사진 속 사람은 스키를 배우고 있다.[6] 스키를 배운 적이 없어서 누군가 여러분을 가르쳐 주고 있다면 딱 이 사진 속의 사람과 같을 것이다. 이 동작은 전제동(snowplow)이라고 부른다. 스키의 앞부분을 모으고 안쪽 날 부분을 세우는 방식이다. 저 두 개의 미끄러운 판을 여러분의 발에 붙였을 때 속도를 제어하고 똑바로 서 있기 위한 가장 쉬운 방법이다. 스키를 배울 때 내가 추천하는 방법이기도 하다. 그러나 배우기 가장 좋다는 거지 훈련하기 가장 좋은 방법은 아니다. 이 동작을 위한 올림픽 게임은 없다. 스키 슬로프에서 아무리 이 자세를 괜찮게 취한다 해도 감명 받는 사람은 없다. 하지만 부끄러울 필요도 없다. 여러분이 이렇게 하고 있으면 사람들은 지금 여러분이 스키를 배우고 있음을 알 것이다.

6 이 사진은 루스 하트넙(Ruth Hartnup)이 찍었고 플리커에서 찾았다. 크리에이티브 커먼즈 저작자
   표시 라이선스에 따라 사용할 수 있다.

나는 스토리 템플릿이 저 자세를 배우는 것과 비슷하다고 생각한다. 첫 번째 스토리 설명을 쓰면서 템플릿을 사용해보자. 스토리 작성이 끝나고 스토리 대화가 시작되면, 적어둔 내용을 소리 내어 읽어보자. 항상 잘 되는 것은 아니니 잘 되지 않더라도 크게 신경 쓰지 말자. 스키 타는 사람을 위한 전제동 동작처럼 장소에 따라 이 방식이 최고의 선택이 아닐 수 있다.

내가 선호하는 템플릿은 다음과 같다. 포스트잇이나 카드에 스토리를 쓰는데, 그 스토리가 커다란 스토리 맵에 들어갈 게 아니라면, 우선 짧고 간단한 제목을 쓴 뒤 그 아래에 다음과 같이 쓴다.

누가

무엇을

왜

각 행 사이에 몇 줄을 남겨 둔다. 그렇게 함으로써 '누가'에 대해 다른 이름을 부여하거나 '무엇'에 대해 짧게 이야기하거나 '왜'에 대한 다른 이유를 기록할 수 있다. 즉, 우리가 그 스토리에 대해 이야기를 시작할 때 추가적인 정보를 기록할 수 있도록 카드에 공간을 남겨두려는 것이다. 사실 나는 카드 중간에 제목을 쓰는 것을 별로 좋아하지 않는다. 우리가 이야기를 시작할 때 기록할 수 있는 공간이 없기 때문이다. 나는 그런 걸 그냥 지나치지 않는다.

실질적으로 이야기해야 할 내용에 대한 점검 목록

☐ '누구'에 관해 이야기 하기

제발 '그 사용자'라고 하지 말고 상세하게, 어떤 사용자를 뜻하는지 이야기하자. 게리의 경우 밴드 매니저나 음악 팬이라고 이야기했다.

다른 유형의 사용자에 대해 이야기하자. 우리가 사용하는 소프트웨어에는 많은 기능이 존재하지만, 특히 소비자용 소프트웨어의 경우 같은 기능을 사용하더라도 사용자 유형은 매우 다를 수 있다. 다른 사용자의 관점에서 그 기능에 대해 이야기하자.

고객에 대해 이야기하자. 소비자용 제품의 경우, 고객(또는 결정자)은 아마 사용자와 같은 사람일 것이다. 하지만 기업용 제품의 경우, 구매 결정을 내리는 사람과 전체 조직, 그리고 어떤 이점이 있는지에 대해 이야기해야 한다.

다른 이해 관계자에 대해 이야기하자. 해당 소프트웨어를 구매할 수 있도록 지원하는 사람에 대해 이야기하자. 사용자와 협업할 수도 있는 사람에 대해서도 이야기하자.

중요한 사용자가 단 한 명인 경우는 매우 드물다.

☐ '무엇'에 대해 이야기하기

내가 선호하는 방식은 소프트웨어로 사람들이 하고 싶어 하는 것, 즉 사용자 활동으로 스토리를 시작하는 것이다. 하지만 구매할 때 신용카드 승인이나 보험 웹 사이트에서 사용자 인증을 받아야 하는 인터페이스 같은 서비스들은 어떨까? 신용카드 정보를 확인하면서 사용자가 선택할 수 있는 사항은 없다. 그저 '승인됨' 또는 '비밀번호 인증됨'뿐이다. 서비스와 그 서비스를 호출하는 여러 시스템에 대해 이야기하는 건 괜찮다. 특정 UI 컴포넌트와 화면이 어떻게 동작하는지에 대해 이야기하는 것도 괜찮다. 단지 누구를 신경 쓰고 왜 그런지에 관해서만 잊지 않으면 된다.

☐ '왜'에 대해 이야기하기

특정 사용자가 어떤 스토리에 관심을 가지는 이유에 대해 이야기하자. 그리고 '왜'를 깊이 파고들어 보자. 때로 그 '왜'는 한 개가 아니기도 하고, 그것들 간에 계층 구조가 생기기도 하기 때문이다. 따라서 근본적인 이유를 찾을 때까지 오랜 시간을 들여 왜에 대한 답을 찾아보자.

해당 스토리에 왜 다른 사용자가 관심 갖는지 그 이유에 대해서도 이야기 하자. 사용자의 회사는 왜 이 스토리에 관심을 가지는지도 이야기 하자. 비즈니스 이해 관계자들은 왜 관심을 가지는지 이야기 하자. '왜' 안에는 많은 것이 숨겨져 있다.

☐ **소프트웨어 밖에서 무슨 일이 일어나는지 이야기하기**

여러분의 제품이 어디에 쓰이는지 이야기하자. 사용자들이 언제 여러분의 제품을 쓰고, 얼마나 자주 사용할지 이야기 하자. 그때 다른 사용자는 누가 있을지도 함께 이야기하자.

☐ **잘못되는 경우에 대해 이야기하기**

무언가가 잘못되면 어떻게 되는가? 시스템이 다운되면 이떻게 되는가? 사용자가 선택할 수 있는 대안은? 현재 어떻게 하고 있는가?

☐ **질문과 가정에 대해 이야기하기**

앞서 언급한 이 모든 것에 대해 이야기해 보면 몰랐던 점을 발견할 수 있다. 의문점을 찾아내고 소프트웨어를 만들기 전에 답을 얻어야 할 만큼 중요한지 토론하라. 답을 얻는데 필요한 사람이 누군지 결정하고 다음 대화 때 참여시키자. 어떤 스토리는 검토할 때 아주 많은 대화가 필요할 수도 있다.

여러분의 가정에 의문을 가져 보자. 사용자를 진정 이해하고 있는가? 이게 정말 그들이 원하는 해결책인가? 이 문제가 사용자의 진짜 문제인가? 이 해결책을 정말 사용할까?

여러분의 가정에서 기술적인 부분에 대해 질문해보자. 우리가 의존하고 있는 기반 시스템은 무엇인가? 그것들이 정말 우리가 생각하는 방식으로 동작하는가? 고려해야 하는 기술적인 위험 요소가 있는가?

이 모든 질문과 가정을 해결하거나 학습하려면 신중하게 일해야 할
필요가 있다. 이를 위한 계획을 세우자.

☐ **더 나은 방안에 대해 이야기하기**

정말 큰 이점은 해결책은 이래야 한다는 원래 가정을 버리고 다시 문
제로 돌아간 뒤 모두 함께 더 효과적이고 경제적인 해결책을 찾아낼
때 나온다.

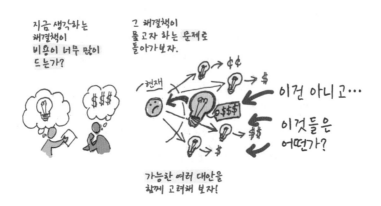

☐ **'어떻게'에 대해 이야기하기**

스토리 대화에 참여할 때 가끔 걱정스럽게 이야기하는 사람이 있다.
"'어떻게'가 아니라 '무엇'에 대해 이야기해야 해요!" 이 말이 의미하는
바는 코드를 어떻게 짜야 하는지 이야기할 것이 아니라 사용자가 필요
로 하는 것이 무엇인지 이야기해야 한다는 것이다. 그리고 나 또한 사
람들이 '왜'는 빼고 '무엇'에 대해서만 이야기하고 있을 때 같은 걱정을
한다. 하지만 실제로 좋은 스토리 대화에서는 어떻게, 무엇, 왜 이 세
가지 모두를 최적화하려고 노력한다. 스토리 대화가 잘못되는 경우는
대화에 참여한 사람들이 특정 방안이나 그것이 구현된 방식을 '요구사
항'이라고 가정할 때다. '어떻게'(물론 여러분이 개발자라면 고려하겠
지만)에 대해 명확히 이야기하지 않고는 (소요될) 비용을 생각하기 어

럽다. 해결책을 구현하는 데 예상되는 소요 비용이 너무 크다면 그다지 좋은 선택이 아닐 수 있다.

대화 도중 다른 사람의 전문 지식을 존중하자. 고도로 훈련된 전문가에게 어떻게 일해야 하는지 충고하지 말자. 사용자에 대해 잘 알고, 제품 사용자를 파악하고 분석하는 일이 익숙한 사람에게 그들이 모르는 사실을 지적하지 말자. 질문을 던져서 스스로 배우게 하자.

□ 얼마나 걸릴지 이야기하기

궁극적으로 어떤 것을 만들지 혹은 그만둘지 결정해야 한다. 가격표 없이 물건 구매를 결정하는 것보다 어렵다.

소프트웨어 영역에서는 코드를 작성하는 데 걸리는 시간을 의미한다. 초기 대화에서는 아마 '아주 긴 시간'이나 '며칠'처럼 표현될 수도 있다. '지난달에 만든 댓글 관련 기능과 비슷하게'처럼 이미 만들어져 있는 스토리와 비교하면 더 좋다. 무언가를 만들어야 할 때가 가까워지면 더 많은 대화를 하고 더 많은 결정을 내려야 하므로 좀 더 정확해질 수 있다. 하지만 우리는 늘 약속이 아닌 추정을 이야기한다는 점을 기억하자.

휴가 사진 찍기

굉장히 많은 내용을 이야기했으므로 논의한 내용을 잊고 싶지 않을 것이다. 그러니 여러분이 내린 결정이나 더 살펴봐야 할 의문점이나 가정을 기억하는 데 도움이 되도록 기록해 두자. 무엇이 기록되어 있는지 그 논의에 참여한 사람들이 알 수 있도록 여러분의 생각을 표현하여 시각화하는 걸 잊지 말자.

무언가를 작성했다면 나중에 그 내용을 참고할 수 있고, 벽에 붙여 두었다면 그냥 가리키면 된다. 그전의 대화 내용을 간단한 그림이나 문서로 고정해두면(마치 그 휴가 사진처럼) 팀원들이 다 함께 모여 대화할 때 논의했던 내용을 빠르게 기억해 낼 수 있다. 그러면 대화했던 내용을 자주 반복해서 말하지 않아도 된다.

여기 작은 그룹이 스토리를 논의하고 있다. 그들은 대화하면서 아이디어를 시각화하고 결정사항을 기록으로 남긴다.

이 방식이 정확히 내가 선호하는 방식이다. 플립차트나 화이트보드에 대화 내용을 기록한다. 그 대화에 직접 참여한 사람에 대한 기록을 보드에 남기고, 대화가 끝나면 보드를 카메라로 찍어 사진을 남긴다. 그리고 위키나 다른 도구를 이용해 그 사진을 공유한다. (이후에 세부사항을 떠올리기 위한 목적으로) 필요하다면 좀 더 격식을 차려 쓸 수도 있다. 무엇을 이야기했는지 정확히 기억나지 않아도 대화에 참여했던 사람 중 한 명은 기억하고 있을 것이다. 따라서 이름을 기록하는 것도 좋은 방법이다.

걱정해야 할 일이 너무 많다

스토리에서 다뤄야 할 내용이 얼마나 많은지 생각해 보면 주눅이 들 수도 있다. '요구사항'을 이해했는지만 걱정하면 되는 과거의 방식으로 돌아가고 싶을지도 모르겠다. 사용자의 문제를 실제로 해결하는 것이 여러분의 할 일이 아니라면 이전 방식으로 돌아가도 된다. 또한 누군가 이야기한 내용을 만들기만 하고 만들 물건이 적절한지 확인하는 일은 다른 사람의 문제라면 역시 이전 방식으로 돌아가도 된다. 하지만 나는 대부분의 사람이 문제를 정말로 해결하길 원한다고 믿는다. 여러분도 그럴 거라 생각한다. 그러니 지금이 기회다.

지금까지 이야기한 이 모든 상황이 여러분에게 이미 일어났을 수 있고, 계속해서 파악하고 있어야 할 많은 정보가 있을 수도 있다. 또한 포스트잇이나 인덱스카드 안에 이 모든 것이 담기지 않을 수도 있다. 그렇다. 그렇게 말처럼 쉽게 되지는 않는다. 그러니 다음 장에서 실제로 어떤 내용이 카드에 담겨야 하고, 어떤 내용은 담기지 않아야 하는지 이야기 해보자.

8장

카드가 전부는 아니다

그렇다. 주된 아이디어는 카드에 짧은 스토리 제목을 쓰면 계획을 세우고 대화를 하기가 쉬워진다는 점이다. 즉, 해결할 문제를 이해하고 있는 사람과 소프트웨어를 만드는 사람 간의 의사 소통에 도움이 된다. 그러나 슬프게도 한두 명만으로는 그런 소프트웨어를 출시하지 못한다.

일반적인 팀이라면 프로젝트 관리자(Project Manager), 제품 관리자(Product Manager), 비즈니스 분석가, 테스터, UX 디자이너, 테크니컬 라이터가 있다. 아마 내가 깜빡한 역할도 있을 것이다. 그들 모두는 동일한 카드를 보지만, 그들이 나누는 대화는 다르게 진행될 수 있다. 역할마다 신경 쓰는 관심사가 모두 다르기 때문이다.

사람이 다르면 대화도 다르다

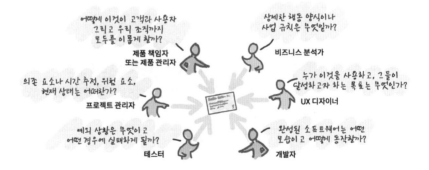

제품 관리자이거나 제품 책임자라면 이 제품의 성공을 책임져야 하고 제품이 목표로 하는 시장에 대해 좀 더 알아야 한다. 얼마나 많은 사람이 이

제품을 사거나 쓸지 또는 회사 실적에 어떤 영향을 미칠지를 두고 가설도 세워야 한다. 그러니 이런 사항들에 대해 이야기하고 싶을 것이다.

비즈니스 분석가라면, 세부사항을 좀 더 깊게 파고들어서 UI에서 일어나는 일과 UI 뒤에 있는 시스템에 존재하는 비즈니스 규칙을 이해해야 한다.

테스터라면 소프트웨어가 어디서 문제를 일으킬 수 있는지 생각해야 한다. 그렇다면 좋은 테스트 계획을 세우는 데 도움이 되는 대화가 필요하다.

사용자 인터페이스를 만드는 UI 디자이너라면, 개발자가 코드를 어떻게 써야 하는지에 대해서 듣고 싶지 않은 것만큼이나 사용자 인터페이스가 어떻게 보여야 하는지에 대해서 듣고 싶지 않을 것이다. 유용하고 사용성 높은 UI를 설계할 수 있도록 누가 이 제품을 사용할지, 왜 사용할지, 사용자가 이 제품으로 무엇을 할지 알고 싶을 것이다.

마지막으로 이 그룹에 속한 사람들의 협업을 책임져야 할 프로젝트 관리자라면, 세부사항을 결정하려고 모두 모여 이야기하고 있을 때 주의를 기울여야 할 것이다. 또, 의존 요소나 일정에 신경 쓰고, 이미 시작했다면 개발 상태에 주의를 기울여야 할 것이다.

대화할 내용은 엄청나게 많다. 그 중 어떤 대화는 다른 무엇보다 먼저 시작해야 한다. 게다가 이 많은 대화는 한번에 끝나지 않기 때문에 정확도를 높이려면 카드(card), 대화(conversation), 승인(confirmation)이라는 3개의 C에 다른 C를 더 추가해야 할 수도 있다. 하지만 다행인 것은 실질적인 대화를 나눴고 이해를 공유했다면 엄청나게 많이 발생할 수 있는 오해와 궤도 수정을 피할 수 있다는 점이다.

모든 스토리에는
다른 사람과 나누는 많은 종류의 대화가 있다.

더 큰 카드가 필요하다

여러분이 이번 절의 제목을 보고 오래된 영화 《죠스》의 한 장면을 떠올렸으면 한다. 브로디(Brody) 경감이 처음으로 커다란 상어를 가까이서 목격한 후에 퀸드(Quint)에게 "더 큰 보트가 필요해요"라고 말하는 장면 말이다.

알다시피 스토리 작성의 초기 아이디어 역시 카드를 한 장 집어 들고 앞면에 제목을 적어 대화를 하고 카드를 뒤집어 우리가 동의했던 모든 내용에 대한 세부사항을 적는 것이었다. UI를 스케치하거나 카드에 다른 정보를 많이 쓸 수도 있다. 어떤 프로젝트는 실제 이런 방식으로 작동한다. 모두가 그렇게 할 수 있다면 괜찮겠지만, 사실 이렇게 할 수 있는 경우는, 일반적으로 암묵적 지식이 많고 가까이서 함께 일하는 작은 팀에 나타나는 부수적 효과일 뿐이다. 이런 팀들은 기억을 목적으로 많은 내용을 쓸 필요가 없기 때문이다.

스토리의 개념을 완성한 켄트와 그 외 사람들도 실제로 모든 대화 내용이 카드 한 장에 온전히 담길 거라고는 생각하지 않았다. 실제로 그렇게 되지도 않는다.

나처럼 도서관에 도서 목록이 있던 때를 기억하는 사람에게 '도서 카드'는 괜찮은 비유다. 카드에 적힌 스토리는 도서 카드와 비슷하게 쓰인다.

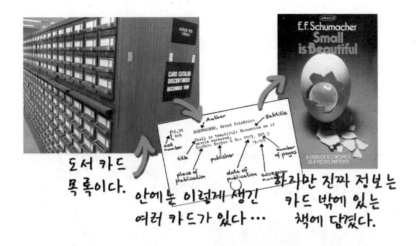

도서 카드
목록이다.

안에는 이렇게 생긴
여러 카드가 있다 …

화지만 진짜 정보는
카드 밖에 있는
책에 담겼다.

도서 목록에서 카드를 한 장 집었다면 책을 찾는 데 필요한 정보가 충분하다는 사실을 알 수 있다. 아마 제목, 저자, 설명, 쪽수, 분류(소설, 수필)뿐 아니라, 어디에 책이 있는지 실제로 찾을 수 있도록 위치를 알려주는 코드(듀이 십진분류법을 기억하는가?)가 있을 것이다. 그 카드는 단지 검색이나 분류를 쉽게 하기 위한 표시일 뿐이다. 누구도 책과 카드를 혼동하지 않는다. 도서 목록은 책 수천 권이 차지하는 공간보다 훨씬 더 작은 공간을 차지하기 때문에 꽤 편리하다. 그리고 카드를 저자순 또는 제목순 등 다른 여러 방식으로도 정리할 수 있다.

여러분의 스토리도 동일하게 사용할 수 있다. 아마 카드에 스토리를 쓰고 스프레드시트에 목록을 보관하거나 선호하는 트래킹 도구에 입력할 것이다. 아니면 회사가 쓰라고 강요한 트래킹 도구에 투덜거리며 입력할지도 모르겠다. 도서관 어딘가에 책이 있다는 것을 알고 있으니 도서 목록에서 올바른 카드를 찾아낸다면 해당 책을 찾기는 아주 쉽다. 스토리도 이와 동일하다. 여러분은 저기 어딘가에 계속해서 늘어나는 정보가 있다는 사실을 알고 있다. 이 정보는 대화를 통해 증가하고 진화한다. 바라는 바지만 다행히도 회사가 이 정보를 파악하고 있으니 역시 찾기 어렵진 않겠다.

정말 예전 방식으로 하고 싶다면 모든 회의의 세부사항을 커다란 플립차트에 기록한 뒤 벽에 테이프로 붙이자. 이렇게 하면 언제든 여러분이 원할 때 그 내용에 대해 계속 이야기할 수 있다. 하지만 기억할 것은 일이 완료되면 이것들을 떼야 한다는 점이다. 그렇지 않으면 벽에 남는 공간이 없어질지도 모른다. 이후에 개발할 사람들에게 남기려는 목적으로 사진을 찍어 어딘가에 보관할 수도 있다.

도구 제작자는 어떻게 좋은 스토리 회의를 하는가

친구 세리프(Sherif)다. 그는 아틀라시안(Atlassian)에서 제품 관리자로 일하고 있다. 아틀라시안은 인기 있는 위키 서비스인 컨플루언스(Confluence)를 만든 회사다. 이 제품은 매우 다양한 조직에서 그간 축적해온 지식과 정보를 기록하고 관리하기 위해 쓰이고 있다. 아틀라시안은 지라(JIRA)도 만들었는데, 이는 애자일 개발 방식으로 일을 관리하는 데에 쓰이면서 컨플루언스보다 인기가 많아졌다. 아마 정보를 전자적으로 보관하고 공유하기 위한 도구를 만드는 회사이기 때문에 자신들이 만든 도구를 쓸 것이라 생각할지도 모르겠다. 말하자면 '개밥 먹기(eating your own dog food, dogfood)'(제품 품질과 기능 등을 점검하기 위해 제품을 직접 써 보는 것)인데, 맞다. 아틀라시안도 그렇게 한다. 하지만 이 회사는 어떻게 하면 서로 얼굴을 맞대고 하는 대화를 더 좋게 할 수 있는지도 이해하고 있다.

시드니에 위치한 아틀라시안 사무실을 둘러보니, 벽에 포스트잇과 그림, 와이어프레임(wire-frame)으로 채워진 화이트보드가 있었다. 가까이 다가서면 포스트잇에 이 팀이 쓰고 있는 도구에 저장된 티켓 번호가 표시되어 있는 것을 볼 수 있다. 그들은 도구와 물리적 공간 사이를 재빠르게 왔다 갔다 했다. 셰리프가 컨플루언스에 보관하고 있는 것을 보여 줬을 때, 사진이나 짧은 동영상 그리고 주고받은 회의 내용 등의 조합에 깜짝 놀랐다.

방열판과 아이스박스

Agile Software Development: The Cooperative Game(Addison-Wesley Professional)의 지은이 앨리스터 코오번(Alistair Cockburn)은 벽에 붙여 놓은 커다란 시각 정보판이 유용한 정보를 어떻게 방 내부에 전파하는지 설명하기 위해 **정보 방열판**이라는 용어를 만들었다. 지나가던 사람들이 이 (시각) 정보판을 보고 관심을 가졌다. 정보가 살아 있고 유용할 때 많은 대화가 벽에서 이어졌다. 이 벽을 가리키거나 축적된 정보를 벽에 추가했다.

나는 벽에 아무것도 없거나 괜찮은 예술품으로 장식된 곳 또는 동기 부여 포스터(가장 나쁜)로 장식된 곳에 들어가면 기분이 우울해진다. 이 유용한 벽을 만들어 두면 일이 돌아가게 하는 경이로운 협업을 매일같이 할 수 있다. 벽에 정보 방열판이 있다면 사람들이 사용하는 도구를 **정보 아이스박스**라 부르는 사람이 있다. 정보를 보관하는 곳이기 때문이다. 어쩌면 냉동실 안쪽에 보관된 오래된 물건들처럼 얇은 얼음으로 덮여 있을지도 모르겠다(그곳에서 무언가를 찾아낼 때마다 나는 항상 놀란다).

이게 내가 아틀라시안에서 정말 감명받은 부분이다. 그들은 자신들이 사용하는 도구의 안과 밖에 최신 정보를 업데이트 하여 정보가 늘 유용한 상태로 유지될 수 있도록 했다.

스토리 카드에는 실제로 무엇이 담기나?

도서 목록에서 꺼낸 카드 한 장을 상상해 보자. 그 카드에는 책을 분류하고 해당 책이 찾는 책인지 확인하는 데 유용한 정보가 있다. 좋은 스토리 카드는 그와 비슷하다.

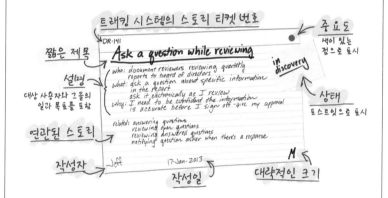

카드에서 보리라 기대할 만한 것은 다음과 같다.

- **짧은 제목**

  해당 스토리에 대해 이야기할 때 대화에 사용하기 쉽다. 좋은 제목은 스토리에서 가장 가치가 있는 부분이다. 기존의 제목을 보면서 사람들이 혼동한다면 기꺼이 다시 쓰자.

- **설명**

  우리가 무엇을 상상했는지 한두 문장으로 쓰자. 누가, 무엇을, 왜, 즉 누가 사용하거나 필요로 하는지, 그들이 무엇을 할 것인지, 마지막으로 그들이 거기서 얻길 바라는 이점이 무엇인지에 대해 설명해도 좋다.

스토리에 대해 토론을 시작한다면 회의 내용 일부를 간추린 정보를 추가한다. 다음과 같은 내용이 포함된다.

- **스토리 티켓 번호**
  한 뭉치의 스토리를 받거나 그것들을 트래킹 시스템에 입력한다면 이 번호는 나중에 스토리를 찾을 때 유용하게 쓸 수 있다. 도서관에서 사용하는 듀이 십진분류법과 같다. 하지만 무엇을 하건, 제발 스토리를 그 스토리에 붙인 숫자로 얘기하지는 말자. 그렇게 얘기하고 있다면 좋지 않은 제목을 선택했다는 강력한 신호다. 도서관에서도 듀이 십진 분류법 번호로 책을 문의하지는 않는다.

- **추정, 크기 또는 예산**
  스토리에 대해 토론을 시작한다면 소프트웨어를 만드는 데 얼마나 걸릴지 예측하고 싶을 것이다. 추정, 크기 또는 예산 같은 많은 용어가 이를 위해 있는데 회사에서 쓰는 용어를 사용하자.

- **가치**
  어떤 두 가지 스토리의 상대적인 가치를 놓고 긴 토론이 생길 수 있다. 어떤 이는 숫자 등급을 이용할 수도 있고, 다른 이는 카드에 높음, 중간, 낮음이라고 표시할 수도 있다.

- **지표**
  결과를 진정 신경 쓴다면 소프트웨어를 출시한 뒤에 추적할 명확한 지표를 찾아야 한다. 이는 소프트웨어가 성공했는지 아닌지 판별하는 데 쓰인다.

- 의존성

  현재 스토리는 다른 스토리에 의존하거나 포함될 수 있다.

- 상태

  특정 출시를 위해 계획된 상태인가? 시작했는가? 진행 중인가? 완료
  되었는가?

- 날짜

  도서 카드에 언제 출판되었는지 기입하는 것처럼 이 스토리가 언제
  만들어졌고 언제 끝났는지 기록해 두자.

원하는 어떤 내용이라도 편하게 카드에 쓰자. 카드 뒷면에 기록해도 되
고 인수 기준 목록을 적어도 된다.

카드를 쓸 때 꼭 해야 하는 딱 한 가지는 좋은 제목을 쓰는 것이다. 이
모든 정보 조각이 유용하긴 하지만 그중 어떤 내용을 제목으로 쓸지 결
정해야 한다.

카드를 너무 빡빡하게 쓰지 않도록 하자. 카드는 단지 여러분이 계획
할 때 표시하기 위함임을 기억해 두자. 카드를 쓰거나 포스트잇을 쓸 수
있다. 종이 카드를 써 붙이면 대화할 때 벽이나 테이블 위에 놓인 카드를
가리키면서 '이것'이나 '저것' 같은 편리한 단어를 사용할 수 있다. 두꺼
운 문서로는 할 수 없는 일이다. 카드를 이용한다면 책상 주변에 뒤섞어
놓거나 중요도에 따라 순위를 매기거나 벽에 붙여 놓을 수 있다. 또는 대
화하는 동안 요점을 더 강조하기 위해 손에 쥐고 흔들 수도 있다. 두꺼운
문서를 가지고 그렇게 하면 사람이 다칠 수 있다. 그리고 물론 카드 뭉치
를 스토리 지도에 배열하면 좀 더 큰 스토리까지 이야기할 수 있다.

지금은 그 도구가 필요한 게 아니다

나무꾼이 숲 속에서 어떤 사람을 우연히 발견했다. 그 사람은 나무를 자르기 위해 망치로 나무를 열심히 때리고 있었다. 나무꾼이 그 사람을 멈추게 하고 이야기했다. "이봐요, 잘못된 도구를 쓰고 있어요! 이걸 써 봐요." 그러면서 톱을 건네주었다. 그 사람은 감사를 표했고 나무꾼은 누군가를 도왔다는 것에 뿌듯해하면서 자기 길을 계속 갔다. 그리고 나무를 베던 사람은 곧 망치로 했던 것과 똑같은 방식으로 톱으로 나무를 때리기 시작했다.

이 농담은 우리가 상황에 맞지 않는 잘못된 도구를 쓸 수도 있고, 도구 자체를 잘못 사용할 수도 있다는 점을 이야기한다.

내가 사람들에게 아틀라시안 같은 회사가 여러 도구를 어떻게 쓰고 있는지에 대해 이야기하면 그들은 대개 놀란다. 대부분 화이트보드나 포스트잇을 대체하려고 여러 도구를 써 봤기 때문에 그렇다. 그리고 예상할 수 있듯이 그 도구 때문에 고생하고 있다. 이는 아마도 상황에 맞지 않는 도구를 사용했거나, 맞는 도구지만 제대로 사용하지 못해서 그렇다. 무엇이 잘못되었는지 파악하려면 도구가 아니라 해야 할 작업을 먼저 보는 게 가장 좋다.

공유된 이해 구축하기

스토리를 이야기하고 해결책을 찾고 결정하기 위해 함께 일한다면 첫 번째 목표는 공유된 이해를 구축하는 것이다. 이 부분에서는 여러분의 생각을 밖으로 나타내고 정리하는 일이 엄청 중요하다. 이때는 얼굴을 맞대고 화이트보드 앞에서 포스트잇을 이용하는 것 이상의 방법이 없다. 하지만 원격에 있는 사람들과 이 일을 같이 하고 있다면 쉽지 않을 것이다. 원격 회의 도구가 상대방의 얼굴을 비추면 그리 유용하지 않지만 벽이나 탁자 위를 비추면 좋다.

화상 회의 중 벽에 무엇이 만들어지는지
문서 카메라(document camera)나 웹 카메라를 이용해
원격지 사람들이 볼 수 있게 하자.

화상 회의실 양쪽에 비디오 카메라가 있는 팀과 일한 적이 있다. 그때 카메라는 팀원의 얼굴이 아닌 벽에 걸려있던 스토리 맵(growing model)을 비추고 있었다.

만약 시각화 도구를 사용할 경우, 화이트보드 앞에서 함께 대화하는 것처럼 양측의 사람 모두가 작업을 추가하고 이리저리 움직일 수 있는 모습이 가장 이상적이다. 다음은 카드보드(Cardboard)[1]라는 도구의 화면이다.

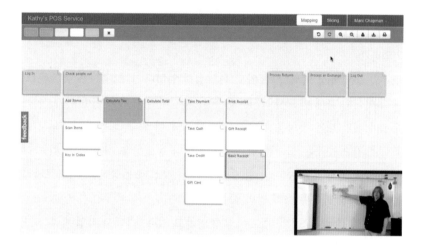

사진에서 카드보드를 사용하고 있는 사람은 카드보드 제작자 중 한 명인 데이비드 허스맨(David Hussman)으로 오프라인에서 벽에 스토리 맵을 만듦과 동시에 온라인 카드보드에 스토리 맵을 만들고 있다. 스토리 맵을 공유한 각 원격지의 사람들은 실시간으로 동일한 화면을 볼 수 있다. 그

---

1 (옮긴이) 기존 도구는 오프라인으로는 전체 그림이 잘 보이는데 온라인에서는 그게 잘 보이지 않는 게 문제였다. 카드보드는 오프라인처럼 온라인에서도 전체 그림을 볼 수 있다는 장점이 있다.

들은 카드를 더하거나 빼거나 변경할 수 있고, 다른 사람이 무엇을 하는지 모두가 볼 수 있다. 다만 컴퓨터 화면에선 여러분이 벽 앞에서 하는 일부만 볼 수 있기 때문에, 실제 벽 앞에서 한 걸음 물러나서 벽 전체를 한눈에 보는 것처럼 가상 환경에서도 볼 수 있다면 상당히 유용할 것이다.

> 원격으로 협업할 때는 모두가 동시에 보고,
> 더하거나 빼고, 정리할 수 있는 도구를 사용하자.

다행히도 공유된 이해를 구축하려면 프로젝트에 관련된 사람들이 함께 일해야 한다는 점을 이해하고 지원하는 도구를 시장에서 더 많이 볼 수 있게 되었다. 좋은 현상이다.

기억하기

모두가 동일하게 이해할 수 있도록 열심히 일했다면, 모델이든 예제든 그게 무엇이든 간에 반드시 복사본을 휴가 사진처럼 남겨 두어야 한다. 이는 우리가 했던 모든 논의를 기억해 내는 데 도움이 된다. 아틀라시안의 컨플루언스 같은 도구는 글자뿐 아니라 사진이나 동영상을 저장할 수 있는 다양한 위키 기능을 제공한다. 함께 작업한 뒤 사진과 동영상을 찍고 보관하는 것은 가장 빠른 문서화 방법 중 하나다.

아틀라시안 사람들이 바로 이렇게 일하고 있다. 벽에서 작업한 후 사진을 찍고 보관용으로 위키에 업로드 한다.

> 여러분의 대화를 유지하고 기억하는 데 도움이 되도록
> 사진, 동영상, 글을 게시할 수 있는 도구를 사용하자.

개인적으로 나는 간소한 도구를 사용한 저 모습 그대로 유지하고 벽에 정보를 남기는 것을 좋아하지만, 한밤중에 청소하는 사람이 이 모든 걸 치워

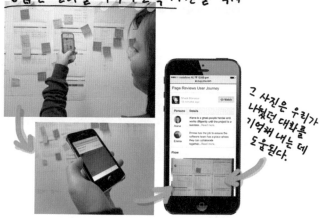

간소한(Lo-fi) 도구를 사용
협업한 결과를 기억하도록 사진을 찍자

그 사진은 우리가
나눴던 대화를
기억해 내는 데
도움된다.

버릴까 걱정되기도 한다. 그래서 사진을 찍고 보관한다. 만약 같은 공간에서 함께 할 수 없거나 원격으로 참여하는 사람과 정보를 공유하는 중이라면, 벽에 스토리 맵(growing model)을 구축해 나가는 과정을 스텝별로 짧게 동영상으로 찍어 다른 사람들이 볼 수 있도록 위키에 게시해 보자.

트래킹

위키 도구들이 가진 기능 중 가장 뛰어난 점은 우리가 수행하려고 계획한 모든 작업을 볼 수 있고, 작업들의 진행 현황을 파악할 수 있게 한다는 것이다. 도구들은 작업을 언제 시작했는지, 언제 끝났는지, 끝내려면 얼마나 남았는지 등 우리가 따분하게 여길 만한 숫자들을 지속적으로 추적하는 데 탁월하다. 더 나은 도구를 사용하면 하고 있는 일을 주기적으로 추적하여 유용한 통찰력을 제공할 것이다.

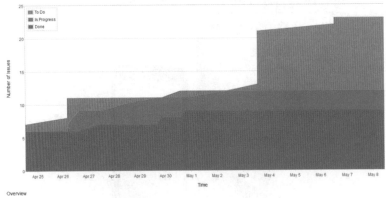

Overview

Click and drag cursor across chart or chart overview to select date range (double-click overview to reset)

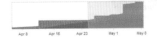

이 그림은 아틀라시안의 제품인 JIRA에 의해 생성된 누적 흐름도이다. 이 차트는 우리가 현재 하고 있는 일과 시간이 지남에 따라 누적되어 온 상태를 보여준다. 이런 도표를 손으로 그려야 한다는 생각만으로도 정말 싫다.

개인이나 같은 장소에서 일하는 팀, 소규모 프로젝트라면 벽을 이용하는 것만으로도 충분하다. 하지만 물리적으로 다른 위치에서 일하는 큰 규모의 팀이나, 장기 프로젝트라면 모든 세부사항을 추적할 수 있는 도구를 사용하자.

> 진행 상황을 차례대로 배열하고, 추적하고,
> 분석하기 위해 도구를 사용하자.

즉, 핵심은 수행하려는 작업에 적합한 도구를 사용하는 것이다. 정말 훌륭한 추적 도구를 공유된 이해를 만드는 정도의 작업에 사용하려 하지 말자. 혹은 복잡하게 분석한 내용을 화이트보드 위에다가 굳이 남기려 애쓰지 말자.

이상적인 애자일 프로젝트는 단순하고 빠르게 하는 것이다. 될 수 있으면 인덱스카드와 화이트보드를 이용해서 일하자. 작고 빠르게 일하고 불필요한 도구를 피한다면 분명히 행복할 것이다. 도구는 목적을 달성하기 위한 수단일 뿐임을 기억하자. 다음 장에서는, 카드를 쓰고 난 뒤 어떤 일이 일어나는지 이야기하겠다.

9장

카드는 단지 시작일 뿐이다

3C는 단지 시작일 뿐이다.

내가 앞서 애자일 선언문을 인용할 필요는 없다고 했지만, 어쨌든 적어도 일부분은 인용해야 할 것 같다. 애자일 선언문의 가치 선언 중 하나는 '포괄적인 문서보다 작동하는 소프트웨어'이다. 나는 그것을 '포괄적인 대화보다 작동하는 소프트웨어'로 바꿔 말하려고 한다. 물론 그 의미는 같다. 우리가 지금까지 했던 모든 대화와 그것을 기억하려고 작성한 문서는 단지 목적 달성을 위한 수단일 뿐이다. 결국 우리는 무인가를 만들어야 한다.

만약 우리가 한 주기를 끝내고 나면, 그 모델은 다음과 비슷해질 것이다.

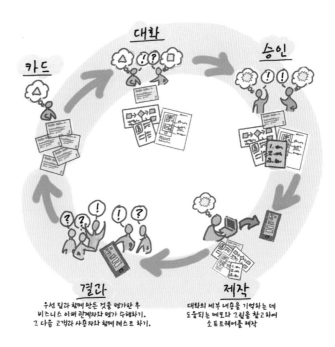

결과
우선 팀과 함께 만든 것을 평가한 후
비즈니스 이해 관계자와 평가 수행하기.
그 다음 고객과 사용자와 함께 테스트 하기.

제작
대화의 세부 내용을 기억하는 데
도움되는 메모와 그림을 참고하여
소프트웨어를 제작

우리가 공유된 이해를 구축하고 무엇을 만들지 동의하고 난 후에도 여기에 슬쩍 집어넣어야 할 내용들이 항상 생긴다. 그런 것들을 계속 주시하자.

머릿속에 명확한 그림으로 만들기

스토리 대화를 모두 마치고 나면 대화에서 오고 간 세부 내용을 기록한다. 이는 나중에 실제로 개발할 때, 우리가 나눴던 대화를 떠올리도록 한다. 그리고 승인에 대해서도 적는데, 이는 우리가 완료했다는 것을 확인할 때 점검해야 할 사항에 대한 우리 모두의 동의를 담고 있다. 여기까지 하고 나면 최종적으로 무언가를 만들 준비가 되었다.

- 소프트웨어 개발자는 소프트웨어 개발을 시작할 수 있다.
- 테스터는 테스트 계획과 테스트를 만들 수 있다.
- 공유된 이해를 구축하는 동안 UI 디자이너가 UI 디자인과 디지털 자산 (digital asset)[1]을 아직 완료하지 않았다면 지금 만들면 된다.
- 테크니컬 라이터는 도움말 파일이나 다른 문서를 작성하고 갱신할 수 있다.

여기서 가장 중요한 내용은 모든 사람 각각의 머릿속 그림이 동일해야 하며 그 그림은 모두가 함께 이야기하는 동안 만들어 낸 것이어야 한다는 점이다.

호흡을 가다듬기 위해 잠시만 쉬자.

자, 이제 다음 부분을 천천히 이야기할 테니, 여러분도 천천히 읽었으면 좋겠다.

스토리의 모든 세부사항을
다른 사람에게 만들라고 떠넘기면 안 된다.
그러지 말자.

---

1 (옮긴이) 화면 구성에 필요한 디지털 멀티미디어 콘텐츠의 집합을 의미하며, 스토리 대화에서 나온 스토리를 소프트웨어로 구현할 때 화면을 구성하는 각종 이미지를 의미한다.

여러분이 동료와 무엇을 만들어야 하는지 이해하기 위해 함께 일해왔고, 그것을 만들 사람들이 알아야 할 모든 중요한 내용을 문서화했다면, 이쯤에서 누군가에게 떠넘기고 싶은 유혹을 느낄 것이다. 어쨌든 기록된 정보를 보면 여러분의 머릿속엔 아주 선명하게 그려질 것이다. 하지만 바보같이 굴지 말자. 기록을 보면서 모든 내용이 선명한 이유는, 여러분의 똑똑한 머릿속에는 기록하지 않은 세부사항도 이미 들어가 있기 때문이다. 그래서 문서에 무엇이 빠졌는지 알아채기 어렵다. 이 세부사항들은 여러분의 휴가 사진이지, 개발자들의 휴가 사진이 아님을 기억하자.

스토리 이야기하기를 말로 하는 전통 만들기

스토리 공유는 상당히 간단하다. 스토리와 그 스토리를 이야기하는 데 유용한 정보를 이해한 누군가가, 그 스토리에 대해 배울 필요가 있는 다른 사람에게 그 스토리를 다시 얘기하는 데는 그저 약간의 시간만 할애하면 된다. 이제는 여러분이 어려운 결정을 내리기 위해 모두가 함께 일했던 초기 대화 때보다 더 빠르게 진행해야 한다. 그 스토리를 다시 만들 필요가 없기 때문이다. 스토리 전달에 도움이 되도록 이전에 적어둔 것을 활용하자. 말하고 그림을 가리키자. 듣는 이가 질문하게 하고, 그의 기억을 도울 수 있도록 그림을 변경하게 하자. 이야기와 관련된 정보를 자신 만의 휴가 사진으로 바꾸도록 도와주자.

이 부분에서 내가 자주 목격하는 끔찍한 안티 패턴이 있다. 팀 내에서 누구든지 스토리를 선택하고 그것을 위해 일할 수 있으므로 모든 대화에 전부 참여해야 한다고 생각하는 것이다. 아마 여러분이 이런 회사에서 일하고 있을지도 모르겠지만, 만약 회의가 너무 많다고 불평한다면 맞을 거 같다. 그런데 우리는 이런 비생산적인 협업을 완곡하게 표현하고자 '회의'란 단어를 자주 쓴다.

효과적인 논의와 의사 결정은 2~5명으로 이루어진 작은 그룹에서 제일 잘 이루어진다. 식사 중의 대화와 비슷하다. 친구들과 함께 식사할 때를 떠올려보면 그저 다섯 손가락 안쪽의 몇 명 정도일 때 대화를 일관성 있게 유지하기 쉬웠을 것이다. 하지만 다섯 명 이상이면 결코 쉽지 않다.

의사 결정을 하는 데 필요한 인원으로 구성된 작은 그룹과 일하고, 그 후 결과 공유를 할 때 나머지 인원 모두와 대화를 이어가자.

일의 결과 점검하기

팀에 속해 있다면 모두가 무엇을, 왜 만들어야 하는지에 대해 공유된 이해를 갖고 일할 것이다. 다만 여러분이 매 순간 모든 내용을 다 생각하고 있지는 않기 때문에 함께 일하면서 계속 대화를 나누게 된다. 그리고 소프트웨어가 완성되고 나면 모두 모여 처음 세웠던 우리의 목표에 대해 다시 이야기해야 한다.

이 시간은 여러분의 일을 잘 마쳤다는 것을 자축할 좋은 기회다. 실질적인 진척을 보는 건 정말 멋진 일이다. 전통적인 소프트웨어 개발 방식에서는 열심히 일한 결과를 볼 수 있는 기회가 매우 드물고, 있다 해도 팀으로 공유되는 경우는 거의 없다. 스크럼 같은 일반적인 애자일 프로세스에서는 제품 검토가 끝나는 매 스프린트 말, 2~3주 단위로 리뷰 결과가 팀에 공유된다. 건강한 팀에서는 팀이 함께 그들이 완료한 일을 주기적으로 점검한다. 하지만 이때 여러분은 단순히 보여주고 이야기하는 것에 머무르면 안 된다. 스스로 자축한 뒤에는 작업의 품질에 대해 짧지만 진지한 회고 시간을 갖도록 하자.

품질에 대해 이야기할 때 다음 세 가지 측면에 대해 논의하는 걸로 시작한다.

- **UX 품질**

  대상으로 삼은 사용자 관점에서 작업을 검토하자. 사용하기에 직관적인가? 재밌게 사용할 수 있나? 좋아 보이는가? 제품 브랜드 그리고 여타 다른 기능과 일관성이 있나?

- **기능 품질**

  소프트웨어가 버그나 에러 없이 여러분이 동의한 방식으로 동작하는가? 테스터나 다른 팀원이 테스트하는 데 많은 시간을 들였고, 이미 버그를 수정했을 수 있다. 하지만 좋은 테스터라면 제품에 더 많은 버그가 숨어 있을 가능성에 대해 말해줄 수 있다. 혹은 희망사항이지만 제품이 문제 없이 잘 동작한다고 말해줄 수도 있다.

- **코드 품질**

  작성한 소프트웨어는 고품질인가? 우리가 만든 기준에 일치하는가? 이 소프트웨어는 당분간 우리가 맡아야 할 수 있다. 따라서 확장과 유지가 쉬운지, 혹은 나중에 해결해야 하는 기술 부채를 쌓지 않았는지 생각해 보는 게 좋다.

여기서 몇 가지 좋지 않은 소식을 전해야 할 것 같다. 이번 단계는 여러분이 앞에서 완료한 작업 중에 바꿔야 할 것을 찾아내는 단계이다.

여기서는 두 가지 관점으로 나누어서 보면 모두에게 도움이 될 것이다. 첫째, 우리가 만들기로 동의했던 것을 만들었는가? 둘째, 우리가 만들기로 동의했던 것이 맞다면 어느 부분을 수정해야 하는가?

우리 모두가 사용자의 문제를 해결하기 위해 무언가를 만들려고 열심히 노력할 거고, 어떻게 해야 경제적일지도 찾을 것이다. 여러분은 작업이 완료됐음을 선언하기 위해 점검해야 할 사항을 확인하는 데 최선을 다할 것이다. 이 모든 것을 확인하고 달성했다면 스스로 자축하자. 여러분은 마침내 원하던 것을 얻었다.

지금 내 머릿속에서 롤링 스톤즈(Rolling Stones)의 노래 가사가 맴돈다. 만약 여러분이 이 노래를 안다면, 흥얼거려보자. "원하는 것을 항상 가질 수는 없어. 하지만 훗날 노력한다면 원하는 걸 얻을 수도 있지."[2] 얄궂게도 소프트웨어에서는 정확히 반대다.

제품을 만들 때 팀이 함께 일해야 하므로, 그 목표에 대해 서로 동의하면 같이 일을 할 테고, 그렇지 않으면 같이 일을 하지 않을 것이다. 그리고 유능한 팀과 함께 일한다면, 여러분은 꽤 괜찮은 제품을 볼 수 있을 테고 말이다. 하지만 완성된 제품을 본 뒤에야 여러분이 원하는 것이 맞는지를 더 잘 평가할 수 있다. 참 구리다. 그렇다고 자책하진 말자. 그게 일이 돌아가는 방식이다.

하지만 이걸 고칠 방법이 있다. 소프트웨어의 어떤 부분을 수정할지 카드에 아이디어를 적는 일로 시작한다. 물론, 처음부터 제대로 계획했다면 하지 않아도 됐을 일이니 이 과정이 짜증날 수도 있다. 믹 재거(Mick Jagger)가 결국엔 맞았을지도 모른다. 어쩌면 여러분에게 정말로 필요한 건 처음부터 옳은 방법만 찾는 것이 소프트웨어에서는 얼마나 위험한 전략인지 배우는 것이다.

여러분을 위한 것이 아니다

미안하지만 더 많은 나쁜 소식이 있다.

현실에서 카드를 쓰고 이 프로젝트의 전체 주기를 시작한 사람이 사실은 우리가 만들 소프트웨어를 매일 사용하게 될 사람이 아닐 수 있다. 아마도 그 카드를 쓴 사람과 함께 일한 전체 팀원은 완벽한 제품을 만들어냈다고 하면서 자신이 해냈다고 믿을지도 모른다.

2　(옮긴이) 'You Can't Always Get What You Want'의 한 대목이다.

어리석게 굴지 말자.

우리가 이 팀에서 함께 일하는 게 맞고 우리가 똑똑하다면 소프트웨어를 사용자에게 선보이고 함께 테스트해야 한다. 보여 주는 것도 이야기해 주는 것도 아니다. 일반적인 사용자가 우리 소프트웨어를 사용함으로써 얻고자 했던 현실적인 목표를 달성하는 모습을 관찰하는 테스트를 수행하자.

만든 소프트웨어를 사용자가 사용하는 모습을 옆에서 지켜본 적 있는가? 그렇게 했던 가장 처음 순간을 떠올려보자. 그때 내가 함께 있었던 건 아니지만, 여러분이 기대했던 대로 되지 않았다고 확신한다. 내기해도 좋다.

사용자가 제품을 사용하는 동안 여러분이 그 옆에 앉아 있었다면, 내가 무슨 말을 하는지 알 것이다. 만약 한 번도 그렇게 해본 적이 없다면, 당장 해보자.

여러분은 제품을 실제로 구매하고 본인의 생활 속으로 가져가서 주기적으로 사용할 사람들과 함께 테스트해 봐야 한다. 나는 사용자가 이전에는 할 수 없었던 일을 해낼 수 있을 만큼 우리 소프트웨어의 완성도가 높아질 때까지 기다리는 경우가 종종 있다. 여러분이 어떤 주기를 채택하든, 진짜 사용자가 우리 소프트웨어를 사용하는 모습을 보지 않고 2주 이상 흘러가게 두지 말자.

팀의 모든 사람이 사용자와 함께 할 필요는 없다. 사실, 팀 전체가 앞에 앉아 있다면 오히려 사용자를 불안하게 할 수 있다. 그러나 그 자리에 참석하면 다른 어떤 방법으로도 얻지 못할 공감대가 형성된다. 제품을 사용하려 애쓰는 사람들을 보는 것 만으로도 강력한 동기부여가 된다. 특히 사람들이 여러분의 제품을 그 정도로 원한다고 생각하지 않았을 때는 더욱 그렇다. 그런 자리에 있었다면, 본 것을 다른 사람과 얘기하는 식으로 스토리를 공유하자.

사용자와 함께 테스트한 후에는 고쳐야 할 문제와 소프트웨어를 개선할 확실한 방법을 발견할 것이다. 그리고 그 각각에 대해서 소프트웨어를 개선할 수 있는 아이디어를 스토리 카드에 적어야 한다.

학습을 위해 만들기

스토리를 사용하면 나쁜 소프트웨어를 만들지 않을 것이라는 생각은 절반만 맞다. 사실 나쁜 소프트웨어를 만들지 않으려면, 사용자가 당면한 문제를 이해하고 그 문제를 해결하려면 무엇을 어떻게 만들지에 초점을 둔 대화를 많이 나눠야 한다. 그리고 이 모든 대화는 더 나은 제품을 만드는 데 큰 도움이 된다. 하지만 소프트웨어를 만드는 것은 조립 라인과는 다르다. 위젯 하나라도 몇 분 전에 만든 것과 똑같이 만들지 않는다. 우리가 소프트웨어로 만드는 각각의 스토리는 새로운 무언가를 위한 것이다.

애자일 개발 공동체의 명사 중 한 명이자 앞서 언급했던 친구 앨리스터 코오번이 내게 이렇게 이야기했다. "네가 쓰는 모든 스토리마다 스토리 백로그에 세 개를 추가해야 해."

왜 그래야 하냐고 묻자 "그냥 해"라고 했다.

"다른 두 개는 무엇을 써야 하는데?"라고 물었다.

"뭘 쓰든지 상관없어."

"무슨 뜻이야?" 내가 다시 물었다 "스토리 카드에는 뭘 써야만 하잖아!"

앨리스터는 "그러니까 거기에 무엇인가를 써야만 한다면 첫 카드엔 원하는 것을 쓰고, 두 번째 카드에는 '첫 번째 카드를 수정할 것'이라고 써. 세 번째 카드엔 '두 번째 카드를 수정할 것'이라고 쓰고. 각 스토리마다 이렇게 세 번의 주기를 반복한 게 아니라면 제대로 배운 게 아니야"라고 했다.

전통적인 방식에서 학습이란 개발 영역이 통제 불가능하게 확대되었다거나 요구사항이 나빴다는 것을 의미한다. 애자일 방식에서의 목표는 학습이다. 여러분이 만드는 모든 것에서 배울 수 있도록 계획을 세워야 한다.

3장에서 쓰인 에릭의 전략은 더 작은 제품을 만들고 성공 가능해질 때까지 계속 반복할 수 있게 해주었다. 에릭은 이 방법으로 매 릴리스마다 배울 수 있다고 확신했다.

마이크와 애런이 4장에서 사용한 모나리자 전략은 모든 이야기를 더 작고, 더 얇고, 출시할 수 없을 만큼 더 작은 조각으로 나누는 데 도움이 됐다. 그래서 그들은 더 빨리 배울 수 있었고 출시하는 데 필요한 예산을 더 현명하게 관리할 수 있었다.

둘 다 훌륭한 학습 전략이다. 시도해 보고 자신만의 것으로 만들어 보자. 하지만 여러분이 항상 옳다고 생각하지는 말자. 그러면 분명히 실망할 것이다.

소프트웨어가 아닌 경우도 있다

스토리의 창시자인 켄트 벡은 2011년에 애자일 선언을 개정하면서 첫 번째 린 스타트업 컨퍼런스[3]를 열었다. 그걸 내가 했다면 신성모독이었을 테지만, 그는 애자일 선언문 창시자 중 한 명이므로 그럴 수 있다. 그는 동작하는 소프트웨어에 대한 가치를 다음과 같이 개정했다.

동작하는 소프트웨어(또는 포괄적인 문서)보다 유효한 학습

3장에서 배운 내용을 기억한다면, 유효한 학습이란 개념은 린 스타트업 프로세스에서 엄청난 가치를 지닌다. 여기서 핵심 단어는 학습이다. 유효한 학습이란 무언가를 만드는 과정에서 우리가 배우고자 하는 내용을 논의한 다음, 결과가 나온 이후 이를 결과에 비추어 보며 과정 중에 배운 것과 배우지 않은 것을 짚어보는 일이다. 그리고 우리가 깨달은 건 학습을

---

3 (옮긴이) 린 스타트업이라는 용어는 에릭 리스(Eric Ries)가 오너십을 행사하고 있고, 실제 현재 유지되는 Lean Startup Conference는 2012년부터 시작되었다. 그러나 이 컨퍼런스의 시초는 켄트 벡이 만든 Lean Startup Lessons Learned Conference이고, 에릭 리스가 이걸 받아서 현재의 컨퍼런스를 운영하고 있다. (*https://en.wikipedia.org/wiki/Lean_startup#The_movement* 참조)

위해 반드시 소프트웨어를 만들 필요는 없다는 점이다. 하지만 학습을 하기 위해서는 대개 뭔가를 하든 만들든 해야 한다.

나는 간단한 프로토타입을 만들거나 사용자 인터뷰, 사용자를 관찰하는 일을 계획할 때 스토리를 즐겨 사용한다. 이걸 할 때는 '누가', '무엇을', '왜'에 대해 이야기하길 좋아한다. 만들기 전에는 무엇을 만들지 의견을 나누고 수렴해가는 과정을 좋아한다. 그리고 이 과정 동안 우리가 무엇을 학습했는지 생각해보기 위해 결과를 되돌아본다.

소프트웨어인지 아닌지에 상관없이

무엇을 만들 때 스토리를 사용해 보자.

학습을 위한 계획 그리고 계획하기 위한 학습

스토리 맵은 큰 제품이나 기능 아이디어를 작은 부분으로 나눌 때 유용하다. 3장과 4장에서 스토리 맵을 작은 조각으로 나누는 방법에 대해 다뤘다. 이 조각들은 무언가를 배우는 데 초점을 두고 있고, 빌드 가능한 덩어리이다. 하지만 조각을 쪼개는 다른 방법이 더 있다. 그것은 무언가를 만들고자 하는 우리 계획을 스토리로 나누는 작업이기도 하다. 이건 다음 장에서 다룰 것이다.

10장

케이크처럼 스토리 굽기

2주 전 딸의 생일에 케이크를 사기로 했다. 우리 가족은 케이크를 만들어 달라고 연락할 우리만의 제빵사가 있다. 우리가 부자여서도 아니고 직접 케이크 만들기가 어려워서도 아니다. 단지 제빵사 시드니(Sydnie)가 맛이 정말 환상적인 케이크를 만들기 때문이다. 그녀가 어떤 마법을 부리는지 정확히 알지 못하지만 아이들 생일 때 어떤 케이크를 원하는지 물어보면, "시드니 케이크요!"라고 외치기에 다른 선택의 여지가 없다.

케이크를 주문하려고 시드니에게 전화를 건다. 그녀는 누구를 위한 케이크인지 어떤 행사인지 물어본다. 2주 전에 나는 딸 그레이스가 열두 살이 된다고 했다. "그레이스가 무엇에 관심이 많은가요?"라고 그녀가 물었다. 우리는 그레이스가 좋아하는 것과 관심사에 대해 짧게 이야기하고 시드니가 어떤 모양의 케이크 팬을 가지고 있는지, 어떤 케이크 디자인이 제 시간에 준비될 수 있을지 이야기한다. 이번엔 새 모양으로 정했다.

바로 이것이 스토리 이야기하기가 동작하는 방식이다. 시드니는 '누가', '무엇을', '왜'에 대해 물었다. 그녀는 언제 어디서 그 케이크가 필요한지, 그리고 얼마나 많은 사람이 먹을지 같은 전후 사정을 물었다. 대화하는 동안 우리는 몇 가지 다른 선택사항을 고려했다. 공유된 이해가 구축될 만큼 충분히 길게 대화했다. 그리고 우리는 이미 시드니에게서 많은 케이크를 사봤기 때문에 케이크가 어떤 맛이고 어떤 모양일지 (일종의) 공유된 이해를 이미 가지고 있었다. 그렇지 않았다면 케이크 사진을 보거나 맛을 봐야 했을 테고, 그랬다면 전화는 주문하기에 그리 좋은 수단이 아니었을 것이다.

요리법 만들기

우리가 이야기를 나누는 동안, 시드니는 케이크를 어떻게 만들지 생각한다. 그녀는 제시간에 케이크를 만들 수 있는지 알아야 한다. 해서 케이크를 만들 때가 되면 밀가루, 설탕, 버터, 계란, 우유 등을 계량하는 일 같은 할 일 목록을 만든다. 그녀는 재료를 섞고, 케이크 시트를 굽고, 케이크를 꾸미고, 내가 모르는 그녀만의 비법도 쓸 것이다. 나는 그녀가 다양한 종류의 케이크를 만드는 레시피를 갖고 있는지나 케이크가 완성되어 박스에 담아 고객이 찾아가기 전까지 그녀가 해야 하는 모든 작업에 대한 점검 목록을 갖고 있을지가 궁금했다. 만약 케이크가 완성되어 고객의 손에 전달되기까지 그녀가 해야 하는 모든 일에 대한 목록을 썼다면, 케이크를 굽는 작업에 대한 모든 요구사항을 갖고 있다는 뜻이다.

누군가가 개발팀에 스토리를 가져오면 케이크를 주문할 때와 똑같은 일이 벌어진다. 이들은 함께 무엇을 만들지 결정하고, 개발팀은 이를 다시 수많은 개발 작업으로 만들어 일정을 수립한다. 개발팀에는 테스터와 UI 디자이너, 테크니컬 라이터뿐 아니라 소프트웨어를 만드는 데 필요한 사람과 기술이 모여있다. 즉, 개발팀이 만든 작업이 모두 코딩과 관련된 건 아니라는 뜻이다.

그리고 시드니가 나와 전화로 이야기하는 동안 계획을 세우지 않은 것처럼 개발팀도 스토리 대화 중에는 계획을 세우지 않는다. 그러나 그들은 이야기를 경청하고, 메모를 하고, 그림을 그리는 등 계획을 세우는 데 필요한 많은 세부사항을 수집한다. 적어도 이런 방식이 우리가 지향해야 하는 바다.

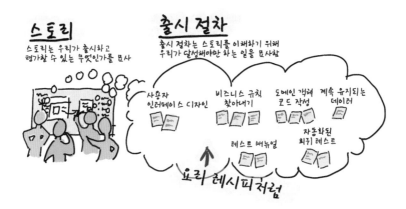

시드니와 이야기할 때, 난 설탕이나 밀가루를 계량하는 이야기를 하진 않는다. 내가 오븐을 만들 게 아닌 이상 한번에 구울 빵의 양을 갖고 얘기할 생각도 없다. 소프트웨어에 관한 이야기를 하고 스토리 이름 목록을 만들 때, 여러분이 마침내 만들어 낼 소프트웨어를 상상하며 이야기한다. 그리고 소프트웨어뿐 아니라 누가 이 소프트웨어를 사용할지, 왜 사용할지에 대해서도 생각하고 이야기한다. 시드니는 케이크의 세부 내용뿐 아니라 누구를 위한 케이크인지, 내 딸이 뭘 좋아하는지, 파티에 얼마나 많은 사람이 올 건지, 그리고 최고의 케이크를 결정할 수 있는 수많은 정보를 물었다. 즉, 시드니는 단지 케이크의 요구사항만 물어본 게 아니라, 우리 모두가 좋아할 만한 케이크를 만들 수 있는 최선의 방법을 함께 결정했다. 바로 이것이 스토리 대화의 핵심이다.

큰 케이크 나누기

그런데 여기서 한 가지 이야기할 게 있다. 이쯤에서 잘못되는 경우가 종종 일어나는데, 우리의 비전을 실체화할 수 있는 사람들에게 스토리를 이야기하기 시작하면 우리 스토리가 그리고 있는 소프트웨어가 엄청 큰 것임을 깨닫게 된다. 스토리가 적힌 카드는 다른 카드와 같은 크기인 데도 말이다. 우리의 사용자가 도달하려는 목표가 다른 것보다 덜 중요할 수도 있지만, 이야기하다 보면 목표를 달성하기 위해 필요한 소프트웨어를 작성하는 데 많은 시간이 필요하다는 걸 알 수 있다.

케이크에 대해 시드니와 이야기할 때에도 똑같은 일이 일어날 수 있었다. 내가 만약 시드니가 갖고 있지 않은 정교한 모양의 케이크 팬을 요구하거나 그녀가 능숙하게 만들기 힘든 장식 기법을 써서 만들어달라고 했다면 어땠을까 하고 상상해보기도 했다. 아마 그랬다면 감당할 수 없는 비용의 케이크가 되었거나, 딸의 생일 전에 받아볼 수 없는 케이크가 되었을지도 모른다.

7장에서 우리가 생각하는 해결책이 너무 비싸다면, 우리는 한 발 뒤로 물러나서 해결하려는 문제와 달성하고자 하는 성과를 실제로 되돌아 볼 필요가 있다고 지적했다. 그리고 다른 대안도 고려해 봐야 한다. 그 방법이 작은 케이크나 파이 한 조각이 될 수도 있으니까.

스토리가 너무 비싼 해결책을 묘사하고 있다면
목표 달성에 도움이 될 만한 다른 해결책을 고려해 보자.

생각한 해결책이 정말 크지만 감당할 수 있을 정도라면 굳이 작은 조각으로 나눌 필요는 없을 것 같다. 맞나? 흠, 만약 그렇게 생각했다면 아니다. 작게 나눠야 한다. 특히 소프트웨어에서는 작은 부분으로 쪼개서 만들면 더 빠르게 진행 상황을 확인하고 측정할 수 있다. 이렇게 하면 돈을 쓰는 사람들도 불안함을 줄일 수 있다. 그리고 4장에서 다룬 모나리자 전략과 마찬가지로, 제품을 만드는 사람들이 각 부분을 평가할 수 있게 함으로써 우리가 제대로 가고 있는지를 확인할 수 있다.

스토리가 크긴 하지만
감당할 수 있는 해결책을 묘사하고 있다면
작은 조각으로 나누어서
진행 상황을 확인하고 평가할 수 있도록 하자.

커다란 스토리를 작게 나누는 기법이 있다. 이 기법 때문에 내 머릿속에서 케이크 비유가 떠나지 않는다. 여러분이 케이크를 좋아한다면 아마 지금쯤 배가 고플 수도 있다. 그 케이크가 정말 맛있는 거라면 특히 더 그럴지도 모르겠고... 미안하다.

스토리가 징말로 큰 케이크를, 예를 들이 100여 명이 먹을 수 있을 만큼 엄청 커다란 결혼식 케이크를 묘사하고 있다고 가정해 보자. 그렇다면 이제 몇 컵의 밀가루나 설탕으로는 턱도 없다. 몇 부대가 필요하다. 사람들은 대부분 소프트웨어를 같은 방식으로 나눠 개발한다. 하지만 인터페이스 조금, 비즈니스 규칙 조금, 데이터베이스 연동 조금 이렇게 조금씩 나눠서 할 수 있는 게 아니다. 각각에는 많은 일이 들어있다. 여기서 기억해야 할 것은 소프트웨어는 케이크가 아니라는 점이다. 밀가루 두 컵을 재는 시간과 밀가루 2파운드를 재는 시간은 크게 다르지 않다. 하지만 UI 화면 스무 개를 만드는 시간은 화면 두 개를 만드는 시간보다 훨씬 오래 걸린다. 그래서 마치 논리적인 것처럼 보이는 단순분류 체계를 이용해 프론트엔드 개발에 몇 주, 비즈니스 규칙 개발에 몇 주 등 이런 식으로 나누고 싶은 건지도 모른다. 이 방식을 사용한다면 이른바 '케이크 맛보기'라는 걸 하기까지 긴 시간이 걸릴 것이다. 그러니 그렇게 하지 말자.

개발 작업이 크다고 해서 계획까지 크게 세우지 말자.

큰 것은 작은 조각으로 쪼개서 계획을 세우자.

이제 딱 1분 정도만 더 하고 케이크 비유를 정말로 그만 하겠다. 커다란 소프트웨어 케이크를 해결하는 방법은 작은 컵 케이크 여러 개로 나누는 것이다. 이렇게 하면 배달이 쉽고 요리법이 비슷해지며 적은 양의 설탕과 밀가루, 달걀 한두 개만 쓰면 된다.

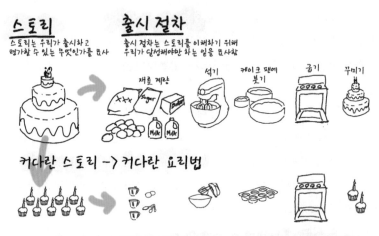

좋다. 다시 조금 진지해져야겠다. 소프트웨어는 케이크가 아니다. 엄청나게 크고 끔찍할 정도로 비싸며 무시무시한 위험 요소가 존재한다. 이 부분을 쓰다가 아침 뉴스를 들었다. 미국 정부가 국민들이 의료 보험에 가입하는 데 필요한 웹 사이트 개발에 실패했다고 한다.[1] 실제로 어떤 일이 일어

---

1 (옮긴이) HealthCare.gov라는 미국 의료 보험 거래소 웹 사이트 개발에 실패한 것을 가리킨다. 사이트 개발에 55개 기업과 5억 달러 이상을 투입했으나 서비스 초기 접속이 안 됐고, 잦은 오류가 발생해 오바마 대통령이 직접 대국민 사과를 했다.

난 뒤에 비판하는 건 쉽다. 하지만 은유적으로 표현하자면 결혼식에 내놓기 전에 아무도 그 케이크를 맛본 적은 없다. 반박의 여지없이 그게 어떤 맛이든 간에 최소한 아무도 맛보지 않았다. 그리고 반만 구워진 케이크가 파티를 망쳤다.

전통적인 소프트웨어 개발 방식을 어느 정도 경험해 보았다면 아마 커다란 소프트웨어를 여러 커다란 계획으로 나누는 방법을 배웠을 것이다. 나도 그랬다. 커다란 무언가를 작은 여러 조각으로 나누는 것은, 출시하려는 완제품과 동떨어져 보일 수 있기에 직관적이지 않게 보일 수도 있다. 이 소프트웨어 조각들을 결합할 때 결합이 잘 되도록 어느 정도의 코드를 재작성하여 조정할 필요는 있다. 하지만 이렇게 하는 데에는 몇 가지 좋은 이유가 있다는 점을 기억하자. 그 중 가장 큰 이유는 이 방식을 통해 그동안 눈으로 확인해 보거나 사용해 보지 못한, 혹은 '맛보지' 못한 소프트웨어를 만들어 내는 동안 발생할 수 있는 위험을 늦기 전에 피할 수 있다는 점이다. 커다란 케이크를 평가할 수 있을 만큼 작은 조각 여러 개로 나누면 그만큼 더 빨리 학습도 할 수 있다.

빨리 맛을 보거나 장식을 눈으로 확인하려는 목적으로 케이크를 만든다면, 빨리 확인할 수 있도록 작은 컵케이크로 구워 여러 가지 맛의 컵케이크를 만들고 모두 맛본 뒤 그중 가장 맘에 드는 케이크를 선택할 것이다. 그리고 자신 있게 내가 한 선택이 옳았다고 생각할 거고 말이다. 색이나 장식에 대해 고려하고 있다면 다른 모양으로 여러 개 만들어 보고 그중 제일 좋은 컵케이크를 고를 거다.

다시 소프트웨어로 돌아오면 컵케이크는 동작하는 전체 소프트웨어의 일부분으로서 사용자가 효과적으로 그들의 작업을 완수할 수 있는지 평가할 수 있게 한다. 이는 기술적인 문제점을 찾아내는 데도 효과적이다. 각각의 작은 소프트웨어 조각은 우리가 무언가를 학습하는 데 도움이 된다.

하지만 컵케이크 여러 개를 쌓아 놓는다고 해서 그게 결혼식 케이크가 되진 않는다. 물론 아예 불가능한 건 아니지만...[2]

다시 한번 말하면, 소프트웨어는 케이크가 아니다. 그리고 우리가 만드는 소프트웨어의 작은 조각 각각은 최종적으로 하나의 커다란 제품으로 결합하여 동작해야 하는데, 이건 케이크를 만드는 방식과는 다르다.

내 친구 루크 호만(Luke Hohman)이 말해준 우스운 주문(mantra)은 "다 구워진 케이크의 절반은 배달 가능, 반쯤 구운 케이크는 배달 불가"이다. 잘 구워진 케이크의 반쪽은 결혼 파티에 참석한 모두가 배불리 먹기에 충분하지 않겠지만, 모든 사람이 조금씩 맛보면서 나머지 반쪽을 기다리기엔 충분하다.

2 메리의 결혼 케이크(사진은 메리 트레셀러 제공)

11장

돌 부수기

원래 스토리라는 아이디어는 상당히 간단했다. 카드 위에 무언가를 쓰고, 그에 대해 사람들과 이야기한 뒤 무엇을 만들지 동의한다. 그 다음 그걸 구현함으로써 주기(스프린트)를 완료하고, 우리가 만든 것에서 배운다. 이게 전부다. 상당히 직관적이지 않은가? 하지만 여러분이 아주 짧게나마 소프트웨어 개발에 참여해 보았다면 이게 말처럼 간단하지 않다는 사실을 알 수 있다. 스토리를 거쳐가는 긴 여정 안에는 많은 사람이 참여한 수많은 대화가 녹아있다. 이 여정에는 아이디어를 제품이나 기능, 또는 기존 제품의 개선과 같은 형태로 구현하고 그 제품을 시장에 내놓는 과정이 포함된다. 좋은 소식은, 아이디어가 해결책이 되어 제품에 담기는 긴 여정 내내 스토리와 스토리텔링을 활용할 수 있다는 점이다. 장담하건대 스토리와 스토리텔링에 의존해 나아가면 시종일관 도움이 될 거다.

항상 크기가 문제다

지난 장은 시드니의 케이크와 큰 케이크를 작은 케이크로 나누는 방법을 얘기하며 끝을 맺었다. 하지만 소프트웨어는 무형에 가깝고 크기나 무게를 케이크처럼 인치나 센티미터, 온스나 그램으로 잴 수 없다.

애초에 스토리 아이디어는 뭔가 필요한 사용자가 자신이 원하는 무언가를 카드 위에 적으면 우리가 그걸 갖고 대화하는 것이었다. 하지만 그걸 필요로 하는 사람은 자신의 요구를 짧은 시간 내에 개발할 수 있는 무언가로 표현하지 못한다. 그보다 먼저 내 요구의 크기가 얼만한지 알아야 하기 때문이다.

항상 크기가 문제다   163

사용자의 관점에서 적절한 크기의 스토리란
요구를 충족시키는 것이다.

소프트웨어를 만드는 시점이 되면 전체를 작은 조각 여러 개로 나눠 한 조각씩 개발하고 테스트하며 통합하는 것이 큰 장점이 된다. 작은 조각을 일찍 구현하고 테스트할 수 있으면 우리가 얼마나 빠르게 만들어가고 있는지, 품질이 어떠한지 측정할 수 있다. 커다란 덩어리를 작은 조각 여러 개로 나눌 수 있다면 팀이 여러 조각을 동시에 진행할 수 있다. 경험에 따르면 스토리 하나는 이틀이나 사흘 정도 걸려 만들고 테스트할 수 있는 정도로 나누는 게 좋다.

개발팀 관점에서 적절한 크기의 스토리란,
만들고 테스트하는 데 단 며칠이면 되는 것이다.

하지만 비즈니스 관점에서는 여러 기능을 묶은 소프트웨어를 고객이나 사용자에게 전달하는 게 가장 좋다. 완전히 새로운 제품을 출시한다면, 첫 번째로 출시하는 묶음은 상당히 클 수 있다. 이 첫 번째 묶음은 내가 최소 기능 해결책이라고 했던 것으로, 목표로 하는 사용자 그룹에게서 특정 성과를 내는 데 초점이 맞춰져 있다. 이상적으로는 이러한 묶음을 더 자주 출시할 수 있도록 비즈니스 쪽이 노력해야 한다.[1] 그리고 묶음의 크기가

---

1 (옮긴이) 비즈니스 쪽에서는 일반적으로 모든 기능이 들어간 소프트웨어를 한번에 출시하기를 원한다. 하지만 소프트웨어의 규모가 클수록 사용자군도 광활해지기 때문에 '사용자가 원하는 모든 기능'을 탑재하기란 사실상 불가능하다. 이 때문에 사용자 스토리 매핑 방식은 '사용자'에서 시작한다. 많은 사용자 중 우선순위가 가장 높은 타깃 고객을 정하고, 그들의 문제점을 풀어줄 수 있는 해결책을 출시한다. 즉, 우리가 흔히 말하는 요구사항의 우선순위는 사실 사용자에서 시작된다는 의미이다. 가장 먼저 사용자로 우선순위를 정하고 그들의 문제를 해결할 수 있는 해결책을 도출하는데, 이게 흔히 말하는 사용자 요구사항이다. 그렇게 우선순위가 가장 높은 사용자의 문제를 해결하고 나면 그다음 우선순위의 사용자의 문제를 해결하는 방식으로 진행하는데, 이게 우선순위를 정한다는 것의 의미이다.

'모든 사용자가 원할 것 같은 모든 기능'을 넣으려고 하다가 일관성 없는 제품을 출시하기보다 정확한 사용자군이 있고 그들이 원하는 기능을 탑재한 제품을 출시하는 게 성공 확률이 훨씬 높다. 하지만 비즈니스 쪽에서는 늘 '모든 사용자가 원하는 모든 기능'을 갖춘 소프트웨어를 출시하길 원하기 때문에 비즈니스 쪽이 노력해야 한다고 말하고 있다.

사용자가 원하는 크기에 근접하거나 그보다 작더라도 더 명확한 비즈니스 성과에 근접하게 만들어야 한다. 하지만 사용자 그룹이 매우 크고 다양하거나 여러분의 환경이나 비즈니스 모델이 지속적인 출시 프로세스에 적합하지 않다면, 비즈니스 부문에서 원하는 출시 묶음은 매우 클 것이다.

비즈니스 관점에서 적절한 크기의 스토리란
비즈니스 성과를 이루게 하는 크기를 의미한다.

스토리에 '적절한 크기'는 없다고 말할 수도 있겠지만 그건 사실이 아니다. 적절한 크기는 여러분이 지금 하고 있는 대화와 관련이 있다.

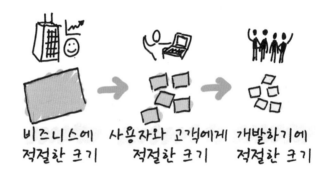

비즈니스에 적절한 크기　사용자와 고객에게 적절한 크기　개발하기에 적절한 크기

커다란 스토리는 수많은 작은 스토리를 포함하고 있고 그 스토리는 더 작은 스토리를 포함하고 있다. 여러분이 누구와 이야기 하느냐에 따라 더 큰 스토리를 다뤄야 할 수도 있다는 의미이다.

스토리는 돌과 비슷하다

스토리를 돌이라고 생각해 보자. 정말 큰 돌을 바닥에 놓고 망치로 두들겨 서른 조각으로 나눴다면 우리는 그걸 30개의 돌이라고 부를 것이다. 이 중 하나를 들고 다시 망치로 두들기면 더 작은 조각으로 나뉜다. 이것들도 돌 조각이라 부를 수 있다. 물론 큰 돌을 바위, 부숴진 조각을 돌멩이 같이 새롭게 이름을 붙여 부를 수도 있겠지만, 나는 어느 순간부터 더 이상 바위가 아니고, 어느 순간부터 단지 그냥 돌인지 잘 모르겠다. 발 위에 떨어트려 보기 전까지는 돌처럼 보일 것이다. 하지만 실제로 떨어트려 보면 바위처럼 느껴질 수도 있다.

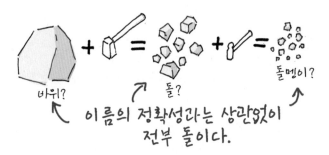

내가 돌을 부술 때 주로 사용하는 도구는 나무 손잡이가 달린 커다란 망치로, 이걸 쓰면 돌이 잘 부서진다.

큰 스토리가 작은 스토리 여러 개로 나뉜다. 이 작은 스토리는 더 작은 스토리로 쪼갤 수 있다. 마치 돌을 더 잘게 부쉈던 것처럼. 그리고 쪼개진 후에 그 크기가 얼마나 작은지에 상관없이 각각은 여전히 스토리이다. 하지만 스토리를 나누는 가장 좋은 도구는 무엇일까? 맞다. 바로 대화다. 가끔은 혼자 생각해서 스토리를 나눌 수도 있지만 여러분이 누군가와 대화하고 협업한다면 공유된 이해를 확산한다는 의미도 가질 수 있다.

> 대화는 큰 스토리를 나누는
> 가장 좋은 도구다.

나를 포함한 소프트웨어 쪽 사람들은 정확성이 결여된 스토리에 불편함을 느낀다. 내가 함께 일했던 조직에서는 대부분 스토리를 크기에 따라 분류하기 위한 언어가 생겼다. 다만 그 언어가 "바위냐 돌멩이냐"에서 시작됐다는 점에 대해서는 의문이지만 말이다. 여하간 그 돌에 얻어맞는 사람이라면 돌의 확실한 크기가 중요하고, 이는 소프트웨어 쪽 사람들이 왜 스토리 분류에 그토록 집착하는지 설명해 준다.

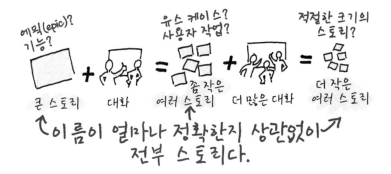

이처럼 조직에서 필요한 언어를 만든다면 너무 정확할 필요는 없다. 스토리에 무엇이 담겨 있고 그 크기가 어떠해야 하는지를 두고 의견은 분분할 수 있고, 이는 의도적이기도 하다. 이러한 과정을 통해 우리는 개발 주기동안 이 간단한 아이디어를 사용하는 데 필요한 유연성을 얻을 수 있다.

에픽은 커다란 돌인데 종종 사람을 때리는 데 쓰인다

에픽은 커다란 스토리를 지칭하는 데 쓰이는 일반적인 용어(누가 시작했는지는 확실하지 않다)로 커다란 돌을 지칭하는 '바위' 같은 용어다. 솔직히 이야기하면 우리가 만들고 있는 중요한 스토리를 지칭하는 데 에픽이라는 용어를 스토리처럼 편하게 사용할 수 있기까지 몇 년이 걸렸다. 지금은 왜 그렇게 불리는지 이해하지만, 여전히 에픽이라는 용어 때문에 어려움을 겪고 있기는 하다. 영문학 선생님께서 에픽(서사시)은 베오울프(Beowulf), 아킬레스(Achilles) 또는 프로도(Frodo)처럼 영웅이 마법 무기나 신의 도움을 받아 악에 맞서 싸우는 이야기라고 하셨기 때문이다. 아, 이야기가 샜다...

에픽이란 규모 커서 나누어야 할
필요가 있는 스토리이다.

큰 스토리를 표현할 용어가 있다는 건 좋은 일이지만, 주의해야 할 점이 있다. 종종 에픽이라는 용어는 무기처럼 사용된다. 개발 팀원이 비즈니스 쪽 사람이나 제품 관리자, 사용자 또는 무엇을 요청하는 누군가에게 그것은 스토리가 아니고 에픽이라고 이야기하는 장면을 자주 봤다. 대개 스토리 작성자가 무엇인가 잘못했다는 말투로 이야기하는 상황이 벌어지기 때문에 스토리 작성자는 그 팀원을 한 대 때릴까 진지하게 생각하게 된다. 그러니 제발 여러분이 팀원이라면 에픽이라는 용어를 다른 누군가를 질책하는 데 쓰지 말자. 생산적이어야 할 대화가 엉망으로 시작한다(그리고 아마도 금방 끝날 게다).

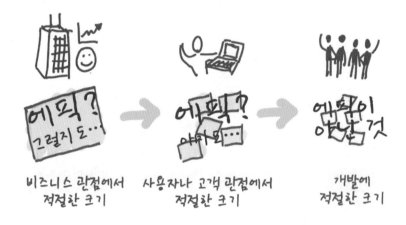

비즈니스 관점에서   사용자나 고객 관점에서   개발에
적절한 크기   적절한 크기   적절한 크기

에픽이 비즈니스 쪽 사람이나 고객 또는 사용자에게는 적절한 크기의 큰 스토리라는 점을 기억하자. 개발팀 관점에서는 그렇지 않지만 말이다. 그러니 함께 작게 나누자. 하지만 에픽은 계속 가지고 있어야 한다. 그로 인해 사람들과 이야기할 필요가 생길 테고 모든 세세한 스토리를 그 아래로 나누어 넣어야 하기 때문이다.

애자일 개발을 지원하는 전자 도구를 사용한다면 작은 자식 스토리 여러 개로 구성된 커다란 부모 스토리를 에픽 개념으로 사용할 수 있다.

테마로 스토리 그룹 편성하기

테마란 함께 모아 놓으면 유용할 스토리를 한데 묶은 그룹을 지칭하는 용어다. 여러분이 돌을 쪼개기 시작하면, 즉 커다란 여러 스토리를 나누어 사람들이 원하고 사용할 수 있으며, 만들 수 있는 제품으로 편성한다면 엄청난 수의 스토리가 만들어질 것이다. 나는 연관된 스토리 다발을 담을 수 있는 자루를 테마라고 생각한다. 이 다음 출시에 필요한 스토리나 동일한 기능의 일부분인 스토리, 특정한 유형의 사용자와 관련이 있거나 어떤 방식으로든 연관된 스토리를 모으는 데 테마를 사용할 수 있다. 동일한 스토리가 다른 테마에 존재할 수는 있지만, 하나의 돌이 동시에 다른 두 자루에 담길 수는 없으니 돌을 사용한 비유가 여기서는 좀 맞지 않는다.

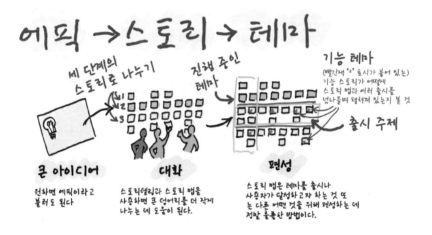

스토리 그룹 편성에 유용한 애자일 도구를 사용하고 있다면, 여러 스토리를 하나의 테마로 묶는 개념을 지원한다. 그냥 단순하게 그게 실제 뭘 하는 건지 확인해 테마를 정하기도 한다. 예를 들면 다음 출시, 기능, 특정 유형의 사용자와 관련된 스토리 등으로 말이다.

용어는 잊어버리고 스토리텔링에 집중하자

에픽과 테마라는 용어는 애자일 생명 주기 관리 도구나 특정 이름을 가진 애자일 접근법, 스토리 이야기하기에 쓰이는 공통 언어에 포함된다. 그러니 이에 대해 알고 이해해야 한다.

하지만 지금은 일단 이런 용어는 옆으로 치워두자. 최소한 잠깐만이라도 잊어버리자. 대신 한 발 물러서서 커다란 돌이 깨지는 전체적인 과정을 바라보자. 그 주기 동안에 우리는 커다란 돌이라고 생각했던 큰 아이디어에서 시작해 여러 개의 동작하는 소프트웨어 조각으로 만든다. 그리고 최종적으로는 이 작은 소프트웨어 조각을 기능이나 제품 같은 고객과 사용자가 원하는 것으로 조립한다.

좀 떨어져서 보면 '돌 깨기 주기'는 다음 그림처럼 보인다.

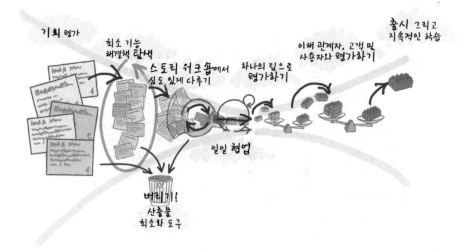

이제 세부사항을 살펴보자.

기회로 시작하기

스토리의 여정은 아이디어로 시작한다. 새로운 기능이나 완전히 새로운 제품을 다루는 아이디어일 수도 있다. 또는 우리가 이미 만든 기능에서 개선하고 싶은 부분일 수도 있고 해결하려는 문제일 수도 있다. 하지만 나는 기회라는 용어를 사용하려고 한다. 우리가 이익을 얻고자 하는 무언가를 만들 수 있는 기회이기 때문이다. 이런 기회들을 목록으로 만들고 이름을 붙여 보자. 나는 그것을 '기회 백로그'라고 부른다.

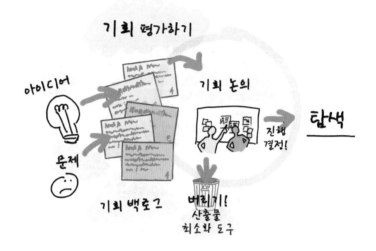

우리가 할 첫 번째 훌륭한 스토리 대화는 보다 높은 수준의 '누가-무엇을-왜'라는 논의다. 그리고 우리의 중요한 목표는 진행 여부를 결정하는 일이다. 여기서 말하는 진행이 우리가 그것을 만든다는 뜻은 아니다. 해당 스토리를 더 잘 이해할 수 있도록 깊이 있게 논의하기로 결정했다는 의미이다. 하지만 애당초 그 아이디어가 썩 좋지는 않다는 걸 알아챌 수만 있다면 그 논의에 많은 시간을 들이지 않을 것이다. 진행 불가는 '버리기'를 정중하게 표현한 말이다. 그러니 이 절차를 진행/버리기 결정이라고 부르자. 만들어야 할 것은 항상 너무 많고 소중한 시간을 무수히 낭비하기 전에 그저 그런 기회를 날리는 건 칭송 받아야 할 일이란 점을 기억하자.

이걸 만들어서 우리가 얻을 수 있는 기회가 뭔지 논의하면서
이 문제를 해결할 가치가 있는지 알아보고,
이를 통해 진행할지 버릴지 결정하자.

최소 기능 해결책 찾기

여러분이 진행하기로 결정했다면, 좀 더 깊이 파고들 시간이다. 다양한 방안을 탐색해가며 만들 가치가 있는 해결책을 찾아보자. 해결책은 핵심기능으로 최소화해야 한다는 것을 잊지 말자. 할 수 있는 한 최대로 작고 가치 있게 만들 방법을 찾아야 한다.

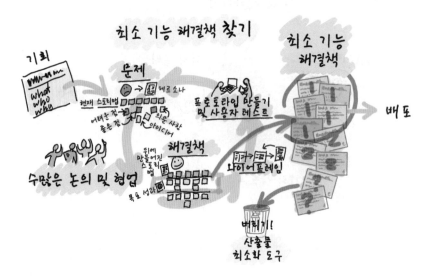

해결책을 탐색할 때에는 다음 사항을 깊이 있게 다뤄야 한다.

- 해결책을 사용할 것이라고 믿는 고객과 사용자는 누구인가?
- 기존에 그들은 여러분의 해결책 없이 어떻게 원하는 바를 충족하고 있는가?
- 해결책이 그들의 세상을 어떻게 변화시키는가?
- 만들려는 해결책은 어떤 모양이고, 어떻게 동작할 것인가?
- 해결책을 만드는 데 얼마만큼의 시간이 소요될 것인가?

해결책을 탐색하는 과정에서 유용하게 쓸 수 있는 실천법은 엄청 많지만,

그중 스토리 매핑은 특별하다. 스토리 매핑은 사람들이 제품을 어떻게 사용하고 있는지 이해하는 데 도움이 될 뿐 아니라, 만들어진 해결책이 사람들에게 어떤 영향을 미칠지 그려보는 데도 유용하게 사용할 수 있다.

이러한 탐색 과정은 우리가 가정한 내용을 깊이 검토하고 검증하는데 매우 중요하다. 이는 비즈니스 규칙이나 외부 규정을 이해할 수 있도록 심층적인 분석 형태를 띨 수도 있다. 고객과 사용자가 어떻게 일하고 있는지 이해하려면 해결책 탐색의 과정은 그들과 함께 시간을 보내는 방식이어야 한다. 또, 이 과정에서 찾아낸 해결책을 프로토타입으로 만들어 보고 대상 고객에게 이 해결책이 적합한지 함께 유효성을 검증해야 한다. 그리고 기술적인 위험 요소를 추적할 수 있도록 기술적인 프로토타입도 포함해야 한다.

작고 가능한 해결책을 찾는 데
탐색 대화 및 연구를 이용하자.

여러분이 찾은 여러 가지 해결책 중 안전하게 버리거나 나중에 다른 곳에서 다루도록 기회 백로그로 보낼 스토리가 있다면 축하하자. 앞서 기회라고 했던 스토리들은 아마도 매우 큰 돌이었을 것이다. 하지만 그 돌의 안쪽에는 다이아몬드나 귀금속이 들어 있다. 돌을 쪼개고 나누어 그냥 돌인 부분과 가치 있는 부분으로 분리하자. 그리고 그냥 돌인 부분을 버렸다는 사실을 축하하자.

해결책을 탐색하는 과정에서 학습에 도움이 될 만한, 특히 UI나 아키텍처 프로토타입 만들기와 관련된 스토리를 선택해 만들어 볼 수 있다.

스파이크(spike)는 명확한 학습 목표가 있는 개발이나 연구 작업에 쓰는 용어다. 이 용어는 익스트림 프로그래밍 그룹에서 출시 목적이 아닌 소프트웨어 작업을 설명하기 위해 썼다. 학습을 위해 팀이 만들 스파이크를 스토리를 이용해 설명해 보자.

고객과 사용자에게 전달할, 개발하고 릴리스해야 하는 작은 묶음의 스토리가 준비되었다는 확신이 들면 출시할 수 있도록 움직여야 할 때다. 가치 있는 제품을 릴리스할 수 있도록 여러분을 이끌어 줄 이 스토리 묶음을 릴리스 백로그라고 부른다.

출시를 준비하는 동안 각 스토리의 세부사항 살펴보기

우리가 기회라 불렀던 스토리들은 아마도 맨 처음엔 큰 돌덩이 크기였을 것이다. 해결책을 탐색하는 대화는 이 돌덩이를 부수고 귀금속과 돌을 분리해낸다. 우리가 이 조각들을 가능한 한 작게 쪼갤 수 있다면 아주 빠르고 효과적으로 출시할 수 있다. 한편으로 모든 조각에는 여전히 우리가 만들고 학습할 수 있는 뭔가가 있음을 기억해야 한다. 그렇게 하기 위해서는 훨씬 더 깊이 있는 많은 대화가 필요하다.

겁나 멋진 돌 부수는 기계를 그려봤다. 그림 한쪽에는 이 모든 귀금속을

함유한 크고 거친 돌덩이가 담겨 있고, 다른 한쪽으로는 다음 개발 사이클에 들어갈 준비를 마친 작고 적당한 크기의 돌을 뱉어낸다. 나는 이 기계를 스토리 워크숍 머신이라 명명했고, 이 이름은 우리가 할 일을 정확히 설명한다.

우리는 개발자와 테스터, 그리고 소프트웨어를 만들어 낼 다른 모든 팀원과 함께 깊이 있는 토론을 하며 세부사항을 자세히 살펴볼 것이다. 이 논의가 '스토리를 최적화 하기 위해 마지막으로 수행하는 대화'이다. 이때는 우리가 구축하는 작은 부분에 대한 승인이나 인수 기준을 합의해야 한다. 다음 단계에서 그것을 만들어야 하기 때문이다. 우린 이 대화의 목적이 소프트웨어를 잘게 나누는 일임을 알기 때문에 스토리를 적당한 크기와 모양으로 쪼개서 다음 개발 스프린트나 반복주기에 넣을 수 있도록 이 마지막 스토리 대화를 잘 활용해야 한다.

> 깊이 있는 스토리 워크숍에서 세부사항을 논의하고 스토리도 나누면서
> 구체적으로 무엇을 만들지 합의를 이끌어 내자.

나는 스토리를 최적으로 만드는 이 마지막 대화를 '스토리 워크숍'이라고 부른다. 모두가 회의는 비생산적이라고 생각하지만 워크숍은 무언가를 완료하기 위한 과정이라고 생각하기 때문이다. 스토리 워크숍은 필요할 때마다 할 수 있는데, 거의 매일 할 때도 있고, 플래닝 세션 동안 한 번만 하기도 한다. 스크럼 방식에서는 스토리 워크숍을 백로그 그루밍(backlog grooming) 또는 백로그 개선 세션(backlog refinement session) 동안 할 수 있다. 이 회의를 뭐라고 부르든 스토리 워크숍을 반드시 하자.

만들면서 계속 이야기하기

스토리 워크숍 기계에서 나온 결과물은 애자일 배포 기계로 넘어간다. 내가 생각하기에 이 부분이 애자일 배포 기계가 실제로 효과를 발휘하는 시

점이다. 한쪽에서는 작고 균일한 크기의 스토리들을 넣는다. 반대편에서는 반짝거리며 작동하는 소프트웨어 조각이 나온다. 아니면 만들겠다고 스토리에 묘사한 것이 나온다.

아무리 스토리를 최적화하기 위해 마지막으로 나누는 대화에 공을 들이더라도 만드는 동안 배우게 될 모든 과정을 예상하지는 못한다. 그러니 즉석 스토리 대화를 매일 자주, 여러 번 할 수 있도록 계획하자. 그리고 일일 스탠드업 미팅에서 즉석 스토리 대화의 필요성을 언급하자.

일일 협업

여러분이 개발자이고 스토리 논의에서 모아 놓은 세부사항이 의문점을 해소하기에 충분하지 않다면, 빨리 일어나 논의를 계속할 수 있는 사람을 찾아야 한다. 여기서 나쁜 요구사항을 탓하면 안 된다. 개발을 시작하기 전, 구축에 필요한 모든 것을 파악하기 위해 누군가와 같이 일했다는 사실을 기억하자. 우리 모두는 인간이다. 무언가를 빠뜨리는 일은 얼마든지 일어날 수 있다.

만약 여러분이 제품 책임자, UX 디자이너, 비즈니스 분석가 혹은 우리가 무엇을 만들어야 할지 결정하는 데 도움을 준 사람 중 하나라면 앉아 있던 책상에서 일어나 개발이 어떻게 진행되고 있는지 보는 일을 두려워하지 말아야 한다. 장담하건대, 동작하는 소프트웨어를 한번 보면 분명 유용한 무언가를 찾을 수 있다. 그리고 그것이 동작하게 만드는 사람들은 여러분의 작은 피드백조차 기꺼이 수용할 것이다.

만드는 동안이라도 대화를 하여 세부사항을 채워 넣고,
만들어지고 있는 스토리에는 피드백을 하자.

각 조각 평가하기

애자일 배포 기계에서 작동하는 소프트웨어 조각들이 나오면 무엇을 만들어야 하는지 설명하는 데 도움을 줬던 사람들과 그것을 만든 사람들이, 잠시 하던 일을 멈추고 무엇을 만들었는지 자세히 살펴봐야 한다.

하지만 이 과정은 진짜 기계가 아님을 기억하자. 여러분과 여러분이 같이 일한 사람은 기계의 톱니 바퀴가 아니다. 그리고 만들어 낸 이 모든 조각 중 완전히 같은 조각은 없다. 모두 다르다.

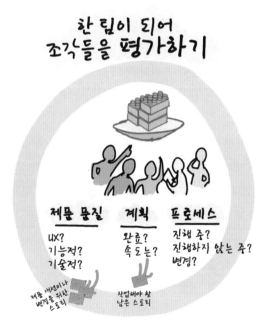

하던 일을 멈추고 만든 해결책의 품질을 자세히 살펴보자. 그리고 얼마나 효과적으로 계획했었는지 생각해보자. 예상했던 대로 끝났는가? 생각했던 것보다 더 오래 걸렸는가? 아니면 덜 걸렸는가? 혹은 이 결과물이 생각했던 그대로인가? 그리고 '기계'가 얼마나 잘 작동하는지에 대해 이야기하자. 더 나은 품질의 제품을 좀 더 예측 가능하게 얻을 수 있도록 여러분의 작업 방식을 조정하고 변화를 줘야 할 때가 왔다.

제품의 품질과 계획,

일하는 방식을 자주 되새겨 보자.

스크럼에서는 이 첫 번째 단계의 평가를 '스프린트 리뷰'와 '회고'라고 부른다. 여러분이 이 시간을 무엇이라고 부르든 진행하던 일을 멈추고 검토와 반영을 반드시 하자.

사용자 및 고객과 함께 평가하기

대개 여러분이 만들고 있는 스토리는 여러분을 위한 게 아니다. 그러니 만든 것을 사용자와 고객 앞에 가져다 놓고 그들이 어떻게 반응하는지 봐야한다. 그들이 지금까지 본 것은 프로토타입이나 와이어프레임 또는 문서로 된 설명이 전부였을 것이다. 진짜로 작동하는 무언가를 보고 만지며 제대로 했는지 평가하게 하자.

애자일 배포 기계에서 나온 작은 조각만으로 사용자와 고객이 평가하기엔 부족할 수 있다. 내 심상(mental model)에는 작은 조각 각각이 저울 위에 놓인 모습으로 그려진다. 평형추가 반대편에 달려 있는 구식 저울이다. 내 평형추는 '충분'이라는 단어다. 사용자와 고객이 테스트해 볼 수 있고 모두 무언가를 배울 수 있을 만큼 충분해야 한다.

'충분하다'는 표현은 일반적으로 사용자가 작업을 완료하거나 의미 있는 목표에 도달할 수 있는 전체 화면 혹은 화면의 흐름을 제공하였음을 의

사용자 및 고객과 함께 평가하기

사용자와 고객은 소프트웨어를 사용해 그들이 원하는 것을 한다.

팀은 관찰하고 학습하며 해결책을 개선할 스토리를 작성한다.

미한다. 그래서 나는 사용자들이 좋은 말을 해주는 걸 원하지 않는다. 내가 원하는 건 사용자들로부터 "멋져요"라는 말을 듣는 게 아니라 무언가를 배우는 것이다. 학습은 대개 "그건 맞지 않는데요"와 "그것보다 이렇게 하면 더 좋을 것 같은데요?"와 같은 형태를 취한다.

작동하는 소프트웨어를 의미 있는 조각별로 테스트하면서 학습하자.
고객 그리고 사용자와 함께 하자.

비즈니스 이해 관계자와 함께 평가하기

대개 조직에는 현재 만들고 있는 소프트웨어에 대해 촉각을 곤두세우는 사람들이 있다. 비록 해당 소프트웨어를 매일 사용하는 사람은 아니지만, 그 소프트웨어가 가능한 한 빨리 전달되기를 바라는 사람들이다.

지금까지 만든 제품을 비즈니스 이해 관계자들에게 보여주며 함께 검토하자. 검토하면서 그 제품이 큰 계획에서 어느 부분과 관련 있는지 이야기하자. 기억할 것은, 지금 만든 작은 부분 하나가 큰 계획의 일부였고, 계획대로 진행되고 있는지 여부는 그들의 관심 밖일 수 있다는 점이다. 그들

비즈니스
이해 관계자와 함께 평가하기

2. 지금까지 배운
것은 무엇인가

1. 지금까지 무엇을
만들었는가

운제점-의운점-아이디어

3. 출시하기 충분하다고
생각하는 이유는
무엇인가

이 관심 있는 건 최소 기능 해결책의 진행 상황이다. 그것이야말로 우리가 출시할 수 있고, 외부 세계에서 어떤 가치를 얻을 수 있는 결과물이기 때문이다. 그러니 이렇게 말하고 싶다. 사용자나 고객과 함께 완료한 테스트 결과를 그들과 공유하자. 그들은 그 결과로부터 무언가를 배우는 데 관심이 있다.

진척 상황과 품질 상태를
조직 내 이해 관계자들에게 지속적으로 보여주자.

출시하고 계속 평가하기

저울이 떠오른다. 이 저울에는 팀이 함께 검토하고, 고객 및 사용자와 함께 테스트 하고, 사내 이해 관계자들과 함께 봤던 조각들을 쌓아 놓는다. 우연하게도 이 저울은 몇 단계 전, 사용자 및 고객과의 평가 때 사용했던 저울과 매우 흡사하다. 그때 썼던 저울과 마찬가지로 평형추는 '충분'이다. 하지만 이번에는 고객과 사용자에게 출시할 수 있을 만큼 성과를 만들

어 내야 충분하다고 말할 수 있다. 저울의 양쪽이 균형을 이루면 고객과 사용자에게 출시한다.

하지만 거기서 멈추면 안 된다. 여전히 배울 수 있는 무언가가 있다. 여러분이 3장에서 봤던 에릭과 비슷하다면, 최우선 목표는 학습이다. 그러니 사람들이 그 제품을 쓰는지, 쓴다면 어떻게 쓰고 있는지 알아보기 위해 지표를 사용하자. 그들이 제품을 왜 쓰는지, 혹은 왜 쓰지 않는지 알아낼 수 있도록 대면 대화를 해야 한다. 사용자가 제품을 사용하고 그로 인해 그들과 여러분의 회사가 이익을 얻는다고 예측했다면 그냥 그렇겠지 하고 넘어가면 안 된다. 지표와 대화를 이용해 무슨 일이 벌어지는지 실제로 학습하자.

목표 성과를 달성했는지 제대로 파악하려면
각종 지표를 활용하고 사용자와 직접 만나 대화하는 시간을 보내자.

이것이 프로젝트였다면 출시되었으니, 이제 일이 끝난 거다. 하지만 여러분은 이제 막 무언가를 만들었다. 그건 제품이다. 그리고 제품의 생명 주기는 배포되는 그 시점부터 시작한다. 배포된 제품으로 사람들이 무엇을 하는지에 관심을 갖기 시작하면 분명히 그 제품을 개선할 기회를 발견할 수 있다. 그것을 기록하고 이 장에서 지금까지 다루었던 모델의 시작 부분에 추가하자.

그것이 제품의 실제 생명주기 혹은 적어도 스토리의 생명 주기이다.

돌을 엄청나게 많이 부숴야 한다. 그럼 그 모든 돌멩이들은 정확히 누가 깨야 하는 걸까? 이 질문에 감사하며 다음 장에서 이에 대해 이야기해 보자.

12장

돌 깨는 사람

애자일 프로젝트를 진행하는 사람들이 일반적으로 갖는 심각한 오해는 스토리를 작성하고 모든 스토리 관련 대화를 책임지는 사람이 한 명이라고 생각한다는 점이다. 스크럼에서는 이 사람을 제품 책임자라고 한다. 하지만 어떤 한 명이 이 모든 걸 수행한다는 생각은 크게 두 가지 이유로 잘못됐다. 여타 자잘한 이유도 많지만, 다음의 두 가지가 가장 크다.

- **첫 번째 큰 이유**
  모호한 아이디어를 제품으로 만들 수 있도록 작고 명확한 단위의 스토리로 다듬기까지 수많은 대화가 일어난다. 따라서 한 사람이 이 모든 대화를 감당할 수는 없다. 여러분이 구축한 프로세스를 한 사람이 담당하게 하면 그 사람이 어떤 병목이 될지 그리고 그렇게 될 공산이 얼마나 큰지 금세 알 수 있다.

- **두 번째 큰 이유**
  뛰어난 해결책을 찾아내는 데 필요한 전문 지식이나 다양한 관점이 한 사람에게서 나올 수는 없다. 진짜 최고의 해결책에 도달하려면 다양한 기술을 가진 여러 사람의 협업이 필요하다.

> 제품 책임자 한 명이 모든 스토리를 작성하고
> 모든 스토리 대화에 참석하게 하면 제대로 되지 않는다.

오해는 말자. 내 관점에서 제품 책임자는 제품 개발에서 핵심적인 리더다. 제품 책임자는 제품 및 전체 팀이 같은 방향으로 움직이는 데 집중할 수 있게 한다.

대안으로 위원회에서 하는 설계가 있다. 그러나 무엇을 해야 하는지에 대해 동일한 발언권이 모두에게 주어진다면 진정 나쁜 안티 패턴이 된다. 오직 하나만 만들 수 있는 자원과 시간이 있다면 위원회에서는 타협을 하기 때문이다. 나와 전처는 식당을 선택할 때 이와 비슷한 경험을 자주 했다. 그녀는 해산물을 원했고 나는 멕시코 음식을 원했다. 결국 우리 둘 다 선호하지 않는 음식을 선택했다. 한편으로 위원회가 시간과 자원에 구애받지 않을 때 우리는 모든 시도를 해볼 수 있다. 여러분은 아마 셀 수 없이 많은 기능이 있는 소프트웨어 제품을 사용해본 적이 있을 것이다. 그 제품을 사용하면서 내게 필요로 하는 기능을 찾거나 그 기능의 사용 방법을 기억해야 한다는 점이 가장 큰 문제였을 테고 말이다.

효과적으로 일하는 제품 책임자는 좋은 의사결정을 내릴 수 있는 사람들로 주변을 채운다. 그들은 수많은 전문 지식과 의견을 반영한다. 하지만 자원이 한정되어 있거나 제품의 성공이 위태로워지면 결국 그들이 결정을 내려야 한다. 그리고 그 결정에 만족하지 못하는 사람이 항상 있다. 내 친구 레이사 라이헬크(Leisa Reichelt)는 이렇게 표현했다. "커뮤니티에 의한 디자인 설계는 위원회에 의한 디자인 설계가 아닙니다. 디자인 설계는 절대 민주적이지 않아요."[1]

---

[1] 원래 레이사 라이헬트는 이 보석 같은 이야기를 2009 IXDA에서 했다. 그녀가 나중에 쓴 글은 *http://www.disambiguity.com/designbycommunity/*에 있다.
(옮긴이) 좀 더 풀어 설명하면, 다양한 의견을 구하기 위해서 사람들에게 질문을 던져볼 수는 있지만, 실질적인 결정은 반드시 의사결정 권한을 가진 사람이 해야 한다는 의미이다. 즉, 제품의 디자인이나 기능은 의견을 낸 다수결(커뮤니티)에 의해 결정되는 것이 아니라 의사결정권자(위원회, 커미티)가 최종 결정한다는 뜻에서 민주적이지 않다고 말하고 있다. 다만 위에서 위원회에서 하는 설계를 안티패턴이라고 말한 이유는, 의사결정권이 위원회의 멤버들 모두에게 주어지기 때문이다. 의사결정권이 모두에게 주어진 상태이기 때문에 모두의 이야기를 반영해주어야 한다고 생각할 수 있기 때문에 다수결에 의해 결정되는 안티패턴으로 이어질 수 있다는 의미이다.

가치 있고, 쓸모 있으며, 실현 가능한 것

마티 케이건(Marty Cagan)은 그의 책 *Inspired*[2]에서 제품 관리자는 가치 있고, 사용할 수 있으며, 실현 가능한 제품을 찾아내는 역할이라고 설명했다. 처음 이 단어들을 읽었을 때, 난 머릿속에 간단한 벤 다이어그램을 그렸다. 벤 다이어그램에 나타난 우리가 원하는 해결책은, 회사와 고객에게 가치 있고, 사용자에게 쓸모 있으며, 주어진 시간과 우리가 가진 도구로 실현할 수 있는 것이 교차하는 지점에 있었다.

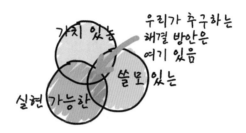

하지만 여기서 명확하게 드러나지 않는 부분이 있다. 벤 다이어그램의 중심에 있는 해결책을 실제로 찾아내려면 비즈니스, 고객, 사용자 그리고 우리가 사용하는 기술을 이해하는 사람들이 함께 협력해야 한다. 그리고 이들은 그저 각각에 대해 이해하는 수준이 아니라 해결책의 성공에 대한 책임도 지고 있다. 이들은 실제로 이해 관계자, 고객, 사용자와 대화하고, UI 설계와 테스트를 수행하며, 제품이 동작하도록 코드를 설계하고 테스트를 수행할 사람들이다.

애자일 개발에 관한 오해 중 하나가 한 명의 제품 책임자 혹은 제품 관리자가 뭘 만들지 결정한다는 생각이라고 얘기했던 걸 기억하나? 한 사람이 가치 있고, 쓸모 있으며, 실현 가능한 교차점을 찾아내는데 필요한 비즈니스, UI 설계, 엔지니어링 기술을 모두 갖추는 건 불가능하진 않아도 매우 드문 일이다. 그렇기 때문에 가장 효과적인 조직들이 올바른 해결 방

---

2 (옮긴이) 번역서는 《인스파이어드: 감동을 전하는 제품은 어떻게 만들어지는가》 배장열 옮김, 2012년, 제이펍 펴냄

책을 찾기 위해 함께 일하는 작은 교차 기능팀을 운영한다. 앞 장에서 논의했듯이, 탐색 과정은 큰 돌을 깨는 작업처럼 생각하자. 이 작업은 크고 모호한 아이디어를 우리가 만들 수 있는 작고 명확한 스토리로 탈바꿈하는 과정이다.

> 제품 책임자가 이끄는 작은 교차 기능 팀이
> 제품 탐색 작업을 지휘한다.

팀의 이상적인 크기는 저녁 식사 자리에서 대화가 원활히 이루어지는 2~4명 정도이다. 그러면 구성원들이 신속히 공유된 이해를 구축할 수 있다.

　이 팀은 비즈니스 비전과 전략, 제품이 대상으로 하는 시장을 잘 이해하고 있는 제품 책임자나 제품 관리자가 이끌어야 한다. 이 핵심팀은 사용자를 이해하고, 그들이 일하는 방식을 배우기 위해 그들과 함께 작업하는데에 어려움이 없으며, 간단한 UI 프로토타입을 스케치하거나 만들 수 있는 사람을 포함한다. 또, 제품을 만들 팀의 선임 엔지니어도 포함한다. 이 사람은 현재의 시스템 구조를 이해하고, 난제를 해결하는 데 사용할 수 있는 새로운 엔지니어링 접근법에 대한 통찰력을 갖추고 있다. 여기서 핵심은 가장 혁신적인 해결책이 종종 비즈니스 문제와 사용자의 문제를 이해하고 통찰력을 제공하는 엔지니어로부터 나온다는 사실이다.

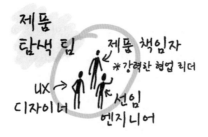

응집도가 높은 탐색팀은 문제점과 이에 적합한 해결책을 빠르게 찾아내는 강력하고, 재빠르게 움직이는 전문가 집단이다. 이 핵심팀을 묘사할 때 삼

인조라는 용어가 자주 등장한다. 최근 시드니에 본사가 있는 아틀라시안을 방문했을 때, 우리가 8장에서 만났던 셰리프는 가까이 붙어있는 의자 세 개를 가리키며 "여기가 삼인조가 앉을 자리예요"라고 설명했다. 삼인조가 앉는 자리 주변은 책상과 컴퓨터로 채워져 있었다. 또한, 삼인조라는 단어는 탐색팀에 두 명, 네 명, 혹은 그 이상이 있어도 사용된다. 삼인조라는 표현은 사람 세 명이 아니라 '가치 있고, 쓸모 있으며, 실현 가능한가'라는 세 가지 관심사를 의미하기 때문이다.

UX, 디자인 전문지식, 기술 전문지식을 갖춘
핵심팀과 함께 하는 제품 책임자를 지원하자.

탐색팀이 성공하려면 수많은 사람이 필요하다

개발팀뿐 아니라 비즈니스 이해 관계자, 해당 분야의 전문가, 고객, 최종 사용자의 협업이 조화롭게 이뤄져야 효과적인 탐색을 진행할 수 있다. 이는 팀 멤버 각각이 특정 분야의 전문지식을 갖춰야 할 뿐 아니라 탁월한 수준의 의사소통과 퍼실리테이션 솜씨까지 있어야 하는 매우 까다로운 작업이다.

자, 여기가 진짜 핵심이다. 어떤 중요한 제품이든 그걸 만들려면 팀이 있어야 한다. 제품의 비전을 명확하게 유지하고, 팀이 만든 해결책이 짜임새 있는지 확인하고, 모두가 같은 방향으로 움직이게 하려면 좋은 제품 리더가 반드시 필요하다. 탁월한 리더는 모두가 주인 의식을 갖게 하는 데 초점을 둔다. 건강한 스토리 주도 개발 환경에서는, 매 순간 많은 스토리 대화가 일어난다. 그리고 많은 경우 스토리 대화는 제품 리더를 필요로 하지 않는다.[3]

쓰리 아미고

쓰리 아미고(¡Three Amigos!)는 1986년에 개봉한 스티브 마틴(Steve Martin), 체비 체이스(Chevy Chase), 마틴 숏(Martin Short) 주연의 서부 코미디 영화 제목이다. 대체 이 영화가 애자일 소프트웨어 개발이나 스토리와 어떤 관련이 있을까? 스토리 워크숍에서 진가를 발휘하는 전략적인 삼인조 협업자가 있는데, 처음에 누가 그들에게 '3명의 친구'라는 별명을 붙였는지 모르겠지만 어쨌든 확실히 사용되는 걸로 보인다.(아마 더 많은 사람들이 이 영화를 봤더라면, 그런 별명이 붙지는 않았을 거라고 확신한다.)[4]

스토리 워크숍은 우리가 뭘 만들지 구체적으로 결정하는, 스토리를 최적으로 만드는 마지막 대화를 가리키는 용어이다. 쓰리 아미고가 관여하는 부분이 바로 여기다.

스토리를 최적으로 만드는 마지막 대화가 진행되는 동안 우리는 구현에 필요한 많은 세부 정보와 대안을 고려해야 한다. 그래서 실제로 소프트웨어를 개발하게 될 팀의 개발자 한 명이 필요하고, 되도록이면 실제로 그

---

3 (옮긴이) 스토리 대화에 제품 리더가 참여하면 충분한 대화가 일어나는데 방해가 될 수 있기 때문에 필요하지 않다. 예를 들어 스크럼 데일리 미팅 시에 어제부터 오늘까지 내가 무슨 일을 하고 있었는데 문제 상황이 뭔지 등을 공유할 수 있어야 한다. 하지만 조직 책임자나 인사권자가 데일리 미팅 자리에 있으면 편안하게 문제 상황을 공유하지 못하고, 만약 하더라도 참석자들이 하는 말에 하나하나 토를 달거나, 따지는 등의 상황이 벌어지는 경우가 발생한다. 때문에 스크럼 데일리 미팅에는 조직 책임자가 참석하지 못하도록 한다. 이와 마찬가지로 스토리를 갖고 대화할 때는 각 역할자들이 본인이 느끼고 생각하는 바를 가감 없이 내놓을 수 있어야 하기 때문에 제품 리더가 필요 없다고 표현하고 있다.

4 라안 토마스 휴잇(Ryan Thomas Hewitt)이 스크럼 얼라이언스(Scrum Alliance) 웹 사이트에 기고한 글(*http://bit.ly/Utg8er*)에 쓰리 아미고 스타일 스토리 워크숍에 대한 설명이 있다.

일을 하게 될 사람이 좋다.

소프트웨어의 작은 부분이 완료됐는지 확인하려면 테스트가 필요하다. 그래서 그 대화엔 테스터도 필요하다. 첫 번째 아미고인 테스터는 잘못될 수 있는 부분을 누구보다 먼저 찾아내고자 비판적인 눈으로 토론에 임할 것이다. 테스터는 "만약 ~ 같은 상황에서는 어떻게 될까?" 게임에서 최고의 플레이어다.

물론 우리가 뭘 만드는지, 뭘 위해 만드는지, 왜 만드는지 이해할 수 있는 사람이 필요하다. 그래서 핵심 제품 탐색팀 중 한 명이 필요하다. 그 사람이 두 번째 아미고다.

이 단계에서는 새로운 기능 아이디어는 내놓지 않는다. 그건 탐색 단계에서 이미 수행했을 테니까. 무엇을 만들지 거의 정해졌으니 이제는 소프트웨어가 어떻게 보이고 동작할지 구체적으로 이해하는 것이 중요하다. 이 대화에 자주 참여하는 사람은 이러한 세부사항을 수행하는 UX 디자이너나 비즈니스 분석가이다. 이들이 세 번째 아미고다.

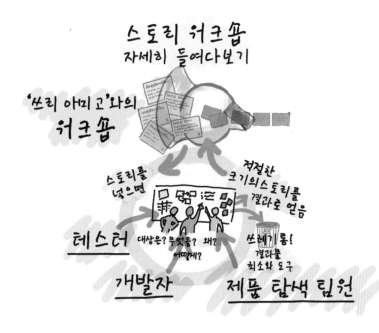

이 그룹은 스토리와 관련된 세부사항과 상세한 인수 기준을 다룬다. 이 대화에서 소프트웨어를 만들고 테스트하는 데 얼마나 걸릴지 최선을 다해 추정한다. 또, 이 대화에서 우리는 스토리를 1-3일 안에 만들고 테스트할 수 있을 만큼 작고 적당한 크기의 개발 스토리로 쪼개는 결정을 하기도 한다.

스토리 대화는 아이디어가 소프트웨어로 개발되는 동안 지속적으로 진행한다. 모든 대화에서, 무엇이 가치 있고, 무엇이 쓸모 있으며, 무엇이 실현 가능한지를 논의한다. 그런 것을 말할 수 있는 사람을 대화에 포함시키자. 성공적이고 짜임새 있는 제품 개발의 책임을 제품 책임자에게 맡김으로써 위원회의 의견 조율에 의해 설계가 결정되지 않도록 하자.

고객-판매자 안티 패턴

스토리를 잘 사용하지 못하게 방해하는 끔찍한 안티 패턴이 있다. 사실 이 패턴은 어떤 일이든 가리지 않고 잘하려고 협업하는 사람들을 방해할 수 있다. 바로 무시무시한 고객-판매자(client-vendor) 안티 패턴이다.

이 안티 패턴에서는, 대화 중에 한 사람이 고객 역할을 맡고 다른 한 사람은 판매자 역할을 맡는다. 고객의 역할은, 고객이 무엇을 원하는지 알고 이를 판매자에게 설명하는 일이다. 이는 우리가 '요구사항'이라 부르는 것이다. 판매자의 역할은, 듣고, 이해하고, 고객의 요청 사항을 구현하고 전달하는 데 필요한 기술적인 방법을 생각하는 일이다. 그런 다음 판매자는 견적을 작성한다. 소프트웨어에서 견적이란 실제로 '약속'을 의미하므로 개발자들은 철저한 사전 조사 없이 추정치를 제공하는 일을 두려워한다.

나머지 이야기는 예상대로 슬프게 흘러갈 거다.

간혹 추정은 엄청나게 정확해서 고객이 원했던 것이 실제로 그가 필요로 했던 것과 일치하기도 한다.

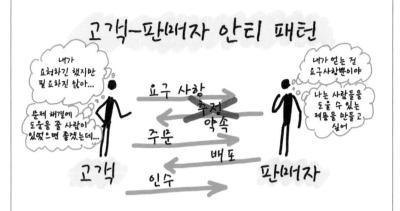

그러나 대부분의 경우, 해결책을 구현하는 일은 판매자의 예상보다 더 오래 걸린다. 그러면 판매자 역할을 맡은 사람은 받았던 요구사항에서 누락된 세부나 누가 봐도 '나쁜 요구사항' 등 각종 이유를 들이밀며 지연에 대해 변명할 수 있다. 고객은 정확하지 않았던 추정에 대해 비난할 수 있다(하지만 추정은 어디까지나 추정이라 정확한 값을 산정할 수 없기 때문에, 추정치가 정확하지 않았다는 것에 대해 아무도 몰랐다는 고객의 말은 모순이다). 해결책이 고객 역할을 맡은 사람에게 전달되면 그걸 사용해보고 자신이 필요로 했던 것이 아님을 깨닫는다. 그는 자신이 얻을 수 있다고 기대했던 성과(outcome)를 얻지 못하게 된다.

여기서 진짜 비극은 고객 역할을 수행한 사람이 자신의 문제는 잘 이해하지만, 문제를 어떻게 풀지 예측하는 건 잘 못한다는 점이다. 하지만 기술을 이해하는 사람 대다수는 자신이 사용하는 기술이 문제에 어떻게 도움되는지 알고 있기 때문에 문제를 해결하는 데 가장 적합한 사람이다. 게다가 많은 기술자들은 돕고 싶어 한다. 그들은 자신이 만든 제품이 잘 사용되고 있는지 알고 싶어 한다.

하지만 고객-판매자 안티 패턴에서 문제와 해결책에 대한 대화는 요구사항에 대한 논의와 동의로 바뀐다. 승자는 없고 패자만 있을 뿐이다.

스토리의 목표 중 하나는 이 안티 패턴을 깨뜨리는 것이다.

이러한 안티 패턴이 깨지는 관계가 하나 있는데, 바로 의사와의 관계다. 병원에 가서 여러분의 '요구사항'을 제시해보자. 원하는 처방전을 쓰고, 수술 일정도 원하는 대로 잡고 싶다고 말해보자. 만약 그 의사가 꽤 괜찮은 사람이라면, 그냥 웃으며 "흥미롭네요. 어디가 아픈지 얘기해보세요"라고 말할 것이다.

머릿속에서 한쪽엔 종업원이라는 단어를, 다른 한쪽엔 의사라는 단어를 연속해서 떠올려보자. 일할 때 사람들과의 관계를 유능한 의사-환자 관계와 더 유사하게 만들고, 종업원-손님과의 관계와는 덜 비슷해지게 하자.

음반 제작자 같은 제품 책임자

만약 여러분이 전통적인 IT 환경에서 일한다면, 제품 책임자라는 개념이 혼란스러울 수도 있다. 예를 들어, 여러분이 은행의 매우 중요한 시스템을 구축해야 한다면, 은행 입장에서 진짜 제품은 고객에게 판매하는 금융 서비스다. 만약 '제품 관리자'라는 공식 직함이 있는 사람이 있다면, 그 사람의 일은 특정 종류의 금융 계좌나 신용 상품을 관리하는 것이다. 즉, 그 서비스를 지원하는 컴퓨터 시스템은 큰 퍼즐 중 조각 하나일 뿐이다. 게다가 동일한 IT 인프라가 수많은 뱅킹 상품을 지원하는 건 매우 흔한 일이다. 당연하게도 은행은 인프라를 상품으로 보지 않으며, 이 때문에 담당하는 직원이 없는 경우도 흔하다.

이런 유형의 조직에서는 비즈니스 분석가가 '요구사항 수집'을 하는 역할을 수행한다. 그들은 개발자와 비즈니스 이해 관계자 사이에서 은행이나 보험회사의 제품 관리자 같은 중계자 역할을 한다. 비즈니스 이해 관계자들은 그들의 제품을 지원하는 IT 인프라가 바뀌길 원하며, 때로는 비즈니스 분석가와 함께 변경사항을 작성한다. 비즈니스 이해 관계자들은 고객 역할을 하고 비즈니스 분석가는 판매자 역할을 수행하는데, 바로 여기가 고객-판매자 안티 패턴이 시작되는 지점이다.

친구 데이비드 허스먼과 가벼운 대화를 하다가, 비즈니스 분석가가 비즈니스 이해 관계자들과 어떤 관계를 맺어야 하는지 좋은 비유를 들었다. 그건 바로 음반 제작자와 밴드의 관계와 동일하다는 얘기였다. 데이비드가 애자일 전문가이면서 1980년대 헤비메탈 밴드인 슬레이브 레이더의 전직 기타리스트였기에 가능한 비유였다. 그는 제작자와 함께 일하기도 했고, 스스로 제작을 하기도 했다. 그 관계에서 밴드는 열정과 재능을 갖추고 있지만, 음악 비즈니스나 앨범이 녹음되는 데 필요한 기술은 모른다. 하지만 제작자는 알고 있다. 즉, 밴드가 성공적으로 앨범을 녹음할 수 있도록 돕는 것이 제작자가 해야 할 일이다. 성공적인 제작자는 원석의 인재를 상업적으로 가치 있는 아티스트로 탈바꿈시킬 수 있다.

이것이 IT 환경에서 비즈니스 분석가의 역할이다. 비즈니스 이해 관계자들의 비전을 이해하고, 그들이 성공할 수 있게 도와야 한다. 여러분은 단순히 주문을 받는 사람이 아니고, 의사처럼 행동해야 한다. 때로는 이해 관계자가 듣고 싶지 않은 걸 말해야 한다. 그들의 성공을 진심으로 돕고 싶어서 하는 이야기라면, 그들은 기꺼이 이야기를 들을 것이고, 여러분이 주는 도움을 가치 있게 여길 것이다.

다른 이해 관계자의 아이디어를 돕기 위한
제품 책임자 역할을 맡았다면,
그들의 성공을 돕는 제작자 역할을 수행하자.

잠재적인 안티 패턴 하나는, 비즈니스 이해관계자가 제품 책임자 역할을 수행하는 일이다. 여기서 잠재적이라고 말한 이유는, 비즈니스 이해관계자가 팀 멤버로부터 지원과 도움을 받고, 제품 책임자 역할을 수행하려면 어떻게 해야 하는지 배우려는 열의가 있으며, 그 일을 수행할 시간이 있을 경우엔 문제가 아니기 때문이다. 제품에 대한 주인 의식은 단순히 책임을 의미하는 것이 아니고, 여가 시간에 해치울 수 있는 일도 아니다. 비즈니스 이해 관계자에게 강제로 다른 직무를 쥐어주려는 대신, 그들이 성공하도록 도울 수 있는 제작자를 찾아 주길 권한다.

단순하지가 않다

이 스토리 아이디어의 핵심은 진짜 단순한데, 전체 스토리에 관한 사항들은 끔찍하게 복잡하다. 누군가 여러분에게 소프트웨어 개발이나 제품 개발에 대해 엄청 쉽다고 이야기했다면, 그건 거짓말이다.

스토리는 동시에 여러 가지가 된다. 우리는 스토리라는 단어를 스토리가 적힌 카드나 우리가 만드는 소프트웨어 조각을 가리키고, 특히 우리가 무엇을 만들어야 하는지 결정하는 대화를 언급할 때도 쓴다. 스토리는 매우 큰 기회를 의미하기도 하지만 배포할 수는 있어도 그 자체로는 고객이나 사용자에게 큰 의미가 없는 일부 요소를 의미하기도 한다. 스토리로 작업하는 일은 큰 스토리를 작은 스토리로 쪼개기 위한 대화와 논의를 지속적으로 수행하는 과정이다. 그리고 이러한 모든 대화를 통해 우리가 뭘 만드는지 뿐만 아니라, 누구를 위해서 만드는지, 왜 만드는지에 대해서도 집중할 수 있다. 스토리 매핑은 사람들이 여러분의 제품을 사용하는 동안 대화에 집중하게 하여 큰 문제를 풀 수 있도록 도와주는 방법이다.

이 모든 일이 의미를 갖기 시작했다면, 여러분은 크고도 꼭 필요한 정신적 변화를 이뤄냈다는 뜻이다. 이는 요구사항을 문서화하는데 스토리를 사용하는 그런 변화가 아니라, 사람들과 더 효과적으로 일하며, 동시에 만들고자 하는 제품으로 진짜 문제를 푸는 데 초점을 맞추는 쪽으로 스토리를 사용하는 그런 변화다.

그리고 이건 아름다운 변화다. 여러분도 여기에 동의하길 바란다.

13장

기회로부터 시작하기

스토리가 어떻게 돌과 비슷한지 다시 한번 짚고 가자. 돌은 더 작은 조각으로 쪼개더라도 그걸 '돌'이라고 부른다. 그저 더 작은 돌일 뿐이다. 하지만 항상 첫 번째 돌은 있다. 첫 번째 돌을 발견하면 이걸 쪼갤 만한 가치가 있는지 없는지 면밀히 살펴봐야 한다. 그걸 '최초의 돌'이라고 부르자. 그리고 우리의 스토리 여정에서는 이걸 기회라고 부르자.

나는 문제를 해결할 수 있다고 믿는 아이디어에 기회라는 말을 쓴다. 하지만 나는 낙관적인 사람이 아니다. 모든 아이디어를 제품에 포함시켜야 한다는 생각은 좋지 않다. 그 모든 걸 다 만들기에는 시간과 사람이 부족하기 때문이다. 혹여 시간과 사람이 충분하다 해도, 고객은 너무 많은 기능에 파묻혀 어쩔 줄 몰라 할 것이다.

기회에 대해 대화하기

맨 처음 아이디어가 떠올랐을 때, 보통은 (아이디어가) 상당히 크다. 물론 늘 그런 건 아니지만. 스토리 용어에서는 이걸 에픽이라고 부르지만, 난 기회라고 부르는 걸 더 좋아한다. 이걸 뭐라고 부르든 그건 여전히 스토리다. 그리고 우리가 이에 대해 처음 나누는 대화의 목표는 계속 갈지, 버릴지 결정하는 것이다. 여러 기회 각각에 대해 다음과 같이 논의해볼 수 있다.

• 누구를 위한 것인가
   이 단계에서는 '기회'가 어떤 사용자 그룹을 대상으로 하는지, 고객은 누구인지, 타깃 시장은 어딘지 종종 다를 수 있다.

- **우리가 해결하려는 문제는 무엇인가**

각 유형의 사용자마다 그들을 위해 우리가 해결하려는 문제가 뭔지 이야기할 수 있다. 현재 사용자들이 그들의 문제를 어떤 방식으로 해결하고 있는지에 관해서 말이다. 예를 들면 수동으로 한다든지, 경쟁사 제품을 사용한다든지, 혹은 더 고약하게도 우리 제품이 그 문제를 일으키고 있다면 그걸 어떻게 해결하고 있는지 이야기해야 한다.

- **우리가 상상하고 있는 것은 무엇인가**

우리에겐 제품이나 기능이 어떻게 만들어져야 하는지 대략의 아이디어가 있을 것이다. 이런 아이디어에 대해 논의해야 한다.

- **왜 만들어야 하는가**

앞서 선택한 사용자를 위한 소프트웨어를 만드는 일이 우리 조직에 왜 이득인지 논의할 좋은 기회다. 대개는 사용자의 문제를 해결하는 것만으로 충분하지 않다. 우리는 또한 이 소프트웨어에 투자함으로 얻을 수 있는 이익이 얼마인지, 이 투자가 우리의 비즈니스 전략과 방향을 같이 하는지 고려해야 한다. 이는 우리가 투자수익(ROI)을 계산해야 한다는 말이 아니다. 단지 이 단계에서 그 일(투자 대비 이익을 산출하고, 비즈니스 전략과 같은 방향인지 고려하는)을 할 수 있는 사람은 스토리 이외에도 무언가를 잔뜩 갖고 있을 가능성이 크기 때문이다. 우리가 그 소프트웨어를 만든다면 어떻게 우리 조직에 이익이 될지를 일상적인 말로 논의하자.

- **크기**

현 상태에서 스토리가 몹시 크더라도 개발에 얼마나 소요될지 예측해야 한다. 비록 정확하지 않더라도 말이다. 이 작업은 기회를 세심하게 살펴보고 여러분이 이미 완료한 스토리와 비교해 보는 방식이 제일 잘 맞아떨어진다. "우리가 지난 릴리스에 추가한 기능이랑 비슷해 보이네요. 그게 2주 정도 걸렸으니 이것도 비슷하게 걸릴 거예요." 우리가 이 아이디어에 대한 토론을 진행해야 할지 결정하기 위해서는, 만드는 데 며칠, 몇 주, 혹은 몇 달이 걸리는지 아는 것이 중요하다.

나는 이 쌓여있는 스토리 더미를 기회 백로그라 부른다. 이걸 만들어야 할지 말아야 할지는 아직 확실치 않다. 다만 우리가 만들어야 할 것이 쓸 수 있는 시간보다 항상 더 많다는 점을 기억하자. 조직의 비즈니스 전략과 방향이 같으며, 고객과 사용자의 문제를 해결할 수 있는 기회를 찾자. 그리고 이를 진행하거나 중단하는 결정을 하기까지 논의를 많이 하자.

깊숙이 알아보고 버리거나 생각해보기

'진행한다'의 의미가 "우린 이걸 만들 거야"는 아니다. 그저 그 기회를 더 깊은 탐색 토론 단계로 넘긴다는 뜻이다. 탐색 중에는 이 방에 없는 사람들과 더 많은 논의가 벌어진다. 만약 우리 기회가 새로운 기능이거나 완전히 새로운 제품이라면, 고객과 사용자에게 더 깊숙이 들어가서 그들의 문제를 어떻게 풀 건지 알아내야 한다. 이상적인 방법은 우리가 고객이나 사용자와 직접 이야기하는 것이다. 다양한 해결책을 살펴보고 프로토타입을 만들어보자. 여러분과 여러분의 팀이 고객과 사용자 그리고 여러분의 조직에게 가치를 부여하려면 무엇을 만들지 결정하기까지 깊은 논의가 더 많이 필요하다. 그리고 이 모든 논의 후에는 아이디어를 버리기로 결정할 수도 있다.

'중단하기'도 기회 토론에서 나올 수 있는 훌륭한 결과다. 우리에겐 언제나 시간보다 만들 것이 더 많다는 걸 기억하자. 토론 결과, 기회가 그다지 유망해 보이지 않는다면 그 아이디어는 지금 당장 휴지통에 버리자. 그리고 그 아이디어를 찬성했던 사람들도 토론에 참가시켜서 같은 결과에 도달하면 좋다.

다만 여러분의 그룹이 진행과 중단을 결정하기에 정보가 충분하지 않을 수 있다. 그렇다면 무엇을 배울지 목록으로 만들고, 이에 필요한 정보를 함께 모으도록 노력하자.

그래도 결정할 수 없다면, 언제든 그 아이디어를 기회 백로그로 보내고 나중에 다시 논의할 수 있다. 이를 '연기'라고 부르는데, 난 이걸 많이 한다.

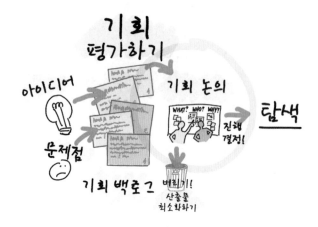

기회 캔버스

예전에는 제품 기회를 살펴볼 때 마티 케이건(Marty Cagan)의 기회 평가 템플릿을 사용했었다. 그리고 최근엔 캔버스 주도 접근방식을 선호한다. 비즈니스 모델을 확인할 수 있는 캔버스 접근 방식은 알렉산더 오스터발더(Alexander Osterwalder)와 이브 피뉴어(Yves Pigneur)가 쓴 *Business Model Generation*(Wiley)[1]에서 설명한 바와 같이, 여러 그룹이 함께 이제 막 시작하는 비즈니스를 평가하는 작업을 하기에 효과적인 방법이다. 하지만 나와 내가 함께 일했던 사람들이 항상 새로운 비즈니스를 시작하거나 새로운 제품을 출시했던 건 아니다. 우리가 주로 했던 건 이 다

---

1   (옮긴이) 번역서는 《비즈니스 모델의 탄생》 유효상 옮김, 2011년, 타임비즈 펴냄

음에 우리 제품에 넣을 주요한 기능을 찾는 일이었다. 캔버스 접근 방식과 비슷한 방법을 제품 기회를 평가하는 데 쓴다고 문제가 되진 않는다.

캔버스는 정보를 공간적으로 구성하고, 크고 모든 정보가 한곳에 있기 때문에 여러 사람이 함께 보고 일할 수 있다. 이는 슬라이드나 인쇄된 문서에서는 어려운 일이다. 캔버스에서는 정보 간의 의존 관계도 볼 수 있다. 각 정보는 그 정보와 의존 관계가 있는 다른 정보와 가깝게 배치된다.

캔버스는 다음과 같은 모양이다.

다음 사진에서는 캔버스 형식을 이용해 함께 정보를 모으고 있다.

캔버스 접근 방식을 사용하면 다음과 같은 좋은 점이 있다.

- 해당 기회가 제시하는 주요한 관심사를 한눈에 볼 수 있다.
- 그 관심사들의 관계를 볼 수 있다.

- 캔버스를 만들면서 보여준 모두의 기여를 지렛대 삼아 공유된 이해를 구축하고, 주인의식을 함양할 뿐 아니라 공동으로 함께 하는 작업의 순서를 배열한다.

제품 탐색팀으로서, 우선 현 시점에 여러분이 이해하고 있는 것으로 캔버스를 채운다. 이해 관계자와 해당 분야의 전문가 그리고 대화에 중요한 정보를 제공할 수 있다고 생각되는 사람이라면 누구든 대화에 참여시킨다.

토론이 진행되는 동안 마음을 쉽게 바꿀 수 있도록 포스트잇을 사용하자. 더 배운 내용을 반영해 캔버스를 반복적으로 개선하자. 그림 속 기회 캔버스에 번호가 매겨진 대로 첫 번째 상자에서 시작해 아홉 번째 상자까지 차례로 진행할 수 있다. 하지만 상자에 대해 좋은 대답을 얻지 못했다면, 지금 알고 있는 내용이나 현재의 가정을 기록해두고 다음으로 넘어가자.

캔버스는 하나의 흐름으로 채우고, 읽을 때 다른 흐름도 떠올려보기
캔버스의 상자에는 순서대로 번호가 붙어있는데, 이 순서에 따라 기회 토론을 진행할 수 있다. 하지만 캔버스를 다른 누군가와 공유한다면 왼쪽에서 오른쪽으로, 위에서 아래로 읽는 게 좋다. 왼쪽에서 오른쪽으로의 흐름은 앞서 소개한 산출물 대 성과 모델의 '현재'와 '나중'을 나타내고, 위에서 아래로의 흐름은 사용자 요구와 비즈니스 요구를 나타낸다.

캔버스는 빽빽하게 채워야 하는 양식이 아니다. 토론하고 여러분의 이해를 반복적으로 정제해야 하는 주제들의 묶음이다. "커뮤니티에 의한 설계는 위원회에 의한 설계가 아니다."는 말을 기억하자. 물론 많은 사람들을 참여시키면 모든 사람이 더 빨리 배울 수 있다. 하지만 궁극적으로 기회를 진행할지 혹은 중단할지에 대한 결정은 제품 책임자의 몫이다. 뛰어난 제품 책임자는 팀을 활용해 의사결정을 하고, 팀의 동의를 받아

결정했음을 확인한다.

'기회 캔버스'의 공간에서 보여주는 흐름은 다음과 같다.

1. 문제 또는 해결책

이상적으로는 우리가 해결하려고 하는 명확한 문제로부터 시작해야 한다. 하지만 현실은 그다지 이상적이지 않다. 우리는 종종 기능이나 개선에 대한 아이디어를 받은 후에 문제를 이해하려는 노력을 해야 한다. 여러분이 가진 것부터 시작하라.

- **해결책 아이디어**

  대상으로 삼은 사람들의 문제를 해결할 제품이나 기능, 개선 아이디어를 나열해보자.

- **문제점**

  현 시점에서 풀고자 하는, 예상 고객이나 사용자가 겪는 문제는 무엇인가?

만약 여러분이 소셜 네트워크에서 재미있는 무언가를 공유하기 위한 게임이나 도구 같은 엔터테인먼트용 제품을 만들고 있다면, 해결해야 하는 실제 '문제'는 없고 재미가 전부일 뿐이다.

2. 사용자와 고객

어떤 유형의 사용자와 고객이 여러분의 해결책이 풀고자 하는 문제를 갖고 있는가? 제품 사용에 영향을 주는 다른 사용자의 목표나 용도를 찾자. 이 차이점을 바탕으로 사용자와 고객의 유형을 분류하자. '모두'를 제품의 대상으로 삼는 건 썩 좋지 않은 생각이다.

3. 현재의 해결책

현재는 사용자들이 어떻게 자신들의 문제를 해결하고 있나? 그들이 자신들의 요구를 해결하기 위해 사용하는 경쟁 제품이나 대안을 나열해보자.

4. 사용자 가치

대상 사용자가 여러분의 해결책을 사용한다면, 그들이 얼마나 다른 결과를 얻을 수 있을까? 그리고 그게 그 사람들에게 얼만큼의 이득을 줄까?

5. 사용자 지표

사용자들이 여러분의 해결책을 채택하고, 사용하며 이를 중요하게 여기는지 측정할 만한 사용자의 행동은 무엇인가?

6. 채택 전략

고객과 사용자가 어떻게 여러분에게 해결책이 있음을 알아채고 채택하게 될까?

7. 비즈니스 문제

비즈니스의 어떤 문제 때문에 이 제품이나 기능 또는 개선사항을 만들려고 하는가?

8. 사업 지표

어떤 사업 성과 지표가 이 제품의 성공에 영향을 받는가? 이런 지표는 종종 사용자의 행동 변화에서 기인하기도 한다.

9. 예산

이 해결책을 찾아내고 만들고 개선하는 데 예산과 개발 기간이 어느 정도 들어가는가?

기회가 완곡한 표현이어서는 안 된다

아마 여러분의 회사는 기회라는 표현을 쓰지 않을지 모른다. 여러분이 다니는 회사가 그간 내가 일했던 여러 회사와 비슷하다면, 여러분은 만들어야 할 것으로 가득 찬 로드맵을 받았을 것이다. 그리고 여러분은 이걸 '요구사항'이라고 생각할 거다. 여러분의 의사로 '중단'을 결정할 수 있는 사항은 아마 없을 테고. 사실대로 말하자면, 그 똑똑한 아이디어를 낸 사람의 직위가 뭐든 그 모든 똑똑한 아이디어를 소프트웨어로 만들면 안 된다.

첫 번째 큰 스토리 대화는 팀이 하게 될 일의 틀을 잡는 데 쓴다. 진행/중단에 대한 질문의 답이 '진행'이 되더라도 반드시 해결하려는 문제가 무엇인지, 누구의 문제인지 그리고 소프트웨어를 만드는 일이 어떻게 회사에 이득이 되는지 서로의 이해를 공유하고 대화를 마치자.

팀 내에 어느 누구도 해당 기회의 진행 여부에 결정을 내릴 권한이 없다면 결정을 내릴 수 있는 사람을 반드시 이 대화에 참여시키자. 참여가 불가능하다면 어찌됐든 대화를 하고 '누가', '무엇을', '왜'에 대해 가정을 만들자. 그리고 나서 그 가정들을 결정권자와 공유한다. 장담하건대 여러분이 틀렸다면 그들이 정정해 줄 것이다. 그에 대한 논의는 올바른 대화를 시작하게 한다.

스토리 맵 만들기와 기회

나는 스토리 맵을 좋아하지만, 기회를 관리하는 데 스토리 맵을 사용하지는 않는다. 보통 그 기회들은 큰 덩어리이다. 그리고 이 큰 바윗덩이를 두고 하는 토론은 흔히, 이 바윗덩이를 더 깊은 탐색 단계로 진행할지 결정하기 위한 세부사항을 다루는 이야기로 흘러간다.

하지만 스토리 맵의 정말 좋은 점은 현재 만들고 있는 제품의 큰 그림을 한 발짝 뒤로 물러서 살펴보기에 효과적이라는 점이다. 현재 시점의 제품을 보여주는 스토리 맵을 만들어 기회를 찾거나, 현재 시점의 제품을 사용하면서 이미 확인한 기회를 자세히 살펴보자.

제품의 현재 상태가 잘 보이고, 간단하지만 주요한 측면을 보여주는 스토리 맵을 만들어 본다. 이는 5장에서 아침을 시작할 때 만든(만들었으리라 믿는다) 맵과 비슷한 '현재'를 나타내는 스토리 맵이다. '현재'를 나타내는 유형의 맵은 여러분이 앞 장을 지나오면서 다양한 양식으로 경험했다. 그 중에서도 현재를 나타내는 이 맵은 흔히 여정 지도라고 부른다. 현재 제품의 경험에 대한 여정 지도를 만들려면, 사용자가 참여해서 자신들이 겪는 주요 활동의 흐름을 지도로 만들기만 하면 된다. 이 여정 지도를 이용해 여러분이 생각하는 기회에 적절한 맥락을 부여한다. 각 기회를 현재 지도의 주요부에 추가해 보면서, 각 기회가 어떤 맥락에서 생기는지 파악해 보는 것이다. 기회를 추가해 볼 때는 확연히 구분되도록 다른 색의 포스트잇이나 인덱스카드를 쓴다. 아마 기회의 핫스팟이 나타날 텐데, 그 지점은 사용자가 제품을 사용하는 전체 흐름 중에서 개선할 수 있는 아이디어가 가장 많은 지점이라는 의미이며, 이는 사용자에게 많은 고통을 유발하고 있다는 의미이기도 하다.

각 활동에 관련된 사용자를 살펴보고, 그 활동의 빈도는 얼마나 되는지도 살펴보자. 핵심 사용자와 관련이 있고 자주 일어나는 활동에 영향을 끼치는 기회가 여러분이 일찌감치 집중해야 할 기회일 확률이 높다.

요즘엔 사용자의 불만 사항이 적힌 카드를 여정 지도에 추가하기도 한다. 또 제품에서 그들이 현 시점에 더 좋아하는 부분을 살펴보고 그것들도 추가해서 균형을 맞춘다. 사용자들이 골치를 앓는 부분은 찾았으나 아직 기회를 알아내지 못한 부분이 있다면 그곳에서 기회를 찾아내자.

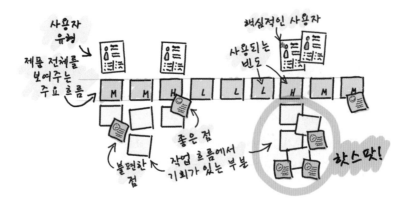

여정 지도 만들기와 개념 만들기

– 벤 크라더스(Ben Crothers), 아틀라시안

우리는 열 개가 넘는 다양한 제품을 제공하고 있어서 제품 각각이 아니라 고객들이 그 제품들을 함께 사용하는 방식에 맞춰 설계, 개발, 개선을 진행해야 한다. 제품들이 더 나은 방식으로 함께 동작할 수 있는 방법을 탐색하기 위한 프로젝트의 일환으로 여러 전문 분야를 담당하는 사람들이 모인 팀을 꾸렸다. 이 팀은 찾기, 평가하기, 구매하기, 제품 사용하기와 관련해 고객이 하게 되는 경험 전체를 처음부터 끝까지 여정 지도에 반영했고, 도움말 보기나 더 많은 제품과 서비스 추가하기 같은 것도 여정 지도에 넣었다.

그렇게 만들어진 여정 지도는 거대했다. 이를 분석할 수 있도록, UX의 주요 측면을 먼저 그리고, 그 골격 각 부분을 하위 그룹으로 나눠 상세하게 하는 방식으로 확장했다. 이러한 작업은 먼저, 고객이 경험한 순간이나 행동, 질문을 벽에 붙이되, 여러 색의 카드로 구분하고, 다시 처음으로 돌아가서 고객의 고충, 기회, 가정 등을 추가하는 방식으로 진행했다.

우리는 기능 기반의 경험을 좇는 대신에, 처음부터 끝까지 전개된 스토리를 따라가며 많은 깨달음을 얻었다. 예를 들면, 제품 설정이나 도움말 보기 같은 경험은 여정의 한 부분으로 분리할 수 없고 더 많고 풍부한 세부사항을 만족시키는 데 필요하다는 사실을 빨리 깨달았다.

다양한 이해 관계자와 팀이 힘을 합쳐 주요 골격만 있던 여정에 다양한 관점이 엮인 세부사항을 채워 넣음으로써 우리가 알고 있던 지식을 가능한 한 많이 포착하고 검증할 수 있었다.

그 다음 우리는 세부 여정의 다양한 부분을 개선하거나 재창조할 수 있도록 많은 개념을 끄집어내는 데 완전히 집중했다. 이 모든 개념을 잘 정리해 카드에 기록했고, 여정에 따라 적당한 위치에 붙였다.

각 팀원은 자신이 제시한 개념을 설명했고, 우리는 실행 가능성, 성공 가능성, 적정성을 고려하여 인상적인 개념에 도트 스티커를 붙이는 방식으로 투표했다.

그 후에 이 여정들과 검증된 개념을 바탕으로 제품 전체를 아우르는 이상적인 고객 경험에 대한 비전을 수립할 수 있었다. 또한 여정은 20쪽짜리 만화로 만들어졌다. 만화는 여정에 관련된 모든 페르소나와 시나리오, 개념을 반영한 하나의 스토리 보드로, 전체 조직과 쉽게 대화가 이루어지는 데 도움을 주었다. 이 방법은 오늘날에도 많은 제품 개선에 영향을 미치고 있다.

여기서 중요한 점은 이러한 개선 사항을 개발하고 재정의하는 데 참여한 많은 사람이 앞으로 우리가 해야 하는 개념을 만들어 내는 데도 관여한다는 사실이다. 이 방법은 비록 완성된 지 8개월 밖에 안됐지만, 공유한 개념과 이해를 만드는 데 훨씬 더 효과적이다.

맵를 다시 만드는 리허설을 통해 가정 확인하기

– 에린 베이어왈티스(Erin Beierwaltes)·애런 화이트(Aaron White)

1. 모든 것을 관장하는 하나의 스토리 맵

고객 방문, 인터뷰, 탐색을 마친 제품 책임자가 고객에게 최고의 성과를 줄 수 있는 길이라고 확신한 고객 여정 지도를 만들었다. 많은 팀이 평소에 하는 업무다. 이제 더 많은 사람과 공유하고 실행할 때다.

2. 모든 가정에 의문 품기

그러나 몇 번의 대화를 거치면서 우리가 빠뜨린 게 없는지 의문이 들기 시작했다. 우리가 예상했던 것보다 더 큰 영향을 미칠 수 있는 가장 단순한 가정은 무엇일까? 우리가 만든 가정에 도전하고, 구멍을 찾고, 프로젝트에 참여할 모든 사람에게 공유된 이해를 구축할 빠른 방법이 필요했다.

3. 상황 설정

우리는 팀을 모아서 페르소나를 할당했다(여러 개의 페르소나가 있었다). 그리고 각 페르소나가 자연스럽게 제품의 일부를 사용하면서 우리의 가설을 테스트 하도록 하는 게 원하는 결과임을 설명했다. 단계별 지침서를 별도로 만들지는 않았다. 그저 "간단히 말해서, 이 사람(페르소나)은, 이 목표를 달성하고 싶어요" 정도였다. 자, 리허설을 하자!

4. 리허설

배우들이 각자의 역할을 수행하고 설명된 목표를 달성하기 위해 애쓰는 동안, 관찰자 몇 명은 침묵하는 청중 역할을 수행한다.

제품 책임자는 어떤 경로가 실행되는지 관찰하고, 몇 가지 질문에 답변도 하나, 그 누구에게도 특정 경로로 가도록 유도하지 않는다. 인터랙션 디자이너(IxD)는 배우의 행동, 의견, 반응을 관찰한다.

5. 여정 지도 재구성하기

우리는 배우들에게 원래 지도를 보여주는 대신 그들이 목표를 달성한 방법이 묘사된 새로운 지도를 만들었다. 그리고 일부 사람들이 어떻게 다른 경로를 택했는지도 공유했다.

6. 좋지 않았던 점과 좋았던 점

여정 지도를 다시 만든 뒤 우리는 배우에게 좋지 않았던 점(어려웠거나, 좌절했거나, 헷갈렸던)과 좋았던 점(매끄러웠거나, 훌륭했거나, 직관적이었던)을 공유해달라고 했다. 새롭게 공감하거나 이해한 것, 흥분했던 것 같은 진짜 감각적인 내용이 대화를 가득 채웠다.

7. 관찰

마지막으로 청중 역할을 수행한 사람들에게 그들이 흥미롭게 관찰한 행동이 뭐였는지 질문했다. 우리는 배우들이 인지하지 못한 채 얼마나 많은 일들을 수행했는지 듣고는 매우 놀랐다. 하지만 이를 통해 누군가 무엇을 달성하기 위해 어떤 노력을 시도하는지 알 수 있었다.

8. 얻은 것!

불과 두 시간 반 만에 우리는 오로지 대화로만 우리가 제시한 새로운 해결책이 실제로 어떤 느낌일지 서로 간에 공유된 이해를 구축했다. 배우들은 그들이 연기한 고객에게 진짜 공감을 표현했고, 탐색팀은 어떤 것이 동작하고 어떤 지점에서 더 많은 실험이 필요할지 매우 잘 알게 됐다.

까다롭게 굴기

모든 일을 하겠다고 동의하는 것은 그 누구에게도 도움이 안 된다. 기대하는 만큼 성과가 나오지 않을 것 같은 기회는 과감히 쓰레기통에 버리자. 이 과정을 비즈니스 이해 관계자와 함께 하면 그들이 의사 결정에 도움을 줄 수 있다.

만약 여러분이 진행하기로 결정했다면 팔을 걷어 붙이고 일할 시간이다. 그리고 이게 바로 다음 장에서 다룰 내용이다.

14장
탐색을 이용해 공유된 이해 구축하기

애자일 개발을 설명하고 있는 모델들은 대체로 왼편에 긴 목록을 만들며 시작하는 걸 볼 수 있다. 바로 제품 백로그다. 대부분의 사람이 그런 구성을 만드는 일이 쉽다고 생각하는지 몰랐는데, 그렇다니 참 재밌다. 기회로부터 실행할 수 있는 제품 백로그를 얻는 일은 꽤 어려운 작업이다. 즉, 그리 간단하게 구체화되지 않는다는 말이다. 그 목록은 결코 사람들이 만들길 원하는 내용을 그저 모아놓은 결과가 아니다. '누가', '무엇을', '왜'에 대하여 더 많은 것을 배우는 데 중점을 두고 계획한 탐색의 신중한 과정이다.

탐색은 단지 소프트웨어 개발을 위한 일이 아니다
탐색 작업은 출시할 수 있는 소프트웨어를 만들기 위해서만 하는 일이 아니다. 이는 학습과 관련 있다. 우리가 뭘 만들 수 있는지 더 깊이 이해하는 탐색 작업은, 다음과 같은 질문을 하고 이에 대한 답변을 얻어내는 과정이기도 하다.

• 우리가 정말로 해결하려는 문제가 무엇인가?
• 우리 조직에 가치 있거나 혹은 고객이 제품을 구매하거나 적용할 만큼 가치 있는 해결책은 무엇인가?
• 사용 가능한 해결책은 어떤 모습일까?
• 우리에게 주어진 시간과 도구로 만들 수 있는 실현 가능한 스토리는 어디까지인가?

탐색은 돌을 깨는, 기회에 대해 묻는 일련의 첫 활동에서 시작해 이 모든 질문에 답하는 과정이다. 여러분이 논의한 제품이나 기능에 관한 모든 세부사항은 더 작은 스토리들의 제목이 된다. 그리고 이 작은 스토리들은 더 깊이 있는 논의를 하고 나면 더 작은 스토리 여러 개가 된다.

이 모든 탐색 토론은 그저 더 많은 스토리를 만들어내는 것으로 끝나지 않는다. 스토리 토론이 우리가 무엇을 이해하는지를 나타내는 수많은 단순한 모델을 만들어 낸다는 점을 잊지 말자. 제품을 만드는 사람들 간에 공유된 이해를 구축하는 데에는 이 단순한 모델이 필요하다.

크고 모호한 기회를 말이 되게 바꾸는 동안
만들어진 게 단지 여러 개의 작은 스토리 뿐이라면
여러분은 뭔가 잘못하고 있는 것이다.

탐색을 위한 네 가지 필수 단계
큰 아이디어가 있거나 혹은 작지만 명확하게 할 필요가 있는 아이디어가 떠올랐다면 큰 아이디어에서 세부사항으로 이동하는 다음과 같은 논의 과정을 따를 것이다. 우리가 가치 있는 해결책을 개발했는지 정확히 알아야 하기 때문이다.

1. 비즈니스 관점에서 해당 아이디어의 틀을 잡는다.
2. 고객과 사용자, 그리고 현재 그들을 돕고 있는 방식을 이해한다.
3. 해결책을 그려 본다.
4. 가장 작게 동작 가능한 해결책과 이를 만들 방법을 계획한다.

1. 아이디어 틀 잡기

기회 백로그를 실제로 사용하고 탐색 시작을 결정하기 위해 기회 논의를 했다면 제대로 가고 있는 게 맞다. 집중적인 탐색을 위해 아이디어의 틀을 잡는 토론을 시작한다. 이 기회를 더 잘 이해할 수 있도록 함께 일할 사람을 토론에 참여시키자.

아이디어의 틀을 잡는 토론을 통해 해야 할 일의 범위를 정하자. 뭔가를 왜 만들어야 하는지, 누구를 위해 만드는지가 명확하다면 틀을 잡는 토론 중에 초점을 두고 있는 문제가 아닌 내용으로 흘러간다거나, 대상 사용자가 아닌 해결책에 대한 토론이 발생했을 때 토론을 더 잘 중단할 수 있다.

2. 고객과 사용자 이해하기

고객과 사용자에 대한 토론을 통해 제품이나 기능을 사용할 사람들에 대해 더 잘 이해할 수 있다. 또, 기능을 제공했을 때 고객의 어떤 문제를 해결할 수 있는지, 어떤 부가적인 이득을 제공할 수 있을지 등에 대한 통찰력도 얻을 수 있다. 이때는 사용자에 대해 깊이 이해하고 있는 사람과 깊이 이해해야 하는 사람들을 참여시키자.

간단한 페르소나 만들기

나는 작은 탐색팀과 함께 간단한 그림 형태의 페르소나를 만들며, 사용자에 대한 이해를 공유하길 좋아한다. 페르소나는 목표로 하는 사용자의 예시로, 실제 사용자와 어떤 사람이 사용자일 거라는 가정을 조합해 만든다. 페르소나를 만들면 우리가 사용자의 눈으로 소프트웨어를 바라볼 수 있다. 페르소나는 매우 유용한 도구다.

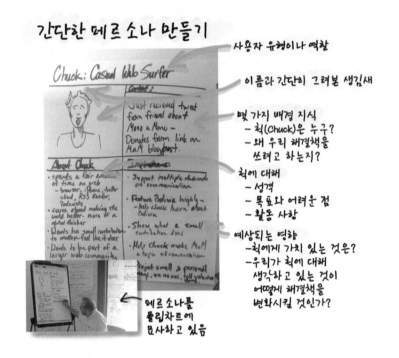

마노아마노(Mamo a Mano, *https://manoamano.org*)에서 한 그룹과 간단한 페르소나를 만든 적이 있다. 마노아마노는 도로 건설부터 교육 그리고 의료에 이르기까지 모든 영역에서 볼리비아 사람들을 돕고 있는 비영리 단체다. 그날 우리 토론의 주제는 인터넷에 익숙한 소규모 기부자에 관한 것이었다. 이들 유형의 사람들은 엄청난 돈이 있진 않지만, 그들이 기부한 돈이 의미 있게 쓰이길 원했다. 우리는 척(Chuck)과 같은 사람들이 마노아마노를 웹에서 찾거나 트위터나 페이스북을 통해 들었을 것이라 생각했다.

　우리는 그룹을 구성해 플립차트에 이 페르소나를 만들었다. 많은 사람들이 큰소리로 떠들기도 하고 정보도 나누며, 빠르고 재미있게 페르소나를 만들어 냈다.

자, 여러분이 이전에 페르소나를 만들어 본 적 있는 숙련된 UX 디자이너라면 이 시간이 약간 불편할지도 모르겠다. 그 외의 이 책을 읽는 여러분껜, 좋은 페르소나는 충실한 연구를 통해 얻은 좋은 데이터로 만들어진다는 정도만 이야기하겠다. UX 쪽 사람들은 구성원들이 큰 소리로 이야기하고 플립차트에 휘갈겨 쓰는 모습이 불안할 수 있다. 뭔가 대충하는 것 같아 보이니까. 하지만 그 추측을 입 밖으로 꺼내진 말자. 여러분이 알고 있고 관찰한 것에 대해 토론하자. 스토리를 이야기하자. 토론에는 사용자를 직접 경험한 사람을 참여시키자. 연구자료가 있다면 그걸 갖고 와 토론에 참여하자. 만들고 있는 기회와 가장 관련 있는 세부사항을 파악하고 이를 페르소나에 반영하자. 페르소나에 논의한 모든 내용을 다 담을 필요는 없으니 쓸데없는 건 빼자. 페르소나가 완성되면 이 중 어느 정도가 추측인지 정직하게 논의하자.

"우린 이미 페르소나를 만들었어요. 벽에 붙여둔 아름다운 문서들이죠." 난 이런 말을 자주 듣는다. 하지만 스스로에게 정직해보자. 대부분의 사람들은 그걸 읽지 않는다. 그렇지 않나? 읽은 사람이 있었더라도 그들 중 절반은 농담거리로 삼아 얘기했을 것이다. 냉소적이라고 느낄 수 있지만 난 이미 여러 번 목격한 광경이다.

함께 협력하여 페르소나를 만들자. 제품을 만들 팀이 서로 공유된 이해를 구축하기 위해 만들자. 페르소나를 만드는 이 작업을 실제 사용자의 유의미한 측면을 고려하기 위해 만들자.

팀이 함께 간단한 페르소나를 만들어
공유된 이해를 구축하고 서로 공감을 형성하자.

우리가 논의하고 있는 기능을 사용할 만한 사용자의 각 유형에 대한 간단한 페르소나를 만든다. 빠르게 진행하려면 소프트웨어를 사용할 사용자나 역할 목록을 만들고 그에 대한 세부사항을 기록해둔다. 1장의 게리를 기억하는가? 게리 바로 옆에 쌓여 있던 카드 중 하나가 사용자 목록과 그들에 관한 세부사항이다.

조직 프로필 또는 '오르그조나' 만들기

회계 업무용 제품처럼 여러 조직에서 사용할 소프트웨어를 만들고 있다면 조직 유형별로 목록을 작성하고 그에 대한 몇 가지 세부사항을 기록한다. 이들이 여러분의 고객이다. 즉, 제품에서 가치를 얻기 위해 돈을 지불하는 사람이다. 조직의 유형에 몇 가지 보조적인 세부사항을 곁들인 것을 흔히 조직 프로필이라고 부른다. 친구 레인 핼리(Lane Halley)가 내게 페르소나를 만드는 것처럼 조직 프로필을 만드는 예를 처음으로 알려 주었다. 그녀는 재미있으라고 그것들을 오르그조나(orgzona)라고 불렀다.

사용자가 어떻게 일하고 있는지 스토리 맵으로 만들기

한 단계 더 깊이 들어가 현재의 제품 없이 또는 현재 제품으로 사용자가 어떻게 일하고 있는지 스토리 맵으로 만들어 볼 수 있다. 5장의 내용을 실제로 해 봤다면 오늘 한 활동을 다룬 스토리 맵을 만들었을 것이다. 같은 방식으로 사용자가 오늘 일하고 있는 방식을 맵으로 만들어 보자. 탐색팀이 그들이 해결하려는 문제를 제대로 이해하는 데 도움이 될 것이다.

 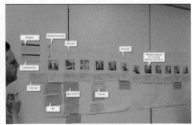

캐플린 그룹(Caplin Group)의 던컨 브라운(Duncan Brown)이 제공한 이 사진에 그들이 내러티브 여정 지도라고 부르는 것이 있다. 내가 이 책의 시작 부분에서 다룬 '지금과 나중' 모델에서 '지금'에 해당하는 스토리 맵이다. 이 지도는 우리의 훌륭한 해결책에 대한 것이 아니다. 대신 사람들이 현재 그들의 목표를 이루기 위해 어떻게 하는지에 대해 실패를 포함한 모든 것을 다룬다.

스토리 맵의 본체는 여러 사실, 관찰된 것, 고통스러운 부분, 행복한 부분을 담고 있다. 지금 이해하고 내용을 스토리 맵에 표현한다면 여러 핫스팟이 나타난다. 이 부분들은 많은 문제가 있는 곳이다. 보상(reward)이 필요한 부분도 드러난다. 이곳은 여러 단계로 이루어진 일련의 작업 끝에 즐거움을 얻게 되는, 즉 사용자의 노력을 가치 있게 만들어 주는 곳이다. 골칫거리를 없애거나 만족을 강화함으로써 가치 있는 제품을 만들 수 있다. 스토리 맵을 해결책 브레인스토밍의 출발점으로 삼거나 여러분이 마음에 두고 있는 해결책이 정말 문제를 해결할 수 있는지 검증하는 데 사용한다.

3. 해결책 그리기

여태까지 여러분은 비즈니스 관점에서 왜 이것을 만들어야 하는지 명확히 하기 위한 틀을 잡았다. 사용자와 고객에게 더 깊숙이 파고들어 그들의 세상이 지금 어떤지 알아냈다. 이제 미래를 상상할 시간이다. 해결책을 그려 보고 대상 고객과 사용자가 그것을 어떻게 사용할지 예상해 보자.

해결책 지도화하기

스토리 맵이 빛을 발하는 부분이 바로 여기다. 최소한 나에게는 그렇다. 우리가 만든 해결책과 함께 하는 사용자의 삶을 상상해 보는 데 스토리 맵을 사용한다. 앞서 두 개 장에서 소개한 게리와 Globo.com의 팀이 이렇게 지도를 만들었다. 앞에서 다뤘던 것처럼 해당 스토리에서 사람들이 밟아가는 단계는 왼쪽에서 오른쪽으로 흘러간다. 4장에서는 이 단계를 짧은 동사구로 묘사된 사용자 작업으로 보고, 왼쪽에서 오른쪽으로 읽어 나가면 스토리를 이야기하는 것이라고 했었다. 더 상세한 작업이나 다른 세부사항들은 각 단계 아래에 수직으로 쌓아 놓는다. 긴 스토리라면 3단계 지도로 만들 수 있도록 여러 활동을 그룹으로 묶어 정리한다.

단어와 그림

제품에 대한 아이디어를 개발자에게 설명하자 "오, 그거 간단하네요. 만드는 데 오래 걸리지 않겠네요"라고 답해서 놀라면서도 기분이 좋았던 경험이 있는가? 하지만 실제로 만들기 시작하면 개발자가 그린 모습은 여러분의 그림보다 엄청 단순하다는 사실을 알아챌 것이다. 예를 들어 사용자가 소유한 물건을 온라인에 팔기 위한 사이트를 설명했다고 하자. 여러분이 그렸던 것은 이베이(eBay)나 아마존 마켓플레이스(Amazon Marketplace) 같은 것이었다고 치자. 그런데 개발자는 크레이그리스트(Craigslist) 같은 것을 생각했다. 그래서 여러분은 낙관적인 추정치를 받게 된 것이다. 내가 지난 10여 년간 배운 게 있다면, 말로는 충분치 않다는 것이다.

> 해결책에 대한 이해를 공유하기 위해
> 사용자 인터페이스(UI)를 시각화하자.

팀에 UX 디자이너가 있다면 지금이 스케치를 시작해 볼 적절한 때다. 개별 화면을 스케치해 보고 나타나는 순서에 맞춰 스토리 맵 위에 붙인다. 다 하고 나면 스토리보드처럼 보일 것이다.

전체 경험 시각화하기

– 조시 세이든(Josh Seiden)(삽화: 데미안 레푸치(Demian Repucci))

어느 날 로버트(Robert)에게 전화를 받았다. 그는 최근 규모가 제법 크고

자금이 충분한 교육 관련 스타트업에 설계 담당자로 고용되었다. 그 회사는 대형 프로젝트의 초기 단계를 진행 중이었고, 적극적으로 사람들을 고용하고 있었으며, 큰 시스템 출시를 위한 빡빡한 일정에 매어 있었다. 단 한 가지 문제는 그 회사가 당면한 거대한 디자인 문제를 어떻게 접근해야 할지 어려움을 겪고 있었다는 것이다. 내가 도울 수 있을까?

며칠 뒤 내가 그 회사의 사무실에 도착했을 때 로버트는 어찌할 바를 모르는 표정을 하면서도 자랑스럽게 사무실을 구경시켜 주었다. 그 회사는 큰 컨설팅 회사를 고용하여 그 프로젝트의 요구사항 개발을 돕도록 했다. 그 컨설팅 회사가 처리한 일의 양이 매우 인상적이었다. 빛이 잘 드는 높은 천장의 사무실은 사방이 갈색 방습지로 덮여 있었고, 각 방습지는 인덱스카드와 포스트잇으로 도배되어 있었다. 거기엔 요구사항이 사용자 스토리의 형태로 적혀 있었다. 수천 장은 되어 보였다. 스토리 벽을 로버트와 함께 지나쳐 가다가 모든 스토리가 기능별로 정리되어 있다는 것을 알아챘다. 어떤 벽은 텍스트 편집기에 대한 스토리를 담고 있었고 다른 벽은 평가 애플리케이션에 대한 스토리를 담고 있었다. 과학이나 영어 같은 교육 과정별 벽면도 있었다. 나는 속으로 어떻게 생긴 시스템인지 그려보기 위해 고심했다.

로버트는 디자인 팀을 구성하는 중이었고 그 디자인 문제를 분할하기 위한 노력도 하고 있었다. 그의 팀에 무엇이 필요한지 이야기해 가면서 우리는 수천 개의 사용자 스토리를 구성하는 데 스토리 맵을 사용하는 게 도움이 될 거라고 생각했다. 디자인팀과 개발팀이 비전 공유를 기반으로 작업할 수 있게 도움을 주는 방식으로 말이다.

우연히도 몇 주 전 나는 스토리보드 예술가 팀이 주최한 워크숍에 참여했었다. 그 워크숍의 목표는 사업가들이 자신의 비즈니스 아이디어에 대한 비전을 분명하게 표현할 수 있게 도움을 주는 것이었다. 그들은 사업가들과 같이 앉아 스토리와 아이디어를 스토리보드 형태로 간단히 그렸다.

이 스토리보드는 각 스토리를 아주 명확하게 이야기해 주는 작은 만화책 같았다. 나는 이 방식을 스토리 맵 만들기와 결합해 보기로 결심하고 그 워크숍에서 가장 인상 깊었던 예술가 데미안 레푸치에게 연락했다.

　몇 주 후 데미안과 나는 로버트와 그의 팀을 만났다. 그 시스템의 여러 부분을 책임지고 있는 제품 책임자들도 함께 했다. 우리는 시스템의 골격을 이루는 작업 흐름, 다시 말해 주요 유스케이스에 집중했다. 미팅을 하는 동안, 데미안은 노트에 스케치를 했고 나는 회의실 벽으로 가서 인덱스카드와 포스트잇으로 해당 유스케이스에 대한 윤곽을 잡았다. 모임 후에 데미안은 핵심 부분에 대한 삽화를 그리기 위해 그의 작업실로 돌아갔다. 나는 옴니그래플(Omnigraffle)[1]을 이용해 모임 중에 만든 초안을 깨끗한 버전의 스토리 맵으로 만들었다.

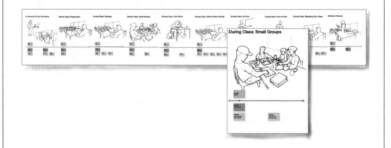

로버트와 나는, 팀이 활용할 수 있도록 전체 시스템의 구성 체계를 그려 줄 수 있다면 그게 가장 가치 있다고 생각했다. 그래서 11×17 크기의 종이에 일련의 포스터를 인쇄해 벽에 붙였다. 스토리 맵의 '척추'를 구성한 것이다. 팀은 그 스토리 맵을 독자적으로 이용해 사용자 스토리를 새로운 방식으로 조직할 수 있었다. 이제 우리는 반복 점진 개발에 적합하지 않은 모듈 중심의 관점 대신 사용성 중심 접근 방식으로 변화함으로써 의존성이 있는 모듈을 통합해 슬라이스 단위로 출시할 수 있게 됐다.

1　(옮긴이) 옴니그래플 프로그램, 마인드맵이나 다이어그램 등을 그리는 전용 소프트웨어

UX를 시각화하는 데 전체 팀을 참가시키는 방법 중 하나는 디자인 스튜디오 방식이다. 디자인 스튜디오는 많은 사람을 의도적으로 아이디어 생산에 참여시킬 수 있는 빠르고 간단하지만 협력적인 방법이다. 게다가 가능한 아이디어가 많이 생길 것 같은 멋진 단어다. 이때 여러분이 가장 빨리 배우게 될 것은 단 한 명이 한번에 최고의 아이디어를 내놓는 경우는 없다는 점이다. 탁월한 아이디어는 주로 여러 사람의 아이디어를 조합하고 이를 바탕으로 토론을 여러 번 거치며 만들어진다. 디자인 스튜디오(해당 문제에 대한 아이디어 생산)는 가능해 보이는 첫 번째 아이디어로 시작한다. 이는 나를 포함한 대부분의 사람들이 자주 하는 방식(브레인스토밍)과는 반대이다. 제프 화이트(Jeff White)와 짐 융거(Jim Unger)가 설명한 디자인 스튜디오(*http://portal.acm.org/citation.cfm?id=1358650*)를 처음 봤을 때 내가 왜 그렇게 하지 않았는지 의문이 들 정도였다. 그 뒤로는 개발 팀과 이해 관계자들, 심지어 고객이나 최종 사용자들도 디자인 스튜디오에 참여시켰다.

어떤 방법을 사용하든 아이디어를 조합하고 정제한 후 소프트웨어가 어때야 하는지에 대한 이해를 공유하자.

해결책을 스토리 맵에 시각화하다 보면 빠뜨린 부분이 쉽게 드러나 마음이 불편해질 수도 있다. 그런 것들을 보완하기 위해 스토리 맵에 추가하거나 변경, 재배치할 수도 있다. 걱정하지 말자. 오히려 잘 된 일이다.

디자인 스튜디오 레시피

디자인 스튜디오는 아이디어 생산에 참여하기 위한 빠르고 협업적인 방법이다. 이를 위한 수많은 방법이 있지만 내 방법은 다음과 같이 간단하다.

1. 제품에 대한 의견과 아이디어가 있는 여러 사람을 참여시킨다. 제품

을 구매하거나 만들어야 하는 당위성을 이해하는 사람도 참여시킨다. 여덟 명에서 열두 명 정도가 적당하다.

2. 해결하려는 문제를 설명한다. 그 기회에 대한 틀을 잡기 위해 했던 일을 검토한다. 사람들이 현재는 어떻게 하고 있는지 설명한 '지금'에 관한 스토리 맵과 페르소나를 검토한다. 혹시 만들기 시작했다면 해결책 맵도 검토한다. 너무 많은 정보를 말하지 않도록 주의한다. 참여자들이 자신의 아이디어를 여러분의 아이디어에 맞추려고 하면 훌륭한 아이디어를 낼 수 있는 기회를 놓칠 수 있다.

3. 여러 예제와 영감을 주었던 것들을 공유한다(꼭 공유할 필요는 없다). 좋은 예가 될 수 있는 다른 비슷한 제품을 보여 주고 토론한다. 같은 제품은 아니더라도 지렛대로 활용할 수 있는 좋은 아이디어가 있다면 역시 보여 주고 논의한다.

4. 모두가 스케치를 한다! 모든 사람에게 종이와 연필 그리고 혹시 있다면 스케치 템플릿을 나눠주고 스케치하는 시간을 정한다. 최소 5분에서 최대 60분 정도로 한다. 나는 주로 15분을 사용한다.

5. 작은 그룹으로 아이디어를 공유한다. 난 네 명의 그룹을 선호하는 편이라, 열두 명이 있다면 세 그룹으로 나눈다. 한 사람씩 자신의 제일 좋은 아이디어를 공유한다. 팀원들은 그에 대해 피드백한다. 팀원들에게 다른 이가 낸 아이디어가 얼마나 괜찮은지가 아니라 그 해결책이 어떻게 문제를 대하고 있는지 피드백하도록 지도한다. 다른 사람의 아이디어에 기반을 두고 이야기하도록 지도한다. 정해진 시간 동안 계속 한 사람씩 진행한다. 내 경우엔 주로 30분을 준다.

6. 각 그룹에서 나온 아이디어 중 제일 나은 걸 하나의 해결책으로 잘 다듬어 요약(sketch)하도록 주문한다. 이 부분이 가장 어렵다. 15분-30분 정도 준다.

7. 각 그룹이 잘 다듬어 제시한 아이디어를 전체 그룹과 공유하게 한다. 그리고 이에 대해 토론한다.

8. 모두에게 감사를 표하고 요약과 아이디어를 모은다. 여러분과 UX 디자이너 또는 핵심 탐색팀이 가장 알맞은 UI를 정리하는 데 이것을 활용한다. 내 친구 레이사 라이헬트가 했던 "커뮤니티에 의한 설계는 위원회에 의한 설계가 아니에요"라는 말을 기억하자. 상충되지만 좋은 아이디어가 넘쳐날 터라 누군가는 어려운 결정을 내려야 한다.

사진 제공: Edmunds.com   사진 제공: 레인 핼리

완성도 검증하기

인간의 머리는 세부사항을 채우는 데 익숙하다. 예컨대 우리가 만화의 두 장면을 볼 때, 우리의 뇌는 만화의 고정된 장면과 장면 사이에 어떤 일이 발생했을지 채워 넣는다. 만화책이나 소설 또는 영화에서는 이 트릭을 잘 이용한다. 우리는 소프트웨어가 무엇을 하는지에 대해 생각할 때 종종 중요한 기능에 대해서만 그려 보고 정작 그 사이에 일어나는 것들을 무시하곤 한다. 좀 과장해서 영화와 비교해 보면, 자동차 충돌이나 총격전 같은 부분만 보여주고 왜 그런 일이 발생했는지 설명은 이야기에서 빼 버리는 것과 같다.

스토리 맵을 이용해 사용자의 전체 스토리를 이야기하면 중간에 일어나는 중요한 세부사항을 빼먹지 않고 다룰 수 있다. 여러분이 생각했던 아주 근사한 기능이, 스토리 초반부에는 사용자의 어떤 설정이 필요했거나 스토리 후반부에 보고서나 알림 기능에 일정한 변화를 초래하는 경우를 흔히 볼 것이다. 심지어 새로운 아이디어가 다른 사람들에게 영향을 줄 수도 있다. 예를 들어, 시스템 관리자가 보안 관련 사항을 처리해야 할 수도 있고 부서 관리자가 부서원이 그 기능을 어떻게 사용하는지 감독해야 할 수도 있다.

기술적인 사항 검증하기

영상 제작 비유로 돌아가서, 만약 여러분이 그 영화를 만들기로 했다면 어디서 어떻게 촬영해야 할지 생각해야 한다. 어떤 특수효과가 필요할지도 생각해야 한다. 어떤 순간이 되면 스토리보다 더 깊이 다뤄야 하고, 영화를 만드는 데 필요한 기술 세부사항도 고려해야 한다.

소프트웨어의 스토리 맵은 영화 만들기와 같은 류의 토론에 유용하다. 너무 늦기 전에 엔지니어 그리고 아키텍트와 함께 해결책 맵에 대해 상의하자. 큰 그림을 보면 추후 절망적인 상황을 초래할 수 있는 커다란 기술적인 제약사항에 대해 미리 생각해 볼 수 있다. 그들은 꽤 괜찮아 보이지만 실제적으로 현재 주어진 아키텍처와 시간 안에서 만들기 불가능한 해결책에 대해 미리 경고를 주기도 한다. 또한, 사용자에게 동일한 경험을 제공하면서도 구축하는 비용 측면에서 더 효율적인 대안을 흔히 제시하기도 한다.

대형 보험회사의 엔지니어들이 스토리 맵 앞에서 장시간 이야기하고 있다. 회사 제품에 대한 커다란 스토리 맵 앞에서 토론을 진행하던 중에 예상 밖의 문제를 찾아냈다. 제품의 비즈니스 규칙 엔진(business rule engine)을 수정해야 했다. 큰 그림을 봄으로써 문제가 있는 부분을 가시화했고, 복잡성을 똑바로 대면할 수 있었다. 그들은 위험을 조기에 줄이기 위해 무엇을 해야 할지 이야기하는 데 그 지식을 활용할 것이다.

"~은 어떨까요?" 놀이

지금까지 사용자 입장에서 해결책을 상상해 보고 UX를 가시화했다. UI 뒤에서 무슨 일이 일어날지 논의하는 시간을 가져 보자. 어려운 비즈니스 규칙이나 복잡한 데이터 검증, 사용해야 하는 형편없는 백엔드 시스템이나 서비스에 대해서도 이야기해 보자. 스토리 맵에서 이와 관련된 곳에 스토리를 추가하거나 관련 스토리에 반드시 메모해 두자.

많은 사람과 함께 해 온 것에 대해 검토해 볼 시간이다. 여러분과 여러분의 그룹이 이뤄낸 것을 공유하자. 분명히 "~은 어떨까요?"라고 시작하는 질문을 엄청 많이 하는 사람들을 만나게 될 것이다. 내가 앞에 있을 때는 그렇게 하지 않을 때도 있지만 나는 그들이 좋다. 그들의 질문을 통해 내가 나중에 난관에 부딪힐 수도 있는 어려운 부분을 미리 생각해 볼 수 있기 때문이다.

바로 이 부분에서 앞서 언급했던 영화 제작에 대한 비유가 딱 들어맞는다. 내가 영화를 만들려고 한다면 영화 대본이나 스토리보드(영화를 상상해 보는 데 도움이 되는 중요 장면들에 대한 스케치)가 필요하다. 내가 영화 제작에 투자하려고 한다면 최소한 작가와 감독이 마음속에 그리고 있는 것이 무엇인지 명확한 그림으로 보고 싶을 것이다. 이 시점에서 그 영화가 마음에 들었다면 비용이 얼마나 드는지 그리고 제작은 가능한지에 대해 더 알고 싶을 테고 말이다.

그들이 영화에 대해 더 깊이 생각해 보는 데 그 스케치를 사용하길 바란다. 얼마나 많은 장소에서 영화를 찍어야 하는지, 그곳이 어떻게 보일지에 대해 고려한 사항도 알고 싶다. 어떤 종류의 세트, 소품, 특수 효과가 필요한지 고려한 사항도 알고 싶다. 헐리우드의 중요한 투자자로서 영화 대본, 스토리보드, 그리고 대략의 계획과 견적을 뒷받침할 수 있는 많은 세부사항이 필요하다. 영화를 만드는 데 필요한 예산과 일정을 정하는 데는 이러한 것들이 필요하다.

바로 이런 내용이 해결책을 만들기 시작하기 전에 여러분이 고려해야 하는 항목들이다.

아이디어, 예제, 여정

— 데이비드 허스먼(David Hussman), 데브잼(DevJam)

많은 사람들이 탐색 과정을 너무 복잡하게 하는 경향이 있는데, 매우 강력하지만 간단하게 할 수 있는 방법이 있다. 이야기 속에나 나오는 '요구사항'의 명확성은 내버려 두자. 대신 예제와 여정을 여러분의 안내자 삼아 아이디어 탐색을 시작하라.

예제와 여정을 사용한 지도

- 다음의 간단한 안내를 따라보자. 1) 탐험할 제품 아이디어를 제안하고 2) 그 아이디어에서 이로움을 얻을 것 같은 사람들을 선택한 뒤 3) 그 사람들이 해당 제품 아이디어를 사용하는 여러 예제를 만들고 4) 이 예제들을 이용해 스토리 맵과 그 사람들이 겪을 것이라 생각되는 여정을 만들라. 제품 제작자로서 더 많은 기능뿐만 아니라 의미 있는 경험을 만들어야 할 책임이 있다는 점을 기억해야 한다.

- 아이디어는 멋질 필요가 없다. 물론 훌륭한 제품을 만들고 싶겠지만 다들 멋지다고 했던 아이디어가 잘 진행되지 않을 때도 있고, 반대로 그다지 빛나지 않았던 아이디어가 누군가 의미 있는 무엇을 성취하고자 한다는 맥락에서 그 사용성을 탐색하다 보면 탁월한 것이 되어 있기도 하다.

- 여행객을 선택하는 일은 고도의 지능을 요구하지 않는다. 너무 복잡하게 선택하지 말자. 어디부터 시작해야 할지 잘 모르겠다면 여러분의 아이디어에서 이득을 얻는다고 생각되는 사람들의 목록을 간단히 만들자. 목록을 사람으로 생각하고 제품 개발팀의 마음속에 살아 있다고 느껴보자. 그들에 대한 작업을 어느 정도 진행한 뒤 그중 한 명을 고르고, 그게 올바른 선택인지는 걱정하지 말자. 탐험을 통해 학습한다고 마음먹었으면 선택이 맞았는지 틀렸는지 걱정일랑 접어두자.

- 다양한 예제 목록을 만들자. 이 부분에서 많은 사람들이 자제력을 잃고 의도치 않게 복잡해지곤 한다. 간단하고 분명한 예제부터 시작하자. 구체적이면 구체적일수록 더 좋다. 그 다음 복잡한 예제를 다루자. 수준을 높이길 두려워하지 말자. 여러분은 다양한 제약 조건의 범위를 만드는 중일 뿐, 이 세상 누구에게도 이걸 만들겠다고 약속하는 게 아니다. 자, 다시 한번 복잡한 예제를 명확하게 만들자. 예제를 얼마나 명확하게 만들어야 하는지 알고 싶다면, 용감하게 작업 예제를 테스트로 바꿔보자. 그러면 여러분은 자동화 검증 도구에 한 걸음 더

가까워질 것이다.[2]

- 명확함과 복잡함 사이에 있는 더 많은 예제를 한 묶음 추가하고, 간단한 것을 먼저 시작하자. 그 간단한 예제를 기반으로 여행객에 대한 스토리를 이야기하자. 그 이야기를 다른 사람에게 하고, 그 사람이 여정에 있는 여러분이 스토리 찾는 걸 도와주게 하자. 시작할 때 사용자는 어느 부분에 위치해 있는가? 그 사용자가 관련되게 한 건 무엇인가? 그 사용자는 구체적으로 무엇을 하나? 어떻게 끝나나? 다양한 예제를 이용해 여행객의 다양한 여정을 탐험하라.

- 학습하는 데 도움이 될 만한 여정을 선택하라. 어디서 시작해야 하는지에 대한 고민은 아직까지도 다른 문제다. 지도를 따라가다 대상으로 삼은 사람들과 그들이 필요로 하는 것에 대해 가장 잘 알려 줄 것 같은 여정을 선택하라. 다시 말하지만 혹시 올바른 선택을 하지 못한 게 아닐까 걱정하고 있다면, 그게 맞을 것이다. 무엇을 알아내는 최고의 방법은, 그리고 학습하기에 가장 좋은 방법은 몇 개의 여정을 선택해서 만들어 보고 사람들의 실제 사용 양상을 관찰하는 것이다. 몸소 해보든 실시간 분석이든.

- 제품에 대한 교만(product arrogance)이라는 함정을 경계하라. 사람들이 무엇을 필요로 하는지 생각하는 것과 실제로 그들이 필요로 하는 것의 차이가 바로 제품에 대한 교만의 영역이다. 여기에 기술한 절차를 이용하고, 한 번에 하나씩 여정을 만들고 검증해 나아가면서 더 빠르게 학습할 수 있다.

---

2 (옮긴이) 요구사항을 테스트로 만드는 것을 TDD라고 한다. 즉, 개발자가 무엇을 구현할지에 관해 요구사항이 명확한지, 개발자가 정확히 이해했는지는 테스트로 작성해 보면 알 수 있다. 작성한 테스트 코드를 통과해야지만 내가 작성한 제품 코드가 요구사항대로 제대로 만들어진 것일 터이다. 이렇게 되면 테스트 코드는 자동화도 할 수 있기에 자동화된 검증 수단에 가까워진다는 문장으로 이어진 건데, 자동화가 언급된 이 문장은 사실 이 책에서 설명하는 내용과는 한참 떨어져 있기 때문에 좀 앞서갔다는 생각이 든다.

아직 축하할 단계는 아니다

탐색 절차 중 이 단계를 통해 해결책의 여러 부분을 개별 스토리로 묘사할 수 있게 되었다. 각 조각은 커다란 기회의 한 부분이다. 여러분이 나와 같다면 모든 부분을 조직화하는 데 스토리 맵을 사용했을 거라 생각한다. 나보다 현명하다면 이를 위한 더 나은 방법을 만들었을 테니, 그렇다면 바로 연락 주기 바란다. 만약 조금 둔하다면 큰 덩어리 하나로 만들었을 테고, 누군가는 더 나쁘게 학습한 모든 내용을 애매하게 만드는 매우 크고 긴 요구사항 문서를 작성했을 수도 있다. 제발 그러지 말자.

여기에서 무엇을 만들었든 '요구사항을 완성'했기 때문에 많은 사람이 축하하는 지점에 와 있다. 하지만 아직 아니다. 마지막 가장 중요한 단계가 남아있다.

4. 최소화와 계획

여러분은 말과 그림으로 해결책을 그려봤기 때문에 이 시점에 매우 뿌듯해 하고 있을지도 모른다. 하지만 탐색에서 가장 큰 문제 중 하나는 많은 부가 기능(우리가 모두 좋아해서 멋으로 덧붙인)을 가진 기가 막힌 해결책을 찾아내기 위해 모두 같이 일했을 때 발생한다.

여러분이 뭘 생각하는지 알고 있다. "왜 그게 문제가 됩니까?"

그 문제는 대개 모두를 행복하게 하려고 할 때, 그리고 작고 특정한 목표 성과에 집중하지 못했을 때 나타난다. 그에 따른 결과는 필요 이상으로 거대한 해결책이 된다.

우리 목표는 만들어야 하는 산출물은 줄이고 거기에서 얻고자 하는 이득(성과 및 효과)은 최대화하는 것이다. 기회는 작은 스토리 여러 개로 나뉠 테고, 당연하게도 그걸 전부 다 만들지는 않을 것이다. 산출물은 최소화해야 한다. 그렇지 않나?

남은 아이디어가 없앤 아이디어보다 많다면
탐색 작업을 제대로 수행하지 않은 것일 수 있다.

항상 너무 많다

미안하지만 그게 사실이다. 소프트웨어 개발에 참여해 본 적이 있다면 아마 이미 알고 있을 것이다. 나는 정말 10년이 넘는 여러 해 동안 그렇지 않은 척했다. 하지만 이제는 사실을 받아들이고 있다. 여러분도 그래야 한다. 그래도 걱정은 말자. 주어진 시간과 인력으로 만들 수 있는 것을 찾아내는 데 유용한 도구 몇 가지를 얻었으니까.

3장에서 Globo.com이 쉽지 않은 마감 일정에 맞추기 위해 스토리 맵을 어떻게 사용했는지 봤다. 그 회사는 마감 일정에 초점을 맞추고 수용했으며 성공으로 이끌어줄 성과가 무엇인지 찾아냈다. 그리고 찾아낸 스토리를 백로그에 분할해 넣었다. 그렇게 함으로써 앞서 정의한 성과를 달성하는 데 필수적이지 않은 모든 스토리를 제외할 수 있었다. 이것이 최소 기능 해결책 추정이었다. 그 거대한 아이디어의 절반뿐이었다고 해도 전혀 형편없지 않았다. 오히려 브라질 선거에서의 성공에 명확히 초점을 맞춘 정말 훌륭한 버전이었다. Globo.com 사람들은 그 해결책이 그들의 비즈니스와 광고주, TV 네트워크, 사용자들에게 가치 있을 것이라 믿었다. 그들은 모든 사용자를 고려했고 사용 가능한 해결책을 찾아냈다고 자신했다. 그리고 그들의 스토리 맵을 여러 층으로 나눔으로써 주어진 시간과 인력 내에서 가능한 해결책을 찾아냈다.

특정한 목표 고객과 사용자 그리고 사용성을 위해 가치 있고, 사용 가능하며, 실현 가능한 모든 것의 교차 지점에서 실행 가능한 해결책이 나온다.

실행 가능함이란 명확한 비즈니스 전략,
타겟 고객 및 사용자가 딱 맞아 떨어졌음을 의미한다.

우리는 첫 번째 릴리스를 넘어서 두 번째, 세 번째 릴리스도 생각할 수 있다. 그러나 첫 릴리스가 살아 움직이는 순간 세상이 바뀌어 있을 것이라는 사실을 알고, 이건 좋은 일이다. 그러나 그것은 우리가 만든 새로운 세상의 관점에서 앞으로의 릴리스에 대해 다시 생각해야 한다는 뜻이기도 하다.

우선순위 부여하기 비결

귓속말로 이야기할 참이니 가까이 와 봐라.

이 비법을 알고 있는 사람은 그리 많지 않다. 알고 있더라도 마치 모르는 것처럼 행동한다. 사람들을 방심시키려고 바보처럼 행동하는 건지도 모르겠다.

애자일 개발 프로젝트를 접해 봤다면 아마 '비즈니스 가치에 따라 스토리에 우선순위를 정하라'는 문구를 들어 봤을 것이다. 그 문장은 사실이긴 하지만 '비즈니스 가치'라는 부분에서는 뭔가 구체적인 것을 채워 넣어야 한다. 여기가 여러분과 여러분의 탐색팀이 무엇이 가치인지 구체적으로 말해야 하는 지점이다.

매드 미미(Mad Mimi)를 다시 보자. 게리는 돈이 다 떨어지기 전에 원하는 시장에서 금세 성공할 만한 제품을 찾아야 했다. 게리에게 성공 가능함이란 그의 제품을 좋아하고 그 제품에 돈을 지불할 사람들이 생기는 것이다. 그러면 제품 사용자를 늘리고 그 결과로 이익을 창출할 수 있다.

재무상의 제약과 함께 엮인 비즈니스 목표는 게리를 특정 사용자와 사용자의 활동에 집중하도록 만들었다. 게리는 여전히 미미(Mimi)라는 이름이 있게 한 '음악 산업 마케팅 인터페이스(music industry marketing interface)' 제작에 대해 많은 기대를 하고 있었다. 하지만 이메일을 통해 직접 팬에게 밴드 광고를 진행하는 밴드 매니저에 집중하기로 결심했다. 그렇게 하자 그가 어떤 특정 기능에 집중해야 하는지가 명확해졌다.

여러분이 이제 막 가까이 와서 듣기 시작했다면 우선순위 부여에 대한 비밀을 들은 거다.

명확한 비즈니스 성과는 특정한 사용자와 그들의 목표 그리고 제품으로 그들이 하게 될 행동에 집중하는 것에서 시작한다. 그러면 사용자가 성공하는 데 필요한 특정 기능과 기능성에 초점을 둘 수 있다.

매드 미미에서 게리는 밴드 매니저로서의 홍보 업무가 그를 즐겁게 할 것이라는 데 초점을 맞추기로 신중히 결정했다. 그것이 집중하기로 선택한 명확한 가치였다. 그는 '비즈니스 가치' 같은 애매모호한 용어는 쓰지 않았다. 무엇이 그에게 가치 있는지 공백에 채워 넣었다.

대부분의 사람이 저지르는 우선순위 관련 오류는 우선순위를 기능에 먼저 매기는 일이다.

기능보다 먼저 명확한 비즈니스 목표와 고객, 사용자,
그리고 자신의 목표에 우선순위를 매기라.

비즈니스 전략을 이용하여
대상 고객과 사용자를 정하고
그들의 목표와 활동을 이용해
기능을 선택하자.

기능의 우선순위는 마지막에 부여하자.

나중에 여러분이 비즈니스 목표나 대상 사용자 그리고 그들이 어떻게 사용하는지에 대한 논의 없이 어떤 기능이 더 우선순위를 가지고 있는지 묻는 사람을 만난다면 질문을 시작해야 한다는 신호다.

탐색 활동, 논의, 결과물

탐색 과정에는 여러분과 여러분의 팀이 만들 수 있는 수많은 활동과 결과물이 있다. 다음의 짧은 표가 어떤 것을 할 수 있는지 기본적인 시작점을 제공할 것이다. 여기 있는 모든 것을 다 하려 하지 말자. 엄청난 양이 될수 있다. 그렇다고 여기 있는 것만 하려고 하지도 말자. 기술과 상황에 맞는 동일한 또는 더 나은 실천법이 있을 수 있다.

아이디어 틀 잡기

현재 비즈니스가 왜 소프트웨어를 만들어야 하는지, 누구를 위한 것인지, 어떻게 성공을 측정할 것인지 검토하는 데 다음 항목을 이용한다.

- 해결하고자 하는 알려진 비즈니스 문제
- 영향을 받은 특정 비즈니스 지표
- 특정 고객과 사용자에 대한 짧은 목록
- 새로운 기능을 사람들이 사용하고 좋아하는지 여부를 측정할 수 있는 지표
- 큰 위험 요소와 가정
- 비즈니스 이해 관계자와 주제 관련 전문가와의 논의

고객과 사용자 이해하기

고객과 사용자, 그들이 필요로 하는 것, 현재 어떻게 하고 있는지를 이해하기 위해 논의와 연구

- 사용자에 대한 설명과 역할 목록
- 간단한 사용자 프로필이나 스케치
- 간단한 조직 프로필이나 오르그조나
- 현재 사람들이 어떻게 하고 있는지에 대한 스토리 맵 여정 지도라고도 함
- 우리가 모르고 있는 부분을 메워줄 연구 및 관찰

해결책 그려 보기

특정 고객과 사용자에 초점을 맞춘 뒤 그들을 도울 여러 해결책을 그려 본다. 단어와 그림을 이용해 해결책을 시각화한다. 고객 및 사용자와 함께 그 해결책들을 검증한다.

- 스토리 맵
- 유스케이스와 사용자 시나리오
- UI 스케치 및 스토리보드
- UI 프로토타입
- 아키텍처 및 기술 관련 설계 스케치
- 아키텍처 또는 기술 관련 프로토타입
- 팀원과 사용자, 고객, 이해 관계자 그리고 주제 관련 전문가와 함께 많은 협업

최소화하고 계획 세우기

작고, 사용 가능한 해결책이라 믿는 것을 식별한다. 충분히 잘 추정하여 그 해결책을 만들어 배포하는 데 필요한 예산을 설정한다. 위험도를 최소화할 개발 계획을 만든다.

- 조각으로 나누어 사용할 스토리 맵
- 개발 예산 설정을 위한 추정

탐색은 공유된 이해를 구축하는 과정이다

아무도 큰 그림을 알지 못했던 소프트웨어 프로젝트에서 일했던 기억을 떠올려보자. 개발을 절반 정도 진행했을 때 계획에 없던 큰 덩어리의 일이 있다는 걸 알게 됐을 때를 떠올려보자. 과거에 이런 일이 일어났을 때, 우리는 종종 팀원이나 협업하던 외부의 누군가에게서 답을 찾을 수 있었다. 우리 모두가 같은 이해를 공유하고 있었다면 우리가 맞닥뜨린 문제를 사전에 쉽게 예측할 수도 있었다.

1장에서 본 게리의 스토리는 게리와 그의 개발팀 간에 큰 그림에 대한 공유된 이해가 없었다는 점을 말해 준다. 심지어 게리의 머릿속에 제품에 대한 비전이 있었음에도 그는 제품의 크기나 복잡성에 대한 명확한 이해가 없었다. 그의 제품을 간단한 모델로 시각화함으로써 그와 그가 의지하는 모든 사람의 마음속에 동일한 큰 그림을 그릴 수 있었다.

여러분이 만들고 있는 것을 위해서는, 누가 고객이고 사용자인지, 그리고 마음속에 있는 해결책에 대한 큰 그림을 모두 동일하게 이해하고 있는지 정도면 충분하다. 하지만 당부하고 싶은 말은, 만들고 있는 것에 대한 여러분의 가설이 틀렸을 수도 있다는 점이다. 걱정할 필요는 없다. 다음 장에서 탐색 작업이 정말 잘 될 수 있게 해 줄 몇 가지 전략을 말해 볼 것이다.

15장

유효한 학습을 수행할 때 탐색을 이용하자

여러분을 잘못 인도한 부분이 있다.

마지막 장을 이미 읽은 몇몇 독자들이나 이전의 다른 장을 읽은 독자들은 내가 뭘 이야기하지 않았는지 알기 때문에 슬슬 열이 받을 것이다. 미안하게 생각한다.

앞서 말했던 MadMimi.com과 Globo.com 사례는 둘 다 완전하지 않다. 둘 다 탐색적 대화를 사용해 그들이 최소 기능 해결책이라고 생각하는 것을 찾아낸다는 점은 사실이다. 하지만 그 해결책이 실제로 사용 가능한지 아닌지는 단순히 추측일 뿐이었다. 사실 이 모든 과정은 제품을 시장에 실제로 출시하여 고객과 사용자에게서 어떤 일이 벌어지는지 관찰하기 전까지는 추측이다. 스토리 맵과 함께 한 초기 탐색 대화는 그들이 괜찮은 추정으로 시작하는 데 도움을 주었다. 하지만 이는 두 회사 모두에게 정말 사용 가능한 제품을 찾아내기 위한 훨씬 더 긴 여정의 시작일 뿐이었다.

사람들이 하는 가장 큰 실수를 깨닫게 한 지점이 바로 여기다. 최소 기능 해결책이 반드시 성공할 것이라고 믿는다는 점이다.

우리는 대체로 틀린다

내 대단한 아이디어가 성공하리라고 믿는 옆자리 사람에게 죄책감을 느낀다. 과거에도 크게 성공할 것이라 믿은 수많은 해결책을 출시했지만, 사실 그렇지만은 않았다. 그렇다고 형편없이 실패하지도 않았다. 그저 큰 차이를 만들어 내지 못했을 뿐이었다. 이런 일이 일어났을 때 나와 회사는 다른 방법을 찾아봤다. 나만 그랬던 게 아니다. 우리 모두는 새로운 기능을 추가하는 일이 가치 있다고 믿었다. 하지만 결국엔 일부 사람만 사용하는 기능을 추가하는 데 그쳤고, 결국 제품의 생명 주기를 위해 추가한 기능을 계속 지원해야 한다는 점을 알게 됐다.

공식적으로 과학적인 연구나 조사에 기반을 두진 않았지만 그동안 내가 경험한 실패와 다른 회사와 함께 일하며 관찰했던 바에 의하면, 우리가 만든 것이 성공했거나 우리가 기대했던 만큼 영향력을 미친 제품은 매우 적었다. 많아야 20% 정도였다. 그리고 다른 20%는 진짜 실패, 즉 우리 해결책이 부정적인 영향을 미친 경우다. 나는 더 개량한 버전의 새로운 웹사이트를 출시하고 매출이 감소하거나, 새로운 버전의 제품을 출시하고 고객이 이전 버전으로 돌려줄 것을 요청하는 등의 상황이 발생했던 다양한 조직을 봤다. 바로 이런 것들이 내가 말한 실패다.

그리고 중간의 60%는 큰 성공도 아니고 심각한 실패도 아니기 때문에 큰 문제다. 개발을 시작할 때 귀중한 개발 자금을 썼지만, 결국 기대했던 결과물이 아닌 경우다.

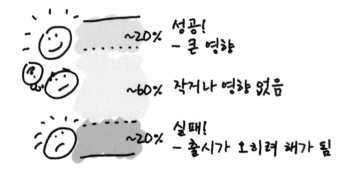

역사적인 'CHAOS' 보고서에 실린 스탠디시 그룹(Standish Group)의 연구에 따르면 기능 중 64%에서 75%가 가끔 사용되거나 아예 사용되지 않는다.[1] 그리고 출처에 따라 다르긴 하지만 75%에서 90%의 소프트웨어 스타

---

1 짐 존슨(Jim Johnson), 스탠디시 그룹 의장, "ROI, It's Your Job"(기조연설), 제3회 국제 익스트림 프로그래밍 콘퍼런스, 이탈리아, 알게로, 2002년 5월 26~29일.

트업이 실패한다.[2]

이 모든 상황이 꽤 실망스러울 수 있다. 그리고 대부분의 조직이 잘 되어 가는 척하는 전략을 취하는 것이 그리 놀랍지도 않다.

암울했던 옛 시절

암울했던 그 시절에 나는 이런 식으로 일했다. 멋진 아이디어를 찾아내거나, CEO나 핵심 고객이 자신들의 유용한 아이디어를 내게 넘겨준다. 나는 그 아이디어를 다듬고 구체화하는 작업을 한다. 그런 뒤 나와 내 팀이 그것을 만든다. 항상 예상보다 두 배 정도 더 걸린다(이 문제는 이후 다른 장에서 다룰 것이다). 개발을 끝내고 출시한 뒤 축하를 한다. 가끔은 축하한 뒤 출시한다. 어떤 방식이든 우리는 일을 마친 것이었다.

그런데 무슨 일이 일어나기 시작했다. 대개는 배포된 제품이 기대한 것과는 다르게 동작한다는 불만이었다. 가끔은 아무도 전혀 불만을 제기하지 않았다(정말 아무도 그 기능을 사용하지 않아서 그랬다는 것을 나중에

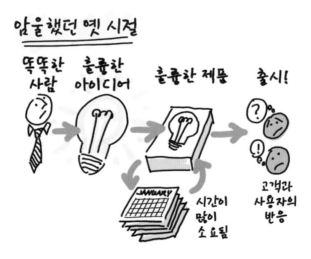

2　데보라 게이지(Deborah Gage), 「The Venture Capital Secret: 3 Out of 4 Start-Ups Fail」, 2012년 9월 20일, *Wall Street Journal*, *http://on.wsj.com/UtgMZl*

서야 알았다). 우리는 많은 시간을 우리가 성공한 척하며 보냈다. 여러분 중 일부에게는 이게 현재 회사가 하고 있는 방식일 수도 있다. 솔직하게 말하면 지금도 일하면서 종종 이 방식에 빠져들곤 한다. 하지만 이 얘길 다른 사람에겐 하지 말아줬음 좋겠다. 나는 전문가여야 하니까.

하지만 괜찮은 대안이 몇 가지 있다.

공감, 집중, 아이디어 생산, 프로토타입, 테스트

몇 년 전에 예비 고객 한 명이 디자인 씽킹(design thinking)이라는 프로세스를 접목하는 데 도움을 줄 수 있는지 문의해 왔다. 이 고객은 전형적인 애자일 프로세스를 사용하고 있었고, 계획한 대로 높은 품질의 산출물을 배포했다는 점에서 프로세스는 '잘' 작동하고 있었다. 하지만 이를 통해 배운 건 "쓰레기를 빨리 내보내봐야 더 많은 쓰레기가 돌아온다"는 점이었다. 좀 가혹한 이야기다. 다른 말로 하면 그들이 계획한 일정에 맞춰 제때 출시한 동작하는 소프트웨어의 양은 그들이 낸 성과 혹은 세상에 주는 영향과는 별로 상관이 없음을 고객이 배웠다는 뜻이다.

그가 연락해 왔을 때 나는 UX 디자인과 애자일 개발에 대한 전문가로 알려져 있었다. 나는 스스로를 "나는 디자이너다. 생각하는 디자이너다. 그러니 반드시 디자인으로 생각(design thinking)할 것이다"라고 여겼다. 하지만 내가 틀렸다. 고객이 원했던 건 그게 아니었다. 다행스럽게도 그 생각을 입 밖으로 말하진 않았다.

디자인 씽킹은 원래 IDEO라는 회사가 일하는 방식을 나타낸 것이고 나중에 스탠포드 대학의 디자인 스쿨에서 설명하고 가르친 방식이다. 요즘에는 수많은 대학에서 디자인 씽킹을 가르치고 세계적으로 많은 회사에서 사용하고 있다.

디자인 씽킹 프로세스는 앞서 설명했듯이 여러 절차로 이루어진다. 이는 확실히 좋은 아이디어라고 생각한다. 하지만 실제로 나와 대부분의 사람들은 이와 정확히 반대로 하는 경향이 있다. 나쁜 결과가 자주 발생하는 이유다.

디자인 씽킹

해결할 가치가 있는
문제를 찾아내는 데
대면(face-to-face)
시간을 사용할 것

여러 가능/불가능한
해결책을 찾아내기

실제 사용자와 함께
문제가 해결되는지
알아보기 위해
테스트할 것

 공감 정의 [집중] 아이디어 생산 프로토타입 테스트

여러 분이 학습한 것을
이해하고 특정 사람이나
문제에 집중할 것

해결책을
프로토타입으로
실체화할 것

하나의 교차 기능 팀
(cross-functional team)이
전체 프로세스를 진행함

폭포수 모델 방식이 아님

디자인 씽킹의 각 단계를
생각하는 단계로 사용하고
자유롭게 앞뒤로 옮겨 다닐 것
→ 하지만 각 단계에서는
고정된 시간만 사용할 것

디자인 씽킹 접근법의 가장 첫 번째 단계는 공감이다. 통상적인 디자인 프로세스에서 부르는 리서치를 떠올렸을 테지만 이 단계가 공감이라고 불리는 이유는 이 일의 가장 중요한 성과가 여러분의 제품을 사용하는 사용자가 실제로 어떻게 느끼는지 이해하는 단계이기 때문이다. 이를 위해서는 사용자가 있는 곳으로 가서 그들을 만나고 어떻게 일하는지 보고 더 완벽하게 하자면 옆에서 일해 봐야 한다. 물론 여기서 얘기하는 게 외과의를 위한 소프트웨어를 만든다고 해서 아마추어 외과의가 되라는 건 아니다. 하지만 그들의 입장에서 이해할 수 있도록 최선을 다해야 한다. 데이터는 얻지만 시종 공감이 생기지 않는 전통적인 리서치, 특히 정량적인 설문 조사 같은 방법이 아님을 염두에 두는 게 중요하다.

고객 및 사용자와 직접 대화하자.

직접적으로 그들을 돕겠다고 도전해보자.

다음 단계는 정의라고 부른다. 공감하는 과정에서 많은 것을 배운다. 하지만 공유된 이해를 구축하기 위해서는 정의한 내용이 보편타당 해야 한다. 수많은 협업을 통해 스토리를 이야기하고 우리가 배운 내용을 공유하고 정제한다. 그리고 우리가 집중할 특정한 사람과 문제를 선택한다.

이 지점에서 사람들이 무언가를 하는 방식을 드러내기 위해 사용자 스토리 맵을 사용해보자. 스토리 맵에 보고 배운 세부사항을 포함시키자. 사용자를 힘들게 하는 게 뭔지, 어떻게 되길 원하는지에 초점을 둔다. 간단한 페르소나를 사용해 배운 것을 종합하여 적절한 사용자 예제를 만들자. 그리고 우리가 집중할 문제를 선택하자.

한 개 혹은 몇 가지 문제에만 집중하자.

그 문제들을 구체적으로 기술하자.

다음 단계는 아이디어 생산이다. 지난 장을 주의 깊게 읽었다면 디자인 스튜디오라는 간단한 실천법을 다뤘던 걸 기억할 것이다. 디자인 스튜디오는 아이디어를 생산하기에 좋은 접근법이다. 일반적인 비즈니스 관행에서는 실행 가능한 아이디어를 처음 낸 사람이 승자이고, 일어남 직한 다수의 아이디어를 찾아내는 일은 시간 낭비로 여긴다. 처음에 냈던 여러 개의 해결책이 적절하고 명확하다고 생각한다면, 그리고 정말 혁신적인 해결책을 찾는 것이 중요하다면, 실제 그 기억이 맞는지 돌이켜 생각해보자.

나는 스토리 맵을 아이디어를 생산하기 위한 전 단계로 주로 사용한다. 스토리 맵을 이용해 사용자가 골치 아파하는 부분과 좋아하는 부분 그리고 사용자에 대한 다른 정보를 보여준다. 그런 다음 그것들에 대해 바로 아이디어 브레인스토밍을 한다. 해결책 아이디어를 카드나 포스트잇에 그대로 써서 해당 해결책이 가장 적합한 부분에 끼워 넣는다.

고객과 사용자의 문제를 해결할 수 있는
해결책 여러 개를 신중하게 찾아내자.

다음 단계는 프로토타입 만들기다. 이제 우리 모두가 프로토타입이 무엇인지 안다. 하지만 프로토타입 만드는 과정을 건너뛰고 바로 제품을 만들 때가 더 많다. 정말 애석한 일이다. 간단하게 종이로 프로토타입을 만들어 보면 우리가 찾아낸 해결책에 대해 깊게 생각해 볼 수 있다. 그리고 실제처럼 제품을 경험해 볼 수도 있다. 종이나 간단한 도구를 사용해 프로토타입을 만들어보자. 이 과정을 통해 동작하지 않는 아이디어를 많이 걸러낼 수 있다. 실제로 제품을 사용하는 것처럼 시뮬레이션해 봄으로써 해결책을 더 낫게 만들어 줄 아이디어 생산을 지속할 수 있다.

최상의 해결책을 탐색하기 위해 간단한 프로토타입을 만들어보자.
해당 해결책으로 사용자와 고객이 그들의 문제를 해결할 수 있는지
평가할 수 있도록 프로토타입을 발전시키자.

마지막 단계는 테스트다. 버그가 있는지를 확인하라는 게 아니다. 그 해결책이 정말 누군가의 문제를 해결해 주는지 여부를 학습하라는 뜻이다. 버그가 있는데도 사용자의 문제 해결은 가능하다는 점에 놀랄 수도 있다. 집중하기로 선택한 문제를 해결할 것이라 믿는 프로토타입을 만들고 나면 그 프로토타입을 해당 제품을 사용할 사람들 앞에 내놓아 보자. 프로토타입은 엄밀하게 말하면 '완제품을 보여주고 이야기하기'가 절대 아니다. 그리고 판매하기 위한 것도 분명 아니다. 프로토타입은 잠재적인 사용자들이 자신의 문제를 해결하기 위해 사용할 수 있는 무언가로 인식해야 한다. 실제 과업을 완수하기 위해 프로토타입을 사용해 봐야 한다. 그 프로토타

입의 많은 부분을 진짜처럼 보이게 만들어서 그렇게 할 수 있다.

> 만든 해결책을 그 제품을 사거나 사용할 사람들 앞에 내놓자.
> 처음부터 성공할 것을 기대하지는 말자.
> 이를 반복하고 해결책을 향상시키자.

이 다섯 단계에 더해서, 디자인 씽킹은 여러 분야 전문가로 이루어진 소규모 협업팀이 단순한 모델, 스케치, 초안 정도만 나온 문서와 잦은 의사소통을 통해 함께 빠르게 일하는 것을 강조하는 작업 방식이다. 12장에서 내가 설명했던 탐색팀과 다른 협업자들이 어떻게 했는지 기억해 보자. 그들이 일하는 방식은 공유된 이해의 구축을 강조했음을 알아야 한다.

디자인 씽킹의 요소들을 사용하면 우리가 해결하려는 문제를 이해하는 데 도움이 된다. 이는 사실이 아닌 것을 사실이라고 상상하며 문제에 빠져드는 것을 막아준다. 완전히 기능하는 확장 가능한 해결책에 큰 투자를 하기 전에 프로토타입과 해결책 테스트 하는 일은 우리가 사람들에게 정말 가치 있고 그들이 사용할 수 있는 해결책을 만들고 있는지 검증하는 데 유용하다.

하지만 디자인 씽킹만으로는 다른 문제가 생길 수 있다.

좋은 것을 망치는 방법

디자인 프로세스는 오랫동안 존재했다. 일반적인 디자인 접근방법으로서의 디자인 씽킹도 그렇다. 그리고 이러한 디자인 프로세스를 잘 완료하면 암울했던 옛 시절을 뛰어넘어 엄청난 개선을 이룰 수 있다. 하지만 프로세스와 숙련도(skill)를 혼동하지 말자. 디자인 프로세스의 실패를 예측할 수 있는 몇 가지 방법이 있다. 이렇게 좋은 디자인 프로세스대로 진행했음에도 너무 시간이 많이 걸리고 성과도 별로였다면 이런 종류의 프로세스는 동작하지 않는다고 생각할 수도 있다. 하지만 그건 프로세스가 아니다.(숙련도다.)

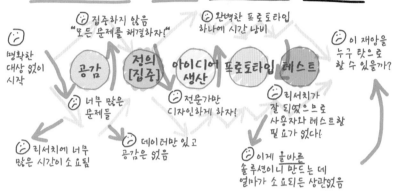

다음은 디자인 프로세스를 망치는 흔한 몇 가지 방법이다.

- 비즈니스 요구사항과 대상 고객을 정하지 않고 시작하기. 이렇게 하면 누구에게 집중해야 할지 우선순위를 정하기 어렵고, 좋은 해결책을 찾고 있는지 말하기 어렵다.
- 조사하고 배운 내용을 이해하는 데 많은 시간 소모하기. 배울 것은 끊임없이 나타나서 멈출 수가 없다. 이번 반복주기에 완수하지 못한 일은 다음으로 넘기는 타임 박싱(time-boxing)은 좋은 아이디어다.
- 사용자나 고객으로부터 뭘 배웠는지 사람들과 이야기하는 데 시간을 낭비하지 말자. 어쨌든 우리는 많은 데이터를 얻었고, 데이터를 기반으로 만든 우리의 해결책 아이디어는 훌륭하다. 이제 그것들을 디자인하기만 하면 된다.
- 특정 문제에 집중하지 말고 수많은 사람을 위한 더 많은 문제를 해결하려고 노력하기. 더 많은 문제를 해결하면 더 나은 결과를 얻을 수 있다. 큰 문제 하나가 큰 해결책 하나로 해결되는 경우는 예외지만, 상반되는 요구사항 여러 가지를 한 가지 해결책으로 해결하려고 하면 누구도 좋

아하지 않는 해결책이 될 수도 있다.

- 여러 가지 해결책을 고려해 볼 수 있지만, 해결책 아이디어를 내는 건 진짜 디자이너에게만 요청하기. 그들은 좋은 아이디어를 내도록 훈련받은 사람들이다.
- 여러 가지 해결책을 검토하는 데 시간을 낭비하지 말자. 우리의 아이디어는 훌륭하다.
- 정말로 진짜처럼 보이지만 고객이나 사용자가 실제로 사용할 수 있을 만큼 제대로 동작하지 않는 아름답기만 한 프로토타입. 사용자들은 이걸 보고 "정말 멋져 보이네요"라고 할 뿐이다.
- 제대로 연구하여 전문적으로 설계한 해결책이니 동작할 것이라고 스스로, 그리고 다른 이들을 설득하기. 어쨌든 여러분은 엄격한 디자인 프로세스를 따랐다. 잘못될 리가 없지 않겠나?
- 제품을 만드는 데 비용이 얼마나 들지 걱정하지 말기. 올바른 해결책이기 때문에 얼마가 들어가든 괜찮다.
- 고객과 사용자에게 해결책을 출시했는데 여러분이 예상했던 성과가 나오지 않았다면, 프로세스 상에서 오류가 있는 부분을 찾자. 혹은 비난할 수 있는 사람이나 그룹을 찾을 수도 있다.

내가 좀 냉소적이었나? 나는 디자인 프로세스를 사용하는 것을 강력하게 지지하는 사람이다. 하지만 이상하게도 그것에 대해 불평하는 내 자신을 자주 발견한다. 게다가 이 실패 목록의 대부분에 죄책감을 느낀다. 하지만 지난 몇 년간의 경험에 비춰보면, 전통적인 디자인 접근법에서 약간만 바꿔도 디자인 프로세스를 개선할 수 있다는 걸 발견했다.

짧고 유효한 학습 순환 고리

에릭 리스는 《린 스타트업》의 저자이다. 그의 책에서 에릭은 앞서 내가 '암울했던 옛 시절'이라 표현했던 함정에 어떻게 빠졌는지 설명했다. 그는 스타트업 CTO로서 회사가 성공하리라 믿는 제품을 만들려고 노력했다. 다만 그들의 목표 고객과 사용자들이 그렇게 생각하지 않았을 뿐이었다. 사실, 좋다는 피드백과 나쁜 피드백, 철저한 무관심이 뒤섞여 있었다. 확실히 그들이 원했던 성과와 반응은 아니었다.

스티브 블랭크(Steve Blank)는 그 회사의 조언자 중 한 명이었다. 스티브는 *The Four Steps to Epiphany*(K&S Ranch, 2013)의 지은이다. 그는 그 책에서 여러분이 해야 할 가장 첫 번째 일은 제품을 만드는 게 아니라 고객을 만드는 일이라고 했다. 그는 여러분이 해결책에 관심이 있는 고객을 찾아냈는지 여부를 점진적으로 검증하고, 여러분의 마음속에 있는 해결책을 과연 그들이 구매하고 사용하며 다른 사람에게 이야기할지를 검증할 프로세스를 설명했다. 블랭크는 이를 '유효한 학습 프로세스'라고 불렀다.

에릭 리스가 제품 개발에 한 가장 큰 기여는 생각을 단순화하고 '제품화'하여 간단한 주문(만트라, 만들기-측정하기-학습하기)으로 만든 것이다. 에릭은 이 간단한 학습 사이클에 소요되는 시간을 줄이는 데 중점을 뒀다. 전통적인 설계 프로세스의 단점은 학습과 설계에 너무 많은 시간을 소비한다는 점이다. 해결책 설계에 너무 오래 매달리면 애착이 생겨서 기대했던 성과를 가져오는지 제대로 검증하기 어려워진다. 전통적인 설계 프로세스가 해결책 아이디어를 검증하는 데 몇 주 혹은 몇 달 할 것을 린 스타트업 프로세스에서는 대개 며칠 안에 끝낸다.

이름에 대해

나는 린 스타트업 사고의 모든 것을 좋아한다. 하지만 한 가지 맘에 들지 않는 건 이름이다. 린 스타트업이 그 정도로 '린'은 아니다. 그 개념은 스타트업에서만 사용하기에는 너무 중요하다.

린은 수십 년 전 도요타 프로세싱 시스템에 설명했던 린 사고방식(Lean thinking)과 원칙을 사용하는 것을 뜻한다. 그리고 현재 린 사고방식은 개발을 포함해 더 많은 영역에서 사용되고 있다. 린 사고방식에는 훌륭한 아이디어가 많이 들어있고, 린 스타트업은 단지 그 일부만 다루고 있다.

에릭은 큰 규모의 사업체 안에서도 스타트업 같은 조직을 만들기 위해 노력했다. 위험성이 크거나 불확실한 부분이 많은 사업에는 스타트업 사고방식으로 접근하는 게 좋다. 만약 "이 프로젝트에는 큰 위험이나 불확실성이 없어요"라고 말하고 있는 자신을 발견한다면, 여러분이 너무 자신만만한 게 아닌지 생각해봐야 한다. 어느 정도 위험은 항상 존재하고 린 스타트업에서 설명한 학습 전략은 대부분의 경우 상당히 유용하다. 하지만 여러분 자신이나 다른 사람에게 여러분이 스타트업처럼 행동해야 함을 정당화하려고 노력할 필요는 없다.

린 스타트업 사고 방식이 제품 디자인에 미치는 영향

암울했던 옛 시절에는 커다란 아이디어로 시작해서 그것을 만들고 잘되길 빌었다.

우리가 엄격한 디자인 프로세스를 사용해 그 함정에서 벗어나고자 한다면, 최선을 다해 우리의 훌륭한 아이디어들을 잠시 옆으로 치워두고 해결하려는 문제를 이해할 수 있도록 깊이 있는 연구를 해야 한다.

다음에 이어지는 내용은 우리가 린 스타트업 사고방식을 이용해 현 시점에서 어떻게 하면 좋을지 추천하는 방법이다.

추측으로 시작하기

그렇다. 추측이다.

암울했던 옛 시절에는 추측을 해 놓고는 그렇지 않은 척했다. 디자인을 진행하면서도 개인적으로 추측하는 건 허용되지 않았다. 여러분은 어찌됐

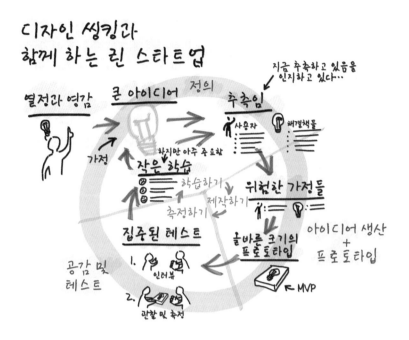

디자인 씽킹과
함께 하는 린 스타트업

지금 추측하고 있음을
인지하고 있다…

열정과 영감   큰 아이디어 정의   추측임

사용자   해결책들

가정   하지만 아주 중요함

작은 학습

학습하기

측정하기   제작하기   위험한 가정들

집중된 테스트   올바른 크기의   아이디어 생산
프로토타입   +
프로토타입

공감 및   1. 인터뷰
테스트   MVP

2. 관찰 및 측정

든 추측하고는 그렇지 않은 척했을 것이다. 자, 이제 그런 척하기를 그만
두자.

　간단하게 추측이라고 표현했지만 아무런 근거 없이 추측만 하는 건 아
니다. 일이 시작되게 하는 열정과 경험, 통찰이 혼합되어 어떠한 가정을
하고 이를 근거로 하여 추측한다. 나는 대개 간단한 프로토타입을 스케치
하면서 사용자가 누구인지 헤아려 본다. 간단한 '현재'의 스토리 맵을 작성
함으로써 그들이 현재는 어떻게 과업을 수행하는지 설명해본다. 이것을
사용자와 고객, 그들과 직접적으로 함께 일해본 경험이 있는 누군가와 협
업을 통해 진행한다. 몇몇 상황에서는 이 과정에 고객과 사용자가 직접 참
여할 것이다. 그래서 사실 팀이 추측한 대부분은 거의 추측이 아니다. 그
러나 몇 주 혹은 몇 달 걸리던 전통적인 고객 연구와도 다르다. 우리는 이
단계에 몇 시간 혹은 며칠 정도만 사용한다. 절대 몇 주나 몇 달을 사용하
지 않는다.

소프트웨어를 사용할 사람이 누구인지 그리고 우리가 집중해서 해결할 문제가 무엇인지 이해를 공유하고 나면 해결책에 대해 추측해 보자. 그리고 디자인 씽킹을 사용해 다양한 해결책을 고려하고 제시하자. 우리는 최선의 해결책이 뭔지에 대해 빠르게 수렴하려고 노력할 것이다. 가끔 하나의 해결책을 결정하지 못하고 몇 가지를 고를 수도 있다. 어쨌든 우리가 틀렸을 수도 있다는 걸 아니까 하나를 고르는 데 너무 많은 시간을 소모하진 말자.

위험한 가정에 이름 붙이기

앞서 우리가 사용자와 그들이 직면한 문제에 대해 수많은 추측을 했기 때문에 그 추측에 이름을 붙여보자. 구체적으로 말하면, 진실이라고 믿는 것들에 글머리기호를 붙여 목록으로 작성하는 일이다. 그 목록에 있는 내용이 진실이 아님을 찾아낸다면 전부 다시 생각해 봐야 한다.

우리 해결책에 대해서도 동일한 작업을 한다. 사람들이 어떻게 반응하는지, 어떻게 사용할 것이라 믿고 있는지 생각해본다. 사람들이 우리 해결책을 어떤 방식으로 사용할 거라 생각하는지 마음속에 가설도 세워보자. 또, 그 해결책의 실현 가능성에 위협을 가하는 기술적인 위험에 대해서도 논의해보자.

고객, 사용자, 해결책에 대한 위험과 가정 목록이 주어지면 그중 가장 큰 위험요소로 판단되는 항목들을 골라낸다.

작은 테스트를 디자인하고 만들기

자, 여기가 정말 다른 지점이다.

암울했던 옛 시절에는 제품 전체를 놓고 계획하고 만들었다. 디자인 프로세스에서도 어떻게든 제품 전체 혹은 거의 대부분에 대해 프로토타입을 만들었다. 하지만 린 스타트업 접근법을 사용하면 가능한 한 빨리 학습하기가 우리의 목표이기 때문에 우리는 가능한 한 작은 프로토타입을 만들려고 최선을 다할 것이다. 그리고 그건 대부분의 경우 우리가 흔히 생각하고 있던 그런 프로토타입 수준은 안 된다.

다음은 ITHAKA(*http://www.ithaka.org/*)라는 비영리 단체에서 일하는 친구의 사례다. 그들은 JSTOR라는 제품을 만든다. 만약 여러분이 지난 10년 사이 미국에 있는 대학에 다닌 적이 있다면, 과제를 하려고 논문이나 책을 찾기 위해 도서관에서 JSTOR를 사용했을 것이다.

이 제품을 사용하는 학생들은 커피숍이나 집, 여행 중에도 어디서든 쉽게 사용할 수 있길 원했다. 하지만 학생들이 학교 밖에서 JSTOR에 접근하는 건 쉽지 않았다. 먼저 학교에 사용자명과 비밀번호를 설정해야 했다. 등록 후에는 커피숍에서 로그인할 수 있었고, 대학에서 라이선스한 모든 자료에 접근할 수 있었다. 이 문제에 대해 JSTOR 팀은 이미 고려해둔 해결책이 있었지만 학생들이 쉽게 사용할 수 없다는 단점 때문에 그 방법을 사용하지 않고 있었다. 그래서 그들은 이 문제 해결을 새로운 방식(디자인씽킹)으로 해보길 원했다.

그들은 이런 학생들에 대해 다음과 같은 가정을 했다.

- 커피숍이나 기숙사 방에서 작업한다.
- 그런 장소에서 JSTOR에 접속할 수 있는지 모른다.
- 또는 알고는 있지만 어렵다고 생각한다.

그리고 해결책에 다음과 같은 가정을 했다.

- 배우기 쉬워야 한다.
- 학생들이 도서관에 가지 않고도 JSTOR의 전체 기능을 이용할 수 있다는 것이 명확해야 한다.

이러한 가정을 테스트하기 위해 JSTOR 팀은 아직까지는 소프트웨어를 만들 필요가 없었다. 먼저 학생들과 대화가 필요했다. 특히 그들이 어디서 연구를 하는지, 언제 JSTOR를 이용하는지 등을 확인하기 위해서였다. 팀이 상상했던 문제점이 실제로 학생들이 직면한 문제가 맞는지 확인해야 했다. 맞다면 학생들 또한 팀의 해결책 아이디어가 자신들의 어려움을 해결해줄 것이라 생각하는지도 확인해야 했다.

팀은 많은 학생들과 대화해 보기로 계획을 세웠다. 그리고 학생들에게 해당 문제와 만들 예정인 해결책을 더 쉽고 일관되게 설명하기 위해 간단한 디자인 만화를 만들었다. 디자인 만화를 본 적이 없다면, 그 말 그대로의 것이라 생각하면 된다. 만화책에서 몇 쪽 잘라낸 것처럼 생겼다. 하지만 슈퍼 영웅과 악당 간의 전투를 보여주는 대신 해결책 아이디어를 이용해 진짜 문제를 해결하려는 진짜 사람이 그려져 있다.

다음은 JSTOR의 디자인 만화책 중 몇 쪽이다(ITHAKA의 승인하에 재작성했다. ⓒ 2014 ITHAKA, all rights reserved).

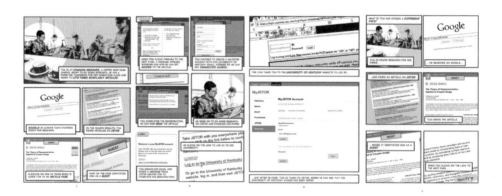

테스트 팀은 학생들과 그들이 현재 겪는 어려운 점에 대해 학습한 후 학생들과 인터뷰를 진행했다. 그리고 학생들과 함께 시나리오를 검토하여 그들이 고안한 해결책이 학생들이 직면한 문제를 해결할 수 있는지 확인했다. 그들은 완전한 프로토타입을 만들지 않았다. 그들은 해결책이 정말 사용 가능한지 염려했지만 만화책으로는 가용 여부를 알 수 없었다. 테스트를 하려면 어느 정도의 프로토타입 코드를 만들어야 했고, 기술적인 고려 사항도 몇 가지 있었다. 하지만 이 중 어떤 것도 학생들이 처한 문제가 아니거나 학생들이 그들의 아이디어에 반응하지 않는다면 중요하지 않았다.

가장 작은 테스트 해결책은 린 스타트업에서 최소 기능 제품이라고 부른다. 에릭 리스는 그게 전체 제품이 아님을 알고 있다. 하지만 여러분의 목표가 학습이라면 그것은 학습하기 위해 만들 수 있는 가장 작은 제품이다.

테스트를 고객 및 사용자와 함께 실행해 측정해 보기

테스트를 고객과 사용자 앞에 내놓자. 초기 작업에서 이것은 대개 인터뷰 일정을 잡고 사람들과 시간을 보내는 걸 뜻한다. 소매점용 해결책을 만들고 있다면 고객에게 끼어들기(customer interception)를 할 수 있다. 이는 고객과 사용자가 있는 곳으로 가서 그들이 하던 일을 멈추게 하고 그들과 대화하는 방법이다. 나는 일하는 사람들과 함께 쇼핑몰이나 커피숍, 관광 명소 등에 가 본 적이 있다.

JSTOR은 여러 학생과 대학원생을 모집했다. 우선 그들과 인터뷰를 하고 그들이 현재 어떻게 하고 있는지 학습하기 위한 대화를 30분에서 60분 가량 했다. 이를 통해 팀은 해결하려고 하는 문제에 대한 그들의 가정이 맞는지 확인할 수 있었다. 그리고 해결책 아이디어에 대한 학생들의 반응을 얻기 위해 학생들이 디자인 만화를 순서대로 따라가도록 했다.

해결책과 가정에 대해 다시 생각해 보기

테스트를 몇 번 수행하고 나면 예측 가능한 결과를 얻을 수 있다. 만약 여러분이 틀렸다면 상당히 빠르고 빈번하게 학습할 수 있다. 이번에 배운 내용을 반영하자. 테스트를 하며 배운 내용들을 사용자와 그들이 현재 하고 있는 방식에 대해 알고 있다고 생각한 스토리에 추가하자. 그것을 이용해 해결책을 다시 생각해 보자. 그런 다음 사용자와 해결책에 대해 세웠던 가정을 다시 생각해 보자. 그 뒤에 다음 테스트를 디자인한다.

JSTOR 사람들은 테스트를 수행한 뒤 어떤 학생들은 그들이 생각한 문제를 가지고 있지 않다는 점을 알았다. 통상적이라면 이건 실망스러운 소식일 것이다. 우리 모두는 틀리는 것을 싫어하기 때문이다. 하지만 린 스타트업 접근법에서는 훌륭한 소식이다. 며칠간의 생각과 작업으로 그들이 틀렸다는 것을 찾아냈기 때문이다. 이는 팀이 소프트웨어를 만든 뒤 몇 주 후에 찾아내는 것과 아주 다르다.

여러분이 이러한 접근법을 사용하고 있다면, 당면한 가장 큰 과제는 틀릴 걱정을 하는 것이 아니라, 틀린 것에서 배울 내용을 축하하고 학습해야 한다.

> 린 스타트업 접근법에서는 학습에 실패하는 일이
> 흔하게 일어나는 가장 큰 실패다.

린 스타트업 접근법에서 만들기는 여러분이 할 수 있는 가장 작은 실험을 뜻한다. 측정하기는 작동하는 소프트웨어를 통해 얻어진 통계나 인터뷰 또는 대면 프로토타입 테스트에서 얻어진 직접 관측 자료 혹은 둘 다일 수 있다. 학습은 우리가 정보를 처리한다는 뜻이다. 학습하기는 우리가 설정한 가정에 대해 다시 생각해 보고, 최고의 해결책이라고 믿는 것을 개선하는 일이다.

스토리와 스토리 맵은?

"스토리와 스토리 맵은 여기서 어디에 쓰이나요?"라고 물을 수 있다. 그리고 이러한 의문은 합당한 것이다.

유효한 학습 방식을 통해 여러분은 지속적으로 사용자는 누구인지, 그들이 뭘 하고 왜 하는지에 관한 스토리를 이야기할 것이다. 스토리 맵을 사용해 사람들이 현재는 해당 과업을 어떻게 수행하고 있는지, 그들이 해결책을 어떻게 사용할 것이라 생각하는지 등 더 크고 중요한 스토리들을 이야기할 때 사용할 것이다. 프로토타입을 만들 때가 되면 제작 중인 프로토타입이 어떻게 보여야 하는지, 프로토타입이 동작하는 범위는 어디까지인지 확정해야 한다. 이를 합의하기 위해 여러분은 스토리와 스토리 대화를 사용할 것이다. 스토리가 일하는 방식이라는 걸 이해하고 나면 여러분은 스토리를 언제 사용하고 사용하지 않을지 구분하기 어려울 거다.

그런데 탐색하는 동안 스토리를 사용하는 방식에는 큰 차이점이 있다. 대개 우리가 스토리를 사용하는 건 우리가 만들려고 하거나 제품에 집어넣으려고 하는 소프트웨어와 관련된 개발자, 테스터, 소프트웨어와 관련된 수많은 사람들과 이야기할 때다. 우리는 서로 간에 공유된 이해를 견고하게 구축하기 위해 열심히 일할 것이다. 그러는 동안 소프트웨어를 어떻게 만들지 수많은 세부사항을 얻을 테고 이 과정에서 충분한 학습이 이루어져 제품을 만드는 데 얼마나 소요될지 추정할 수 있게 된다. 하지만 우리가 탐색에서 일하는 방식은 더 빠르다. 우리가 원하는 건 간단한 프로토타입을 며칠이 아닌 몇 시간 내에 만드는 것이다. 코드나 실제 데이터를 이용하여 프로토타입을 만들더라도 며칠 내에 해야지, 몇 주가 걸리면 안 된다. 우리는 학습을 위해 만들고 우리 아이디어의 대부분이 틀릴 수도 있다는 것을 알고 있으며 또는 최소한 성공을 위해선 조정이 필요하다는 것을 알고 있다. 그래서 우리는 함께 빠르게 일하고 빠르게 동의하고 형식상의 절차를 최소화하는 데 집중해야 한다.

탐색과 유효한 학습을 진행해 나가면서 여러분은 스토리를 지속적으로 이야기했을 테고 아이디어를 만들 수 있는 작은 조각들로 쪼갰을 것이다. 또한 정확히 무엇을 만들어야 하는지 동의도 했을 것이다. 엄청 빠르게 했기 때문에 여러분이 스토리를 이용했는지 확실하지 않을 수도 있지만 여러분은 스토리를 사용했다.

16장

개선하기, 정의하기, 만들기

그러면 이제 무엇을 해야 할까? 스토리가 소프트웨어를 만드는 데 필요한 논의를 계획하고 진행하기 위한 도구라면 우리가 해야 할 일은 수많은 대화다.

카드, 대화, 더 많은 카드, 더 많은 대화...

처음에 한 여러 번의 대화는 여러분이 그 기회를 잘 이해하는 데 유용하다. 누가 제품을 사용할지에 대해 이야기하고, 자신에게 가치 있는 무언가를 달성하려면 사람들이 그 제품을 어떻게 사용할지에 대해서도 상상해 보았다. 깊이 있는 대화를 거치면서 그 거대한 기회를 충분히 작은 부분 여러 개로 쪼갰기 때문에 그중 어떤 부분이 다음 출시에 반드시 포함되어야 할 중요한 부분인지 아니면 그다지 중요하지 않아 좀 더 시간을 두고 정해도 되는 부분인지 이야기할 수 있었다. 출시 백로그에 실현 가능한 다음 출시를 보여 주는 여러 스토리를 수집해 두었다.

여러분이 현명하다면 다음 대화에서는 소프트웨어가 어떻게 생겨야 하는지, 어떻게 동작해야 하는지 그리고 현재 제품 및 소프트웨어 아키텍처와 어떻게 접합될 수 있는지에 대해 깊이 있게 다룰 것이다. 게다가 지금까지의 과정을 통해 이런 대화를 할 때 주의해야 할 위험 요소도 살폈을 것이다. 앞에서 스토리를 개발 가능한 여러 부분으로 나누었기에 더 많이 더 빠르게 학습했을 것이다. 그리고 현명하게도 출시 백로그를 초기에는 학습하고, 중간에는 개발하며, 나중에 개선할 수 있도록 여러 스토리로 분산시켰을 것이다.

하지만 이제부터가 진짜다. 스토리를 최적화하기 위한 마지막 대화를 할 시간이다.

다듬기와 연마하기

개발을 시작하려는 참이고 스토리텔링에서 우리가 만들어야 할 것을 정확하게 나타냈다면 묘사한 소프트웨어를 만드는 일이 순탄하고 계획한 대로 진행될 것임을 알고 있다. 하지만 이 모든 대화를 거치고 남은 스토리는 조금 덜 다듬어진 듯한 인상을 준다. 사실 우리는 그 스토리의 세부사항에 대해 충분히, 다시 말하면 스토리들이 무엇이고 무엇이 아닌지를 정확히 이해할 수 있고 개발에 정말로 얼마나 걸릴지 말할 수 있을 정도로 이야기해 보지 않았을 수 있다. 하지만 이 문제를 해결해 줄 마법의 장치가 있다.

우아하게 설계된 작은 기계를 떠올려 보자. 그 기계의 왼쪽에 있는 큰 깔때기에 출시 백로그에 있는 들쭉날쭉하고 거친 스토리를 넣는다. 그러면 그 기계의 내부에서 갈고 다듬는 작은 소리를 들을 수 있다. 그러고 나면 오른쪽에 있는 작은 출구에서 작고 광나는 조그만 덩어리가 나온다. 이 조그만 덩어리들은 팀원들이 집어 들어 고품질 소프트웨어를 예상대로 만드는 데 쓸 수 있다.

밖에서 보기엔 이 기계가 마법을 부리는 것처럼 보인다. 하지만 내부에서는 여러분과 여러분의 팀이 정말 진지하게 돌을 자르고 연마하는 논의를 하고 있다. 기계 내부에 숨겨진 그 특별하고 비밀스러운 장치가 바로 스토리 워크숍이다.

11장의 내용을 기억한다면, 스토리 워크숍은 적합한 사람들이 함께 마지막으로 그 스토리를 이야기해 보는 작고 생산적인 대화다. 이 워크숍에서는 정확히 무엇을 선택하여 만들지에 대해 모든 어려운 결정도 내린다. 이 깊이 있는 스토리 대화 워크숍의 끝은 확정이다. 최종적으로 우리는 카드-대화-승인(card-conversation-confirmation) 흐름의 마지막 C를 얻는다. 그리고 이 C는 우리가 거친 돌들을 자르고 연마하는 데 정말로 유용하다.

스토리 워크숍

이 시간에 필요한 사람은 개발자, 테스터, 그리고 사용자가 누구인지와 UI가 어떻게 보이고 동작해야 하는지 이해하고 있는 사람, 즉 UI 디자이너나 비즈니스 분석가를 포함한 작은 그룹이다. 이 그룹은 화이트보드 앞에서 함께 효과적으로 일할 수 있을 만큼 작을 때 최고의 결과를 낸다. 대개 세 명에서 다섯 명 정도다.

스토리 대화는 회의라기보다 워크숍이다

이 대화는 워크숍이지 회의가 아니다. 회의라는 단어는 비생산적인 협업의 완곡한 표현일 뿐이다. 스토리 워크숍은 수많은 생산적인 논의와 적절한 몸짓, 화이트보드 상의 그림과 스케치로 구성되어야 한다. 정확히 무엇을 만들지 결정하기 위해 함께 일해야 한다. 이 워크숍의 끝에는 명확한 이해가 공유되어야 하고 이 생산적인 단어와 그림을 이용한 대화를 어딘가에 저장해 두어야 한다.

이전까지의 모든 대화에서 세부사항을 다루기는 했지만 그 순간에 필요한 결정을 내릴 수 있을 만큼만 깊게 다루었다. 지금 내리는 결정은 다음 질문에 답하는 데 초점을 맞추고 있다. 정확히 무엇을 만들 것인가?

이 대화를 하는 동안 스토리가 너무 크다는 사실을 알아챌 것이다. 하지만 크다는 말의 의미는 개발하기에 이상적이라고 생각하는 크기, 즉 2~3일보다 많이 걸리는 정도다. 물론 항상 크기만 하지도 않다. 하지만 여러분이 만약 크다고 가정했어도 아무 문제없다. 다행히 여러분은 큰 스토리를 개발과 테스트, 시연을 할 수 있을 만큼 작은 스토리로 나누는 데 도움을 줄 수 있는 적합한 사람들과 함께 있다. 이 팀과 함께 제품을 개발하고 성장시키자.

스토리 워크숍 레시피

스토리 워크숍을 이용해 개발팀이 만들어야 하는 것을 구체적으로 정의하고 더 잘 이해하게 하자. 이 워크숍은 많은 그림과 데이터를 이용하는 생산적인 대화이며 팀이 결정을 내리고 승인, 즉 우리가 만들기로 선택한 것의 인수 기준을 만드는 데 도움이 된다.

워크숍을 시작하기 전, 여러분이 어떤 스토리를 워크숍 대상으로 삼을지 팀에 알려 준다. 벽에 붙여 두거나 그렇지 않으면 전체 공지를 한다. 그리고 각 팀원이 참석 여부를 선택할 수 있도록 한다.

생산성을 유지할 수 있게 워크숍 규모는 작게 하기. 세 명에서 다섯 명 정도가 좋다.

적합한 사람들을 포함하기. 이 대화가 효과적이려면 다음과 같은 사람들이 필요하다.

- 사용자를 이해하고 UI가 어떻게 동작할 수 있는지 또는 동작해야 하는지 이해하고 있는 사람. 제품 책임자, UX 전문가 또는 비즈니스 분석가가 주로 이에 해당한다.
- 소프트웨어가 추가될 코드 베이스를 이해하고 있는 개발자 한두 명. 실현 가능한 게 뭔지 제일 잘 파악할 사람들이다.

- 제품 테스트를 도와 줄 테스터. 그는 종종 다른 사람들이 낙관적으로 생각하는 부분에 대해 '~이렇게 하는 게 어때(what about)'를 고려하게 하는 어려운 질문을 던질 것이다.

참석할 인원을 고를 때 각각의 역할을 고려해야겠지만 충실한 대화를 나눌 수 있는 구성원의 수는 '저녁 식사 대화 크기'라는 점을 기억하자.

한 사람이 두 가지 역할을 해야 하는 경우도 있다. 예를 들어, 어떤 조직에서는 비즈니스 분석가가 테스터를 겸하는 경우를 종종 봤다. 만약 모든 고려사항이 다 깊게 다뤄지지 않는다면 워크숍을 잠시 멈추고 빠진 부분을 살펴볼 수 있는 사람을 팀에서 찾도록 하자.

깊이 있게 다루고 다른 선택사항 고려하기. 대화 중 깊이 있게 다뤄야 할 내용은 다음과 같다.

- 사용자가 정확히 누구인가?
- 그 사용자가 정확히 어떻게 소프트웨어를 쓸 것이라 생각하는가?
- UI는 정확히 어떤 형태여야 하는가?
- 그 UI와 함께 소프트웨어는 정확히 어떻게 동작해야 하는가? UI는 비즈니스 규칙 및 데이터 검증과 밀접한 관련이 있다.
- 대략적으로 어떤 일정으로 소프트웨어를 만들 것인가? 개발에 얼마나 걸릴지 예측해야 하기 때문이다. 다행히 이 시점엔 충분히 구체화되어 있을 것이기에 그것이 얼마나 걸릴지 좀 더 정확히 예측할 수 있다.

그게 무엇이든 반드시 만들어야 하는 건 아니다. 비용이 많이 들거나 복잡한 해결책으로 논의가 흘러간다면, 한 발 물러나 정말 해결해야 하는 문제와 그것을 해결하기 위해 세울 수 있는 대안에 대해 논의하자.

무엇을 만들지에 대한 동의. 공유된 이해를 구축하기 위해 충분한 대화를 한 후 다음 질문에 대답해 보자.

- 이 소프트웨어가 완료되었음을 확인하려면 무엇을 확인해야 하는가?
- 우리가 나중에 그 소프트웨어를 함께 검토할 때 시연은 어떻게 해야 하는가?

대화하고 기록하기. 화이트보드나 플립차트를 이용해 그림을 그리고 예제를 적고 선택 사항을 고려한다. 함께 만든 결정 사항이 허공에 사라지게 두지 말자. 화이트보드나 플립차트에 기록해 두고 모두가 볼 수 있는 곳에 두자. 노트와 그림을 사진으로 찍어 두고 나중에 설명을 적어 두자.

예를 들어 말하기. 가능하다면 사용자들이 무엇을 하는지 구체적인 예제를 적고 정확히 어떤 데이터가 입력될지, 그에 대한 응답으로 사용자가 정확히 어떤 화면을 보게 될지 이야기하거나 여러분의 스토리에 가장 잘 맞는 예제를 이용하자.

나누고 날씬하게 만들기. 세부사항을 논의하고 개발 시간을 따져보면 종종 스토리가 개발 주기에 맞추기엔 크다는 사실을 알아챌 것이다. 그룹과 함께 그 큰 스토리를 나누거나 부수적인 추가 사항들을 제거해서 스토리를 '날씬하게' 만들자.

만약 다음과 같다면 제대로 안 돌아간다.

- 아무도 참가하지 않는다: 한 사람이 요구사항이 뭔지 설명하고 다른 사람은 듣기만 한다.
- 인수 기준에만 집중하고 누가, 무엇을, 왜 하는지에 대한 스토리는 이야기하지 않는다.
- 기능적인 측면과 기술적인 측면 양쪽에서 선택 사항들을 고려하지 않는다.

스프린트 또는 반복주기 계획하기?

어떤 애자일 전문가들은 이 핵심적인 스토리 대화를 반복주기 계획이나 스프린트 계획 같은 계획 시간 중에 해결한다. 이 방식은 팀이 효과적으로 함께 일하고, 제품을 잘 이해한 상태로 논의에 참가한다면 괜찮게 작동한다. 내가 몇 년간 같이 일했던 몇몇 팀이 그런 방식으로 일했다.

하지만 내가 여러 애자일 팀에게서 들은 가장 큰 불평은, 이런 계획 회의가 늘 길고 고통스러운 시간이라는 말이다. 심지어 공유된 이해를 구축하지 못한 상태에서 그 고통스러운 회의를 끝내기 위해 적당한 지점에서 무엇을 만들지에 대해 모두가 동의해 버리기도 한다.

팀에 융합하기

– 니콜라 아담스(Nicola Adams)·스티브 바렛(Steve Barrett), RAC 보험, 호주 퍼스 (Perth)

비즈니스 분석가로서 역할을 수행하며 애자일 프로젝트 팀 세상에 처음 뛰어들었을 때 힘들게 얻은 교훈은 작성된 문서보다 협업의 힘이 강하다는 것이었다.

– 니콜라 아담스

배경

호주 서부 퍼스에 위치한 RAC 보험사 소프트웨어 개발 프로세스를 폭포수(waterfall) 방식에서 애자일 방식으로 전환하기 위한 여정 중 있었던 일이다. 경험 많은 비즈니스 분석가인 니콜라는 전통적인 방식으로 소프트웨어를 개발해 배포하는 방식에 아주 정통했다. 그녀의 역할은 해당 비즈니스 부문과 밀접하게 관련을 맺고, 문제 영역을 이해하며, IT 팀과 협력해 전달할 기능 사양을 문서로 만드는 것이었다. 의사소통은 다음과 같이 이루어졌다.

이전까지는 모든 경우의 수를 전부 다루기 위해 상세한 명세서 작성에 집중했다. 개발자들이 명세서를 잘 읽지 않는다는 것을 알고 있었기에 명세서 검토 회의 같은 여러 가지 방식을 시도했고 다양한 성공을 거두기도 했다. 대개 명세서를 완료한 뒤 개발과 테스트를 위한 지식이 필요해지는 순간, 즉 개발을 시작하는 순간까지 긴 시간이 걸렸다.

처음엔 어떻게 되었는가

명세서를 작성하고 싶은 마음은 쉽게 떨칠 수 없었다. 카드 뒷면에 적힌 요구사항을 만족시킨다는 개념은 사람들이 선뜻 이해하기 어려웠다. 니콜라가 담당하고 있는 기능 요구사항에 대해 개발자나 테스터가 충분한 정보를 얻지 못한다면 어떻게 그들이 그 일을 할 수 있을까? 그녀는 스토리의 맥락(narrative)을 만드는 데 집중하기로 했다. 규모를 제외하고는 기능 명세서와 크게 다르지 않았다. 의사소통의 흐름은 여전히 앞의 그림과 같았다.

　니콜라는 리뷰 회의를 다음과 같이 준비했다.

- 비즈니스 이해 관계자들에게서 요구사항 수집하기
- 요구사항과 데이터에 대한 깊이 있는 분석
- 요구사항을 작성한 스토리의 맥락을 서술하기(각 한 장에서 다섯 장 사이 분량), 해결책 설계 및 인수 기준 만들기
- 프로젝터를 이용해 작성한 스토리를 팀에 읽어 주고 질문 받기

불행하게도 성과가 그리 좋지 않았다. 리뷰 회의는 지루하고 감흥이 없었으며 대다수 팀원이 방관했다. 게다가 니콜라는 스토리를 준비하는 데 시간이 충분하지 않다고 느꼈으며, 팀은 개발하고 배포하는 동안 스토리에 서술된 내용을 무시했다.

설명회를 진행한 뒤 해당 분야 전문가이자 제품 책임자 역할을 하고 있는 샘은 이렇게 말했다. "이게 애자일 프로젝트라면 난 하고 싶지 않아요!!"

이건 고쳐야만 했다!

무엇이 바뀌었는가

프로젝트 매니저인 스티브는 이 문제를 다루고자 팀 회고를 진행했다. 회고 시간 동안 많은 핵심 사항을 도출했다. 그 중엔 스토리 서술 문서 폐지, 스토리 검토에 비즈니스 쪽 사람과 개발 팀 포함하기, 백로그 정리 회의와 스토리 리뷰를 주기적으로 실행하기 등이 있었다.

니콜라는 이것들을 단순히 적용하는 데 그치지 않고 그 의도를 완전히 수용했다. 다음 스토리 리뷰 회의는 이전에 경험했던 것과 완전히 달랐다.

팀은 더 이상 스크린에 비친 스토리 서술에 고통 받던 때처럼 지루하게 앉아 있지도, 방관하지도 않았다. 그들은 시각화 모델과 자료들을 이

용했고 제품 책임자와 해당 분야 전문가 그리고 개발팀이 함께 하는 진짜 스토리 대화에 몰두했다.

의사소통의 흐름이 바뀌었다. 니콜라는 더는 비즈니스 부서와 IT 부서 사이의 중간자가 아니었다. 그녀는 이제 비즈니스의 가치를 이해하고 있는 사람과 사용자에게 유용한 것인지 파악해 줄 수 있는 사람, 그리고 실현 가능한 게 뭔지 알고 있는 개발팀 사이에 대화가 흘러갈 수 있도록 해 주는 조력자가 되었다.

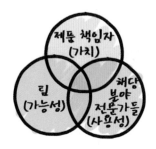

비즈니스 부서와 개발팀은 새로운 방식을 마음에 들어 했고 이제는 완전히 정착됐다. 해결하려고 하는 문제에 대한 이해가 공유됐고, 그룹으로 발산하고 수렴하는 과정을 통해 팀이 주어진 제약 사항 내에서 최적의 해결책에 도달할 수 있었다. 그리고 니콜라는 부담을 덜고 더 많은 시간을 가지게 되었다.

니콜라와 팀은 자신들만의 방법을 찾았다.

군중은 협업하지 않는다

고통스러운 스프린트 계획 회의는 일반적인 문제가 되었고 당연하게도 많은 팀이 이런 스토리 논의를 스프린트 계획 회의 이전에 하기로 선택한다. 그들은 달력을 사전 계획(pre-planning) 회의, 백로그 그루밍 또는 백로그 개선 회의 등으로 채운다. 하지만 대부분은 그들이 그렇게나 싫어했던 스프린트 계획 회의의 고통을 그저 다른 날로 옮긴 것에 불과하다. 설상가상으로 팀원들은 그들이 현재 하고 있는 생산적인 활동을 중지하고 그 고통스러운 상황에 참가해야 한다. 누구도 신나지 않는 것이 당연하다.

문제는 스토리 대화가 어렵다는 데에 있는 것이 아니다. 물론 실제로 가끔은 스토리 대화가 꽤 어려울 수도 있다. 하지만 너무 많은 사람을 포함시키려고 하면 모든 대화가 더 어려워진다. 참석자 중 많은 사람이 참가에 관심이 없거나 동기 부여가 안 되었다면 실패한 것이다. 내가 어떤 사람들을 이야기하는지 알고 있을 것이다. 탁자 밑으로 스마트폰을 가지고 놀고 있으면서 사람들이 그걸 모를 것처럼 행동하는 이들이다.

팀원들이 이 대화에 참여 여부를 선택할 수 있도록 하자. 나중에 그들이 결정된 사항에 대해 불평한다면 다음번에 그들을 꼭 참가시키자.

모두가 참여를 원한다면 다음에 설명하는 피시볼(fishbowl) 협업 패턴을 시도해 보자. 이 방식에서는 관심 있는 사람은 잠깐 들러서 원한다면 참여하고 그다지 흥미로운 점을 찾지 못했다면 떠나도 된다.

피시볼 협업 패턴

대화에 참여하기를 진심으로 원하는 사람들의 수가 생산적인 대화를 나눌 수 있는 규모를 넘어설 경우, 피시볼 협업 패턴을 시도해 보자. 이 방식을 사용하면 성과에 최소한의 영향을 주면서 많은 사람이 참여할 수 있다. 대화가 끝난 후 직접 대화를 나눈 사람들과 그렇지 않았던 사람들이 깨닫는 사실은 대화에 직접 참여하는 게 그들의 생각만큼 중요하지 않다는 점이다. 시간이 흐르면서, 다른 사람들이 세부사항을 논의해 도출한 결과를 기꺼이 받아들이는 모습을 보게 될 것이다.

그 절차는 다음과 같다. 세 명에서 다섯 명의 사람이 화이트보드나 플립차트 앞에서 함께 시작한다. 이들은 어항 속의 물고기다.

방안의 다른 사람들은 관찰은 하되 말하진 않는다. 그들은 어항 밖에 있는 셈이다.

어항 밖의 누군가가 참여를 원하면 그 사람은 "들어갈게요"라고 말하면 된다. 하지만 밖에 있던 누군가가 들어간다면 동시에 안의 누군가가 나와야 한다.

이 방식에서는 대화가 적고 능률적으로 유지된다. 대화에 참여하지 않는 다른 사람들은 꾸준히 정보를 얻고 참여할 수 있어서 새로 배우는 사람도 작업 속도 저하 없이 정보를 신속하게 얻을 수 있는 훌륭한 방식이기도 하다.

나누고 얇게 만들기

10장에서 케이크와 컵케이크에 대해 이야기했던 기억을 떠올려 보자. 이제 이 케이크를 여러분이 나눌 수 있는 가장 작은 컵케이크로 나눠야 할 때다. 개발자 및 테스터 그리고 실제로 소프트웨어를 만들 수 있는 사람들이 모인 지금이 우리가 실제 스토리를 어떻게 나눌지 상상해 볼 수 있는 때다.

소프트웨어는 '부드러운' 것임을 기억하자. 물론 스폰지나 컵케이크처럼 부드럽다는 뜻이 아니다. 소프트웨어는 큰 규모의 문서나 책 같다고 말할 수 있다. 내가 지금 최선을 다해 책을 쓰는 것처럼 여러분도 책을 쓰고 있다면 책 한 권을 한번에 다 쓰려고 하진 않을 것이다. 아마 앉아서 한 번에 한 장씩 쓸 테고, 내가 한 번에 한 장을 쓰면 내게 지원을 아끼지 않는 유능한 편집자 피터는 내가 쓴 내용을 검토하고 수정하거나 제안할 것이다.

하지만 그 장은 '완료'되지 않았다. 아직 한참 멀었다.

나는 다시 책의 처음으로 돌아가서 어디에 삽화가 필요한지 살펴보고, 각주나 참조, 용어 정의 혹은 색인해야 할 내용이 있는지 살펴봐야 한다. 그리고 나면 출판사의 다른 편집자가 각 장별로 다시 살펴보고 최종 교정 작업을 시작한다. 당연히 이 작업을 반복적으로 할 수 있게 나눴기 때문에 꽤 일찍 전체적인 책의 모습을 볼 수 있다.

여러분은 '개선하기, 정의하기, 만들기' 장을 읽고 있고, 지금 읽고 있다면 내 책이 완전히 완료된 상태이길 바란다. 내가 최종 인수 기준을 고려해 봤다면 다음과 같았을 것이다.

- 내가 수정 완료하고 이해할 수 있을 것
- 편집자가 수정 완료하고 이해할 수 있을 것
- 요점을 시각적으로 볼 수 있게 해 주는 삽화가 들어 있을 것
- 용어가 어디 나오는지 찾을 때 쓰는 색인이 들어 있을 것
- 해당 장에서 소개된 용어의 정의를 찾아볼 때 쓸 수 있는 용어집이 들어 있을 것

이런. 엄청난 양이다. 첫 번째 초안을 쓰고 있는 지금 작성해 본 거지만 해야 할 일이 많다는 걸 이미 깨달았다. 하지만 다음 장으로 이동하기 전에 이 모든 일을 하진 않을 생각이다. 책이 전체적으로 잘 들어맞는지 보는

게 먼저이기 때문이다. 그러니 이 많은 할 일 목록을 먼저 작은 '컵케이크'로 나누고 각 부분을 완성해 나갈 예정이다. 각 부분을 개별적으로 출판할 수는 없지만 내가 이 책을 써 나가는 동안 올바른 방향으로 나가고 있다는 확신은 더 강해질 거다.

해야 할 일을 다음과 같은 스토리로 나누었다.

- '개선하기, 정의하기, 만들기'의 첫 번째 대략적인 초안
- '개선하기, 정의하기, 만들기'의 두 번째 개선된 초안
- 삽화가 추가된 '개선하기, 정의하기, 만들기'
- 여러 검토자의 의견을 반영한 '개선하기, 정의하기, 만들기'
- 용어들이 색인된 '개선하기, 정의하기, 만들기'
- 용어집이 추가된 '개선하기, 정의하기, 만들기'
- '개선하기, 정의하기, 만들기'의 최종안

각 단계는 완료 산출물이 어때야 하는지 묘사된 스토리라고 할 수 있다. 그리고 각각의 스토리는 조금씩 완성하고 해당 장을 개선하기 위해 내가 (피터의 편집 관련 도움을 받아서) 반드시 완료해야 하는 단계들로 생각할 수 있다. 여러분은 각각이 완료됨에 따라 해당 장이 지속적으로 개선되고 출판 가능한 수준에 가까워지는 모습을 볼 수 있다. 이론적으로 목록의 첫 번째 스토리가 완료된 뒤에야 여러분이 보고 음미할 수 있는 것이 생긴다. 하지만 내가 실제로 첫 번째 초안을 내놓지는 않을 생각이다. 아직 덜 다듬어진 터라 반응이 썩 좋지는 않을 테니까.

마침내 (여러분이 이미 상당한 수준임을 알고 있다) 여러분은 작은 컵케이크 크기의 스토리 목록이 해당 장의 인수 기준처럼 보인다는 점을 알아챘을 것이다. 자, 이게 여기서 일어나는 마술이다. 이 인수 기준 논의를 통해 어떻게 그 큰일을 우리가 만들 수 있고 중간에 점검이 가능한 작은 부분으로 나눌 수 있는지 찾아낸다.

해야 할 일을 중간 중간 점검하는 일은 중요하다. 점검하는 과정을 통해 지금까지 만든 것을 평가하거나 방향을 수정할 수 있다. 여러분은 내가 여기 원래 적었던 정말 바보 같은 예제를 봐야 했다. 하지만 그것을 쓰고 점검한 뒤 삭제했기 때문에 여러분이 그 예제를 볼 일은 영원히 없다.

전통적인 소프트웨어 프로세스에서는, '점검하고 제거하기' 항목을 나쁜 요구사항이라고 부른다. 하지만 여러분이 애자일 방식으로 일한다면 '점검하고 제거하기'는 단지 배우고 주기적으로 개선하는 과정일 뿐이다.

'괜찮은 것-더 나은 것-최고인 것' 놀이

마지막으로 스토리를 좀 더 나눌 때 내가 선호하는 간단한 기법은 '괜찮은 것-더 나은 것-최선인 것' 게임이다. 큰 스토리와 포스트잇을 이용해 게임을 진행하고 다음과 같은 결과물을 얻는다.

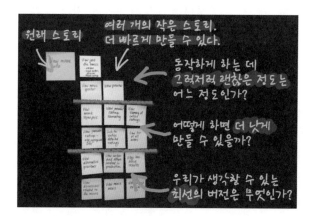

지금 단계에서 그럭저럭 괜찮은 것

주어진 스토리에 대해 무엇이 그럭저럭 괜찮은 것(정말 가까스로 채워져 있어서 모양새는 갖췄지만 사용자나 고객의 만족도를 묻기에는 아마 그다지 좋지 않은 것)인지를 논의하는 것으로 시작한다. 즉, 스토리를 그저 괜찮다 정도의 특성을 기록하고 각각을 작은 개별 스토리처럼 다룬다.

IMDb.com(인터넷 영화 데이터베이스) 같은 예제를 진행하는 동안 우리는 '영화 정보 보기' 스토리에 대해 논의했다. 우리는 영화 관람 여부를 결정하는 데 도움이 될 세부 정보를 찾아볼 수 있는 화면을 상상했다. 우리가 괜찮은 것에 대해 논의하는 동안 다음과 같은 간단한 세부사항들을 찾았다.

- 기본 정보 보기: 제목, 등급 분류, 감독, 장르 등
- 영화 포스터 보기
- 예고편 보기

더 나은 것

그 다음으로 무엇이 그 스토리를 더 낫게 만들 수 있는지 생각해 봤다. 이 영화 데이터베이스 예제에서는 다음과 같은 내용들을 찾아냈다.

- 영화 시놉시스 읽기
- 회원 평가 읽기
- 평론가 평가 읽기
- 영화에 출현하는 모든 배우 명단 보기

최고의 것

최종적으로 무엇이 그 스토리를 정말 훌륭하게 만들 수 있을지 생각해 보자. 별 희한한 게 나오더라도 걱정할 필요 없다. 이것들은 요구사항이 아니다. 단지 여러분과 여러분의 팀이 선택사항으로 간주하는 내용일 뿐이다. 가끔 이 논의에서 흥미로운 것들이 나타난다. 제품을 정말 좋게 만들어 주지만 구현하기는 놀랍게도 쉬운 것 말이다. 영화 데이터베이스

예제에서는 다음과 같은 것들이 있었다.

- 다른 예고편이나 그 영화에 대한 동영상 보기
- 그 영화에 대한 부수적인 정보 읽기
- 그 영화에 대한 뉴스 읽기
- 그 영화에 대한 토론을 보고 참여하기

여러분은 그저 동작하는 모습을 볼 수 있는 어떤 것에서 그 스토리를 정말 훌륭하게 개선할 수 있는 여러 스토리로 만들어 가는 동안 '영화 정보 보기' 스토리를 더 작은 스토리로 쪼개 진행하는 것이 어떻게 도움이 될지 알 수 있다. 내가 이 기능을 만든다면 전체 애플리케이션에서 가장 기본적인 것들을 먼저 만들고 그다음은 더 낮게, 그다음은 최선을 만드는 식으로 할 것이다. 이러한 방식으로 개발하면 기한을 맞추는 데 별 문제를 못 느끼게 된다.

여러분이 정말 좋은 스토리 논의를 한다면(그럴 거라 생각한다), 스토리 워크숍을 통해 적당한 크기의 여러 스토리를 만들어 낼 것이다. 각각의 스토리에는 수많은 추가 문서와 그 스토리를 완료했는지 확인할 수 있는 방법을 서술한 인수 기준이 뒷받침되어야 한다. 가끔 동의에 이르기까지 소규모의 외부 연구나 분석, 설계를 해야 해서 워크숍이 두세 번 필요할 수도 있다. 하지만 괜찮다. 자르고 다듬는 데는 시간이 필요하니 인내하자.

개발 주기 계획 레시피

익스트림 프로그래밍이나 스크럼 같은 애자일 프로세스는 타임 박스 개발 방식을 이용한다. 각 개발 주기는 계획 회의로 시작해서 리뷰로 끝맺는다. 여러 회사에서 이 회의 시간은 가장 혐오하는 시간에 속한다. 이 회의는 길고 고통스러우며 회의를 마쳐야 할 때가 되면 참여자들이 그저 회의실 밖으로 나가기 위해 무엇이든지 동의할 준비를 하게 된다. 최첨단 기술이 없더라도 그들이 만든 계획의 품질이 그다지 좋지 않으리라 추측할 수 있는 대목이다.

하지만 그런 방식으로 해야 할 필요가 없다.

다음은 여러분이 최악의 문제를 피할 수 있게 해 주는 간단한 레시피다.

준비

하나나 두 주기 전에 스토리를 선택한다. 여러분이 제품 책임자라면 핵심 제품 팀과 주기적으로 만나 개발 중인 해결책의 진행 상황에 대해 논의한다. 이 해결책이 출시에 좀 더 가까워지도록 다음 주기에 진행하려는 스토리를 선택한다.

워크숍을 미리 진행한다. 제품 팀 사람들은 플래닝 미팅 이전에 팀원들과 함께 일하는 시간을 갖는다. 세부사항을 다루고 큰 스토리를 나누며 여러 선택사항을 고려해 본다. 7장에서 다루었던 맷 크로퍼의 이야기를 돌아보자. 내가 맷과 이야기했을 때, 그가 가장 기대하고 있는 것 중 하나는 짧은(30분 정도의) 즉석 스토리 워크숍을 여러 번 열어서 개발자와 테스터가 계획을 세울 준비가 되도록 하는 것이었다.

전체 팀과 다가올 개발 주기 동안 여러분에게 필요한 도움을 줄 수 있는 다른 사람들을 초대하자.

계획

다음 주기의 큰 목표에 대한 논의로 시작한다. 여러분은 해야 할 스토리를 몇 개 선택했다. 그 스토리 집합이 배포하고자 하는 해결책을 진행하는 데 어떻게 도움이 되는가?

논의할 여러 스토리를 검토한다. 이때 너무 자세하게 들어가지 않도록 하자. 모두가 큰 그림을 이해할 수 있을 정도면 충분하다. 이번 장에서 다룬 니콜라와 스티브의 이야기를 떠올려 보자. 벽 앞에 서 있는 니콜라를 찾아보자. 많은 단어와 그림을 이용해 팀원들이 해당 스토리를 떠올리는 데 도움을 주고 있다. 현명하지 않은가?

한정된 시간을 개발팀에 주고 그들이 계획을 세울 수 있도록 하자. 군중은 협업하지 않음을 기억하자. 그리고 이 소프트웨어를 만들고 테스트할 사람은 10장에서 신디가 했던 것처럼 여러 스토리를 구현하는 데 필요한 레시피를 만들기 위해 현실을 고려해야 한다. 팀을 여러 개의 작은 그룹으로 나누고 한 시간가량 스토리에 대해 함께 대화해 보자. 여러분이 제품 책임자이거나 UI 디자이너 또는 비즈니스 분석가라면 가까이에서 대기하자. 원한다면 대화를 지켜봐도 좋다. 하지만 언제든지 질문에 답할 수 있도록 준비하자. 그렇게 하면 팀이 신속하게 움직이는 데 도움이 된다.

작은 그룹들은 각 스토리에 대해 계획을 세운다. 12장에서 설명했던 아미고 세 명을 떠올려 보자. 각각의 작은 그룹이 세 명의 아미고와 같다. 개발팀은 이 중 얼마나 많은 스토리가 개발 주기 동안 성공적으로 완료될 수 있는지 결정한다. 공휴일이나 휴가도 잊지 말고 고려한다. 어떤 팀은 내게 다가오는 추수 감사절 연휴 때문에 계획을 취소했다고 이야기했다. 마치 그 연휴가 갑자기 튀어나와 소동을 일으키며 그들을 놀라게 한 것처럼 말이다.

계획을 모두 세우고 나면 모두 함께 그 계획에 동의한다. 한정된 시간의 마지막에, 팀이 각 스토리에 대한 계획을 세운 뒤에는 계획을 다른 사람들과 공유하기 위해 다시 모이자. 당사자들에게는 너무 지루해질 수도 있으니, 세부사항을 모두 공유할 필요는 없다. 가장 중요한 건 그 개발 주기 동안에 팀이 완수할 수 있다고 믿는 것이 무엇인지 명확해야 한다는 점이다. 팀은 이 계획과 그들이 동의한 것을 중요하게 생각해야 한다. 특히 팀이 믿을 만하고 예측 가능하다고 여기게 하고 싶다면 더욱 그래야 한다.

동의하기까지 시간이 좀 걸릴 수 있다. 특히 완료해야 하는 모든 작업이 타임 박스 내에 끝내기 어려운 경우에 그렇다. 여러분은 스토리를 작게 잘라 나누는 몇 가지 기법을 알고 있으니 다행이다. 좀 더 나은 것에서 그럭저럭 괜찮은 것으로 줄여 보자. 알맞게 될 것이다.

축하한다. 이제 다 했다. 예전에는 플래닝 미팅을 오후에 했다. 사무실을 나가야 하는 시간 바로 직전에 끝냈다. 그러면 퇴근하여 휴식하는 것으로 축하를 했다. 다음 날엔 재충전된 상태로 출근했고 우리는 함께 만든 계획에 따라 일을 시작할 준비가 되어 있었다.

배포하는 동안 스토리 맵 사용하기

개발 팀과 공유된 이해를 구축하는 데 스토리 맵을 이용하자. 종종 애자일 프로세스로 일하는 팀원에게서 그들이 얼마나 협업을 좋아하는지, 매주 또는 격주마다 작동하는 소프트웨어를 확인하고 시연하기 때문에 얼마나 그들이 생산적이라고 생각하는지에 대해 듣는다. 하지만 그다음엔 이런 문장이 덧붙는다. "큰 그림은 잊어버린 것 같아요. 제가 알고 있는 건 우리가 만들고 있는 제품의 작은 부분이 전부예요." 지도를 이용해 여러분이 담당하는 제품이나 기능이 전체적으로 팀에 보일 수 있게 하자. 그들이 문맥을 이해한다면 해당 부분에 적당한 더 좋은 전략적 설계나 개발 관련 결정을 내릴 수 있다.

스토리 맵을 이용해 진행 현황 시각화하기

출시할 제품을 만들기 시작하면 스토리 맵은 무엇을 만들었고 무엇이 아직 안 되었는지 보여 주는 훌륭한 시각화 현황판이 된다.

어떤 팀은 개발에 들어가면 완성된 스토리들은 맵의 몸체에서 제거한다. 이 방식에서는 맵을 봤을 때 남아 있는 스토리들이 모두 이후에 만들어야 하는 것들이다.

다른 팀은 맵은 그대로 두고 펜이나 색색의 스티커를 이용해 그들이 완료한 스토리에 표시한다. 한 발 물러나 맵을 보면 무엇을 완료했고 무엇이 남아 있는지 시각적으로 표시된다.

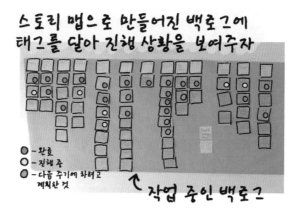

만들어야 할 다음 스토리를 나타내는 데 스토리 맵을 이용하자. 매주 제품 책임자는 현재 진행 중인 개발 작업의 진행 상황을 점검해야 한다. 그리고 다음에 중점을 두어야 할 중요한 스토리가 무엇인지 결정해야 한다. 스토리 맵에 진행 현황이 시각화되어 있다면 좀 더 집중해야 할 부분을 찾는 작업이 좀 더 쉬워질 것이다. 화가가 하는 일과 비슷하다. 여러분이 한 발 물러나 전체 그림을 살펴볼 수 있다면 다음번 작업은 어디서 시작해야 하는지 찾아내기가 더 쉬워진다.

스토리 워크숍 중 간단한 스토리 맵 사용하기

각 개발 주기마다 다음에 해야 할 여러 스토리를 스토리 맵에서 찾아내자. 이 스토리들은 스토리 워크숍을 진행하는 동안 스토리를 최적화 하기 위해 마지막으로 수행하는 대화에 가져갈 것이다.

우리가 만들어야 할 것을 워크숍을 진행하는 동안 쉽게 시각화한 간단한 맵이다. 이 스토리 맵에는 여러분이 논의 중인 기능을 이용해 사용자가 하는 일을 3, 4단계 정도만 진행했을 수 있다. 하지만 벽에 붙어 있는 흐름을 나타내는 포스트잇을 눈으로 직접 보고 손으로 가리킬 수 있기 때문에 논의는 더 빠르게 진행된다. 인수 기준을 논의하게 되면 그것을 포스트잇에 적고 이 작은 맵에 추가하자. 결과적으로 이 워크숍을 진행하는 동안 한 대화를 뒷받침하는 간단한 시각화 자료가 만들어질 것이다.

작업 중인 백로그 시각화하기

– 크리스 겐슨(Chris Gansen)·제이슨 쿠네시(Jason Kunesh), 오바마 선거 운동 현황판

2008년 오바마 선거 운동이 입증한 것과 같이 인터넷은 정치를 완전히 바꾸었다. 버락 오바마의 온라인 전략은 그가 당선되고 재선되는 데 직접적이고 중요한 역할을 수행했다. 2012년 선거 전략은 선거 운동에 유입된 엄청난 규모의 제3자 자금에 대응해 기술을 '화력 증강자(force multiplier)'로 사용하면서, 풀뿌리 조직의 구성과 기금 조성을 지원하는 도구를 제공하는 것이었다. 우리는 2012년 오바마 선거 운동 현황판을 지원하고자 우리가 한 일을 추적하는 데 피보탈 트래커(Pivotal Tracker) 와 베이스캠프(Basecamp) 같은 도구를 사용했다. 하지만 무엇이 진행되고 있는지 이해하는 데 다른 사람들에게 정말 유용했던 것은 포스트잇으로 가득 찬 벽이었다. "왜 굳이 벽에 포스트잇을 한가득 붙여가면서 시간을 소비했나요?"라고 물을 수도 있는데 다음이 그 이유였다.

우리는 같은 공간 안에서 문화가 다른 두 그룹이 함께 일했다. 우리는 전등을 빼서 상대적으로 어둡게 만든 한쪽 귀퉁이에서 일했다. 시끄러운 기계식 키보드를 사용했고 엄청 큰 헤드폰을 썼다. 이 헤드폰 덕에 개방형 뉴스 룸 형태의 사무실에 항상 존재하는 소음, 즉 케이블 텔레비전 인터뷰, 벨, 박수 소리 등에서 자유로울 수 있었다. 우리는 또한 시어서커(seersucker)로 짠 정장 대신 메탈 밴드 티셔츠를 입었다. 이전 캠페인 때 일했던 모든 사람(정장을 입은 사람들)은 전통적인 소프트웨어 개발 방식을 이용하고 싶어 했다. "원하는 기능을 설명하면 그들은 그것을 만들어요. 예전에는 그랬어요." 그들은 점진적으로 소프트웨어를 받아보지도, 주기적으로 변경되거나 개선되는 소프트웨어를 본 적도 없었다. 게다가 선거운동에 엄청난 영향을 끼칠 만한 기능을 넣을 때 고려해야 하는 절충안을 만들어 본 적도 없었다. 그건 선거운동이었다. 의회의 승인 없이는 선거일을 연기할 수도 없었다. 선거 다음 날이 되면 우리가 끝냈는지 여부와 상관없이 끝이었다. 그리고 그들이 생각하는 모든 것을 만들어 내기는 불가능했다.

정장 차림의 오바마 대통령과 폴로셔츠를 입은 제이슨.
이전에 경험해 보지 못한 가장 긴장되는 제품 시연을 하고 있다.

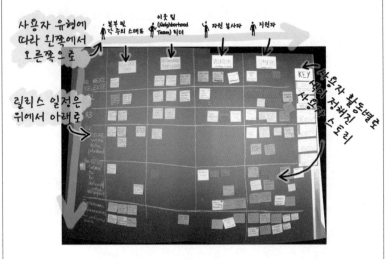

첫 번째 보드

처음 시작했을 때는, 시스템을 사용하는 사람들과 그들이 필요로 할 여러 다른 것들을 묘사하기 위해 간단한 스토리 매핑 방식을 사용했다. 그러면 우리가 해야 할 일을 시간의 흐름에 따라 출시할 스토리들로 조직화할 수 있었다. 이 방식이 돌아가긴 했지만, 선거 운동을 이끄는 사람들에겐 이 방식으로는 1년 후에 시스템 사용자들이 어떻게 일할지 제대로 예상하기는 어려웠다. 그들의 온 정신은 지금 해야 할 일에 필요한 것에 맞춰져 있었고, 자원 봉사자와 그룹 리더들이 무엇을 할지에 대해 수많은 가정을 했기 때문이다. 특히 그들이 일하는 방식을 재해석 해야 한다면 그렇게 해야 했다.

7개월 뒤 우리는 작은 최소 기능 제품을 출시했다. 그 제품은 단지 아이오와주에 있는 첫 번째 사용자들에게 출시할 수 있을 정도였다. 그리고는 모든 상황이 바뀌었다. 즉각 올라온 반응은 좋지 않았다. 출시한 시스템은 확실히 모든 사람이 원했던 모양새는 아니었다. 중요한 기능이 많이 빠져있었고 버그도 있었다. "왜 처음부터 제대로 만들지 않았나요"

라는 말을 많이 들었다. 사람들에게 매주 문제 있는 부분을 고치고 개선하겠다고 장담하면 할수록 사람들은 바뀐 시스템을 직접 보기 전까지는 받아들이지 않을 것 같았다. 하지만 우리가 신속하게 개선하자 사람들은 우리 제품을 신뢰하기 시작했다.

바로 이 지점에서 포스트잇으로 채운 벽이 효과를 봤다. 우리는 피보탈 트래커와 베이스캠프를 썼지만 다른 사람들은 이 도구를 사용하지 않았다. 우리가 무엇을 하는지, 그리고 무엇이 다음에 출시될지 모든 사람이 완전히 투명하게 볼 수 있어야 했다. 스토리의 벽은 각 주 단위로 왼쪽에서 오른쪽으로, 중요도에 따라 위에서 아래로 구성했다. 우리는 시간에 초점을 맞췄다. 선거까지 남은 시간을 보여 주는 커다란 시계가 벽에 붙어 있었다. 그들 모두가 지금은 별로 중요하지 않은 것과 선거가 다가오면 다가올수록 더 중요해지는 것에 대해 알고 있었다. 벽에 있는 모든 스토리는 현장 작업, 팀 조직, 유권자 등록, 투표율 같은 활동에 따라 색이 결정되었다. 다음 사진에서는 팀 조직 활동을 나타내는 보라색 포스트잇이 많은데 아직 초기이기 때문이기도 하고 현재로서는 투표율 같은 활동들보다 더 중요하기 때문이다.

카운트다운 시계

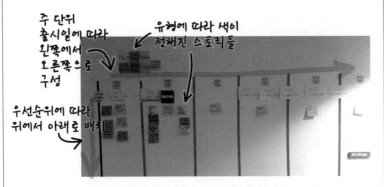

주 단위
출시일에 따라
왼쪽에서
오른쪽으로
구성

유형에 따라 색이
정해진 스토리들

우선순위에 따라
위에서 아래로 배치

왼쪽에서 오른쪽으로는 주단위 출시 계획,
위에서 아래로는 우선순위, 제품 영역에 따라 색상으로 구분한다.

스토리 벽에 무언가를 더할 때는 선거 운동을 이끄는 사람들과 같이 했다. 해당 주에 원래 계획했던 스토리에 대해 이야기하고 새로운 것을 해야 할 일 목록에 추가하는 데 문제되는 게 무엇인지 이야기했다. 우리는 기능 아이디어 이면에 있는 해결해야 할 진짜 문제에 대해 이야기했다. 그것이 벽에 있는 다른 모든 포스트잇/스토리에 비해 상대적으로 얼마나 중요한지에 대해 함께 결정했다. 그것을 소프트웨어로 개발해야 할 때가 되면 담당 개발자들은 그에 대해 가장 많이 알고 있는 이해 관계자와 붙어서 일했다. 세부사항들을 해결하기 위해 함께 일했다. 가끔은 화이트보드를 한가득 채운 후에야 동의에 이르기도 했다. 어떤 때는 하루 날을 잡아 간단한 UI 프로토타입을 만들었다.

　포스트잇으로 채워진 큰 시각화 벽은 소프트웨어를 만드는 사람과 그것이 필요한 사람들 사이에 가교를 세우는 데 큰 역할을 했다. 그 벽은 어떤 일이 일어날 것이고 언제 완료될 것인지 시각적으로 볼 수 있게 해주었고 결정을 내리기 위해 적극적으로 참여하는 데 유용했다.

17장

스토리는 애스트로이드 게임과 비슷하다

여러분이 특정 연령대라면 1979년 아타리(Atari)에서 나온 애스트로이드 (Asteroids)라는 초기 비디오 게임을 해 봤을 것이다. '이상한 이야기를 하는구나' 생각하지 말고 끝까지 읽어 주길 바란다. 관계있는 이야기라고 장담한다.

그 게임은 이렇다. 먼 외우주를 항해하는 작은 우주선을 조종한다. 하지만 여러 개의 커다란 소행성이 위협하고 있고 살아남으려면 그 소행성을 없애고 나아가야 한다. 커다란 소행성을 쏘아 맞추면 여러 개의 작은 소행성으로 나뉜다. 쪼개진 작은 소행성들은 더 빠르게 각각 다른 방향으로 움직이기 때문에 쏘아 맞추기가 더 어렵다. 그 중 하나를 맞추면 그것은 더 작은 소행성이 되고 당연히 더 빠르게 다른 방향으로 움직인다. 화면은 순식간에 사방으로 날아다니는 다양한 크기의 소행성으로 가득 찬

다. 다행히 가장 작은 소행성을 맞추면 모든 것이 완전히 사라지고 게임이 계속 진행된다.

커다란 소행성을 모두 쏴 맞춰 여러 개의 더 작은 소행성으로 만드는 건 정말 형편없는 게임 전략이다. 화면은 사방으로 날아다니는 수많은 소행성으로 채워지며 게임은 순식간에 끝날 테니 말이다.

모든 거대한 스토리를 다음 개발 주기에 다룰 수 있을 만큼 작게 나누는 방법도 정말 나쁜 백로그 관리 전략이다. 백로그는 사방으로 날아다니는 수많은 작은 스토리로 채워지다가 결국 죽음을 맞이할 테니까. 물론 실제로 죽지는 않겠지만 불필요한 복잡함에 산 채로 파묻히게 된다. 그리곤 모든 사람이 이렇게 작은 세부사항에 둘러싸여 큰 그림을 잊은 데 대해 불평할 것이다.

스토리는 점진적으로, 그리고 딱 필요할 때 나눈다.

각 스토리를 논의할 때나 나누는 단계에서 다음과 같은 취지를 마음에 두고 진행한다.

1. 기회 검토 단계에서는 우리가 대상으로 삼은 사람이 누구이며, 그들이 해결해야 할 문제점은 무엇인지 그리고 그게 비즈니스 전략과 잘 맞아떨어지는지 논의하자. 이 단계는 과대평가된 기회를 파헤쳐 보기에 적당하다.
2. 탐색 단계에서는 누가, 왜, 어떻게 제품을 쓸지 세부사항을 논의하자. 가치 있고 사용 가능하며 만들 수 있는 제품을 계획하는 일이 팀의 목표다. 여기서 돌 쪼개기를 여러 번 할 텐데 잘 된다면 최소한의 스토리만 출시용 백로그로 옮겨질 테고 이 백로그는 최소 기능 제품 출시에 대한 정보를 담고 있다.
3. 개발 전략을 계획할 때에는 어느 부분이 위험한지 논의하자. 사용자가 무엇을 선호하고 선택할지에 대해 고려하고 실제 기술적인 가능성을 염두하여 위험 요소를 찾아낼 수 있다. 여러분은 학습을 하고 우선 필

요한 것을 만들면서 여러 돌을 부술 텐데 이 과정을 통해 최대한으로 배울 수 있다.

4. 다음 개발 주기를 계획하는 단계에서는 정확히 무엇을 만들고 그것이 완료됐다는 것을 확인하기 위해 어떻게 소프트웨어를 점검할지 합의한다. 이 단계는 인수 계획에 대해 논의를 할 수 있는 제일 좋은 마지막 지점이다. 각각의 합의 사항을 통해 각 스토리가 최소한 하나의 합의 사항을 만족시킬 때까지 스토리를 더 작게 나눌 수 있다.

이 네 가지 목적의 대화를 한자리에서 시도한다면 아주 길고 진 빠지는 대화가 될 것이다. 그리고 다양한 사람들에 의해 서로 다른 측면의 논쟁으로 이어질 수 있다. 아마 내 경고와 여러분의 과거 경험(최소한 같은 공간, 동일한 시간에 모두가 모여 있지 않는 한 많은 사람으로 이루어진 큰 그룹은 비효율적으로 일한다)에 비추어 이미 짐작했을 것이다. 바로 이게 우리가 시간을 두고 많은 대화를 통해 스토리를 점진적으로 나누는 이유다.

부서진 돌 다시 붙이기

애스트로이드 게임에서 어떤 소행성을 쏴 부술지는 상당히 신중하게 결정해야 한다. 한번 부서지면 나뉜 소행성들을 다시 하나로 합칠 수 없기 때문이다. 하지만 스토리는 다시 하나로 합칠 수 있다.

백로그가 너무 작은 스토리들로 가득 차는 상황을 피하려면 함께 진행해야 하는 여러 스토리를 묶어 하나의 카드로 만든다. 그 카드에 작은 스토리의 제목을 글머리 기호 목록 형태로 기록한다. 이 여러 제목을 종합한 하나의 제목을 그 새 카드의 제목으로 쓴다. 짜잔! 하나의 큰 스토리가 생겼다.

이 방식은 그 스토리에 대해 생각해 볼 때 훌륭한 도구가 된다. 해당 카드와 그 위에 적힌 제목을 통해 수많은 막연한 아이디어를 구체적으로 다룰 수 있기 때문이다. 아이디어는 돌이나 엄청난 양의 문서보다 훨씬 유연하다. 우리는 종종 소프트웨어 개발이 지식 작업의 다른 이름이라는 사실을 잊는다. 그 사실을 망각하고 문서와 절차에 연연한다면 소프트웨어 개발은 무미건조하고 사무적인 일이 될지도 모른다. 수많은 작은 스토리로 가득 찬 백로그를 관리하던 사람들과 일할 때의 느낌은 끔찍하게 사무적이었다.

여러 작은 스토리를 묶어 백로그 정리하기

가끔 백로그에 수백 개의 항목을 올려놓고 있는 제품 담당 팀을 만난다. 예상대로 백로그에 우선순위를 부여하기 위해 고생하고 있다고 말한다. 그 백로그를 살펴보면 수많은 작은 스토리로 채워져 있다. 우선순위를 결정하기 위해 그 각각의 스토리에 대해 이야기하는 데 몇 시간 또는 며칠이 걸릴 수 있다. 그러니 그렇게 하지 말자.

　이게 애스트로이드 게임이었다면 이미 끝났다. 하지만 백로그와 이 게임은 다르니 작은 여러 스토리를 커다란 스토리로 묶어 보자.

1. 스토리를 백로그 소프트웨어에 만들었다면 카드나 포스트잇으로 옮기자. 어떤 백로그 소프트웨어를 쓰든지 간에 인쇄를 하거나 스프레드시트로 만들 수 있다. 나는 문서 편집기의 간단한 편지 병합 발송(mail merge) 기능을 이용해 모든 스토리의 레이블을 만들고 카드에 붙이거나 직접 카드에 인쇄한다.
2. 시스템을 잘 이해하고 있는 팀원 그룹에 도움을 요청하자. 작업할 수 있는 벽이나 탁자가 충분한 공간을 예약해 두자.
3. 참여한 모두에게 한 묶음씩 스토리 카드를 주고 탁자 위에 놓거나 벽에 붙이라고 하면 된다.
4. 여러분이 놓은 카드와 비슷한 카드가 보이면 한데 모으자. '비슷한'을 너무 심각하게 생각하지 말자. 그냥 느낌이 오는 대로 하면 된다.
5. 조용한 분위기에서 진행하자. 최소한 시작할 때만이라도 그렇게 하

자. 대화가 없다면 더 빠르게 진행할 수 있다. 그리고 이 작업과 몸짓을 이용해 의사소통하는 방법을 배우는 것도 좋다.

6. 원하면 카드든 옮기거나 재분류하자. 함께 만드는 작업이므로 카드 위치는 누구나 바꿀 수 있다. 알맞지 않은 카드가 보인다면 다른 곳으로 옮기자. 누군가가 옮기는 데에 동의하지 않는다면 그 사람이 다시 원래 위치로 옮길 것이다. 그렇다면 토론이 필요하다는 신호다.

7. 여러 묶음으로 나눈 뒤 다른 색의 카드나 포스트잇을 이용해 각 묶음에 표제를 붙이자. 그 카드에는 해당 묶음의 카드들이 비슷한 이유를 잘 표현한 스토리 이름을 쓰자. 'UI 개선'이라고 썼다면 그건 너무 모호하다. 해당 묶음의 UI 변경사항이 '의견'에 관련되어 있다면 '의견 입력 및 수정 기능 개선'이 좀 더 괜찮은 표현이다.

8. 정제하여 표현한 스토리 이름은 새로운 큰 스토리가 된다. 묶음 안의 다른 카드들은 그 스토리를 설명하기 위한 각각의 항목이 된다. 이 여러 정제 항목을 출시용 백로그에 추가하자. 당장 해야 할 일이 아니라면 기회 백로그(opportunity backlog)로 옮겨 두자.

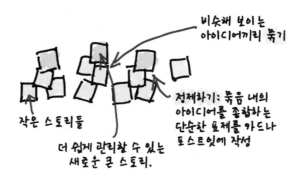

이 작업은 수많은 작은 항목으로 구성된 긴 백로그를 정리하는 데 매우 좋다. 긴 버그 목록 정리에도 훌륭하게 작동한다. 항상 많은 버그가 낮은 우선순위 때문에 작업 대상에서 제외된다. 그 버그들을 시스템의 동일한 영역에 존재하는 높은 우선순위의 버그와 같이 묶자. 개발자가 높은 우선순위의 버그를 수정할 때 낮은 우선순위의 버그를 손쉽게 같이 처리할 수 있다. 여러분의 고객과 사용자가 고마워할 것이다.

과하게 매핑하지 말 것

스토리 매핑 작업을 이해하려고 애쓰는 사람들에게서 "너무 많아요"라는 말을 들을 때가 있다. 내가 "무엇이 문제인가요"라고 물으면 그들의 전체 시스템을 나타내는 엄청나게 커다란 스토리 맵을 만드는 일에 대해 이야기한다. 그런데 그 커다란 스토리 맵이 필요한 이유는 단지 간단한 기능 하나를 논의하기 위해서다. 그들이 맞지만 너무 과하다. 그러니 전체를 다 만들려고 하지 말자.

대상 기능에 대한 스토리를 이야기하는 데 필요한 만큼만 맵으로 만들라.

협업 문서 작성 소프트웨어의 커멘트 작성 기능을 수정하려는 회사와 일한 적이 있다. 개발팀은 문서 수정 기능을 상당히 축약해 추상화하여 스토리 맵을 만들었기에 카드를 많이 쓰지 않았다. 커멘트 작성 부분에 도달했을 때 그들은 제품의 현재 작동 방식에 대한 여러 카드를 추가했다. 각 카드에는 여러 개의 글머리 기호를 이용해 필요한 내용이 요약되어 있었다. 그 뒤에 만들고자 하는 변경 사항에 대한 논의를 시작했고, 모든 세부 사항과 고려 중인 여러 선택 사항에 대한 카드를 잔뜩 추가했다.

새로운 기능을 기존 제품에 추가할 때, 사용자를 위한 스토리에서 해당 기능이 시작되는 부분 약간 앞부터 끝나는 부분 약간 뒤까지 스토리 맵으로 만든다. 전체 제품을 스토리 맵으로 만들지는 말자.

스토리 맵이 여러분의 사용자와 제품 아이디어에 대한 대화를 돕는다는 점을 기억하자. 스토리 맵을 만들 때 단 한 가지 규칙은 이렇다. '논의할 필요가 없다면 스토리 맵으로 만들 필요도 없다.'

별거 아닌 일에 진땀 빼지 말자

지금까지 전체적인 돌 깨기 절차를 설명하며 이 돌들을 오래된 아타리 게임의 운석처럼 너무 빨리 작게 나누지 않기를 권고했다. 사실 이런 방식을 제안한 숨은 이유는 앞으로 만날 많은 스토리가 클 것이라 가정했기 때문이다. 그러나 실상은 일부만 그렇다. 제품이나 기능을 출시한 뒤 거의 즉시, 출시 전에 고려해 봤으면 좋았을(하지만 하지 않은) 많은 작은 사항을 발견하게 된다. 이것들은 꽤 명확하게 나타난다. 최소한 나한테는 그랬다. 이것들을 처리해야 한다는 사실이 모두에게 너무나 명확하기 때문에 따로 논의를 하거나 제품 탐색을 위해 팀을 한데 모으지는 않는다. 나는 이 항목들을 출시용 백로그에 넣어두고 개발이 가능하도록 팀원들과 가능한 한 빨리 그에 대한 워크숍을 연다. 버그나 수많은 작은 개선 사항에 대해서도 동일하게 한다.

세상을 구원하자. 그리고 한 번에 작은 수정 하나씩만 하자

아틀라시안에 근무하는 내 친구 셰리프가 다시 나왔다. 제품 개발 팀원이 여러 개의 작은 수정 사항을 선택해 일하면서 줄곧 제품을 개선하고 있다고 내게 설명하고 있다. 그들은 사용자를 엄청나게 신경 쓴다. 그리고 수많은 작은 버그나 단점이 사용자를 화나게 하고 결국 개발팀을 힘들게 한다는 것을 알고 있다. "종이에 베인 상처 1000개로 인한 죽음" 같다고 했다. 그래서 그린 하퍼(Green Hopper)라는 제품을 만드는 팀 근처의 벽에는 수많은 체크 표시가 있었다. 팀원이 매번 여러 개의 작은 문제 중 하나를 해결할 때마다 벽에 표시를 하나씩 더했다. 마흔일곱 가지 작은 수정이 다음번 출시에 포함될 예정이다. 여러분이 컨플루언스(Confluence)나 지라(JIRA)를 쓰고 있다면 나중에 이들에게 감사를 전해도 된다.

18장

여러분이 만든 모든 것에서 배우기

전통적인 개발 방식을 강력히 고수하고 있다면 소프트웨어 개발이 끝나는 순간 더는 할 일이 없다고 생각할 수 있다. 하지만 애자일 개발과 스토리는 배우기 위해 만들어졌다. 우리가 무언가를 만들기 전에, 꼭 그것을 만들어야 하는지 확실히 하고 무엇을 만들어야 하는지에 대해 모두가 동의하기까지 많은 시간을 보낸다. 그리고 개발이 완료되면 다시 잘 살펴보고 우리가 그걸 정말 만들었어야 했는지 그리고 충분히 잘 만들었는지 확인한다.

개발을 완료한 뒤 여러분이 배울 수 있는 모든 기회에 대해 이야기해 보자.

한 팀으로 검토하기

축하하는 시점으로 돌아가 보자. 개발 주기와 테스트 주기의 맨 마지막에는 상황에 맞게 축하를 한다. 그동안 여러 아이디어와 수많은 회의, 그리고 무수한 스케치와 설명을 거쳐 실제 동작하는 소프트웨어로 만들어 냈다. 만약 전통적인 요구사항 프로세스를 거쳤다면 더 많은 시간이 걸렸을 테고, 그 결과에 대해 팀은 책임감을 덜 느꼈을 게다.

완료를 축하한 후에는 팀 전체가 둘러앉아 우리가 진정으로 성취한 것에 대해 생각해 보자. 스스로에게 정직하다면 그 소프트웨어를 더 좋게 만들 수 있는 몇 가지 변경사항이 보일지도 모른다. 각각에 대해 다시 스토리를 쓰고 출시 백로그에 추가한다. 당장 해결해야 하는 일인지 종반전(endgame)까지 미룰 수 있는지 결정한다.

스크럼 같은 프로세스에서는 이를 스프린트 리뷰라고 부른다. 스크럼을 배우는 중이라면 누구든지 이 평가에 참여할 수 있다고 들었을 텐데, 나는 조금 다르게 진행하길 제안한다.

팀은 밀접하게 함께 일했고, 스토리를 최적화하도록 스토리 대화를 꾸준히 나눴으며, 무엇을 만들지 동의했고, 함께 만들어 냈다. 그리고 팀 안에서는 각자가 수행하는 일에 대해 솔직하게 토론했다. 비즈니스를 이끄는 사람을 포함한 팀 외부 사람이 제품에 대해 어떻게 생각하는지는 중요한 점이고 당연히 그들의 의견을 들어야 한다. 하지만 이 사람들은 세부사항을 다뤘던 우리의 대화에 참여하지 않았다. 따라서 그때 공유된 이해를 그들은 가지고 있지 않다. 소프트웨어 개발 세부 계획 수립 회의에도 참석하지 않았다. 그리고 이 모든 논의와 동의 사항을 동작하는 소프트웨어로 만드는 일을 하는 동안 팀과 함께 하지도 않았다. 우리가 그린 그림을 실제로 만든 것은 우리다. 그렇다면 지향했던 품질과 계획했던 기간에 대해서도 우리가 먼저 평가해야 한다. 이것을 팀 제품 검토 및 평가 시간에 한다.

팀에서 제품 검토하고 평가하기

함께 스토리를 이해하고 그것을 만들어낼 단기 계획을 세운 팀은 결과물의 품질을 평가하는 과정을 거쳐야 한다. 이를 위해 짧은 워크숍을 열라.

일을 이해하고 계획하는 과정을 함께 했던 사람들만 워크숍에 참여하도록 제한한다. 개발자나 QA 등 개발 작업에 직접 참여한 사람뿐 아니라 제품 책임자와 제품 팀의 다른 사람도 참가시키자. 비즈니스 이해 관계자는 제외해도 괜찮다. 조만간 그들과 함께 하겠지만 지금은 그 사람들을 빼고 편안하게 이야기할 수 있는 자리가 필요하다.

음식을 준비하자. 몇 년 전 내가 같이 일한 팀은 베이글 없이는 워크숍을 시작하지 않았다.

이 워크숍에서 제품과 계획, 프로세스를 검토하자.

제품

스토리의 결과물인 소프트웨어에 대해 논의하며 시작하자. 화면에 띄워 놓고 실제로 사용해 본다. 모든 기능을 실행해 보자. 큰 팀에서는 다른 사람의 작업 결과를 볼 수 있는 유일한 기회일 수도 있다.

한 팀으로서 품질에 대해 주관적으로 평가하자. 이 평가가 수많은 양질의 논의를 이끌어 낼 것이다.

- UX 측면에서 품질에 대해 논의하자. 단순히 UI가 어떻게 보이는지가 아니라 사용하기에 어떠한가에 대해 논의하자. 5점 만점으로 1점부터 5점 사이에서 점수를 매기자.
- 기능 측면에서 품질에 대해 논의하자. 테스트가 문제없이 잘 진행되

었는지 아니면 버그가 많았는지 논하자. 소프트웨어가 커질수록 더 많은 버그가 생길 거라 테스터들이 예상하는가? 또는 테스트에 더 많은 시간이 소요될 거라 생각하는가? 5점 만점으로 1점부터 5점 사이에서 점수를 매기자.

- 코드 품질에 대해 논의하자. 작성한 코드는 관리나 확장이 쉬운가? 아니면 또 다른 레거시 코드 한 뭉치를 작성한 것은 아닌가? 5점 만점으로 1점부터 5점 사이에서 점수를 매기자.

제품에 존재하는 품질 문제를 수정할 수 있는 스토리를 작성하자.

여러분이 탐색과 출시 작업에 모두 관여했다면, 그리고 그렇게 해야만 했다면, 지난 주기 탐색 작업에 대해 논의하자. 무엇을 했고 무엇을 배웠나?

계획

여러분이 타임 박스의 반복이나 스프린트 방식으로 일하고 있다면, 계획을 세우고 어느 정도 일을 완료할 수 있을지 예상하는 일을 가장 먼저 했을 게다. 그러한 방식으로 일하는 게 어땠는가?

- 어떤 스토리를 완료했는지, 어떤 스토리를 완료하지 못했는지 결정하자. 아마 생각보다 어려울 수도 있다. 이 논의를 통해 팀 전체가 공통된 완료 정의를 세울 수 있다. 자동화된 테스트가 있다는 것이 완료인가? 아니면 모든 수동 테스트를 통과했다는 것이 완료인가? 제품 책임자나 UI 디자이너가 검토를 마치면 완료인가?
- 완료한 스토리 수. 이 숫자가 여러분의 진행 속도다.
- 작업을 시작했지만 아직 끝나지 않은 스토리 수. 이 수가 크다면 좀 더 신경 써서 계획을 해야 한다는 신호다. 나는 이 숫자를 위험 지표

(amount the overhang)이라 부른다. 내가 같이 일했던 어떤 사람은 이게 골치 아프게 한다고 해서 숙취(hangover)라고 불렀다.

• 탐색 작업에 시간을 얼마나 할당했는지 논의하자. 계획했던 시간을 모두 사용했는가? 아니면 계획했던 시간보다 더 많이 썼는가? 계획했던 시간보다 너무 적게 썼다면 나중에 자신 있게 개발할 준비가 되었다고 할 만한 것이 없어 곤란해질 수 있고, 반대로 너무 많이 썼다면 계획했던 것을 제때에 끝내기 어려울 수 있다.

프로세스

지난 개발 주기 동안 어떻게 일했는지 논의하자. 품질 향상을 위해 현재 방식에 변화를 줄 수 있는가? 개발 계획 수립 능력은 어떠한가. 예상했던 개발 계획이 잘 들어맞았나? 일을 더 재미있게 하기 위해서는? 재미가 있다면 더 빠르게 진행할 수 있다는 사실을 보장한다.[1]

• 지난 개발 주기에 시도했던 변화에 대한 논의로 시작해 보자. 변화를 준 것이 그전에 비해 어떤 좋은 영향을 주었나? 계속 유지할 것인가? 아니면 그만둘 것인가?
• 다음 개발 주기에 시도해 볼 변화에 대해 논의하자. 너무 많이 하지는 말자. 작은 변화가 제일 좋다. 한번에 너무 많은 변화를 시도하는 건 한번에 너무 많은 일을 하려고 하는 것과 비슷하다.

이게 전부다. 이제 여러분이 만든 스토리와 그것을 위해 수행했던 모든 일에서 성공적으로 배울 수 있다.

---

1 이러한 프로세스 개선 논의를 일반적으로 회고(retrospective)라고 한다. 회고에는 훌륭한 방법이 많이 있는데, 만약 여러분이 회고 방식에 종합적 설명이 필요하다면, 에스더 더비(Esther Derby)와 다이애나 라센(Diana Larsen)의 *Agile Retrospectives**를 참고하라.
* 번역서는 《애자일 회고》 김경수 옮김, 인사이트 펴냄, 2008.

조직의 다른 사람과 함께 검토하기

팀이 자신의 제품에 대해 공정한 평가를 내렸다면 제품에 관심 있는 다른 사람으로 참가자를 확대한다. 이 그룹은 한 팀으로 진행했던 여러 논의와 절충에 대한 통찰이 필요할 것이다. 한 가지 기억할 내용은 동작하는 소프트웨어로 바뀐 여러 스토리는 완성된 제품을 위한 커다란 비전에서 떨어져 나온 여러 개의 작은 바위 조각 같다는 점이다. 팀 외부 사람은 완료된 제품을 볼 수 있길 기대했을 수 있다. 그들은 어떤 부분을 나중으로 미룰지 결정했던 그 계획 시간에 참여하지 않았기 때문에 빠진 부분을 지적할 수 있다. 그럴 수 있다고 생각해야 한다. 그리고 여러분이 만든 이 부분이 큰 계획과 어떻게 잘 맞는지 그들이 이해할 수 있게 해야 한다. 이것을 이해 관계자 제품 평가에서 한다.

이해 관계자가 제품 평가하기

조직 내부에는 여러분이 무엇을 하고 있고 무엇을 달성했는지에 대해 관심 있는 사람이 많다. 수행한 일이 그 사람들에게 명확히 보이게 해야 한다. 여러분의 팀과 달리 이들은 만들기로 선택한 것에 대한 세부사항도 모르고 그 부분이 큰 그림의 어느 부분에 들어맞는지도 모른다. 그러니 달성한 것과 배운 것을 잘 엮어 제품에 반영할 수 있도록 계획을 수립해야 한다. 이 절차는 그들에게서 배우고 그들의 지원을 얻어 낼 수 있는 훌륭한 기회다.

관심 있어 하는 모든 사람을 초대하자. 대규모 공개 평가다. 관심 있는 사람이라면 누구든지 환영한다. 반드시 팀 전원이 함께 참여하자. 긍정적이든 부정적이든 팀이 해 놓은 작업에 대해 다른 사람의 반응을 보면서 팀원들은 그들이 무엇을 신경 쓰는지 상기하게 될 것이다.

음식을 준비하자. 평가에 참가한 사람들이 탄수화물로 배를 채운 상태라면 여러분이 하는 말을 좋아할 것이다. 심지어 나쁜 소식이라도 과

자와 함께라면 쉽게 갈 수 있다.

여러분이 참여했던 탐색 작업과 완료하여 출시한 스토리, 이 두 가지 정보 영역에 대해 평가하라.

탐색 작업 평가

탐색에 대한 평가는 매우 중요하다. 이해 관계자로부터 얻은 피드백이 가장 유용하게 사용되는 시점은 무엇인가를 만드는 데 많은 시간을 쓰기 전이다. 고객과 사용자 앞에 소프트웨어를 내놓고 얻은 진짜 교훈을 보여준다면, 이해 관계자들은 고객이 실제로 무엇을 생각하는지에 대해 배우는 일과 시간을 중요하게 여길 것이다. 냉철하고 확실한 사실만이 경영진의 의견에 맞설 수 있는 단 하나의 무기다.

- 이 소프트웨어가 누구를 위한 것이며, 왜 만들어야 하며, 성공했을 때 기대되는 성과가 무엇인지 등 여러분이 다뤘던 기회에 대해 대략적으로 논의하자.
- 문제와 이를 해결할 해결책을 이해하기 위해 수행했던 작업에 대해 논의하고 보여 주자.
- 실행해 봤던 프로토타입이나 실험에 대해 논의하고 보여 주자. 해결책에 대해 고객과 사용자가 무엇이라고 했는지 논의하자.

출시 작업 평가

내 경험에 비추어 보면 이해 관계자는 고객과 사용자에게 무엇을 언제 출시할지를 중요하게 생각한다. 제품을 출시하기 전까지는 실제 성과를 측정할 수 없으므로 이는 당연하다. 그들은 목표 달성을 위한 진척 사항에 관심이 많을 것이다.

완료한 출시 작업을 해결책별로 평가하자. 최소 기능 해결책을 이해 관계자들과 더 관련이 있는 큰 바위로 생각하라.

각 해결책에 대해 다음을 수행하라.

- 해결책의 목표인 고객, 사용자 그리고 성과에 대해 평가하자. 우리가 이걸 왜 만들었고 무엇이 우리가 생각하는 성공인지를 기억해 보면 좋다.
- 각 해결책을 구성하는 여러 스토리의 결과를 논의하고 보여 주자. 이해 관계자가 피드백을 줄 것이다. 여러분이 탐색 작업을 하는 동안 피드백을 주었다면 지금 시점의 피드백은 "예. 여전히 괜찮네요"일 것이다.
- 스토리를 전체적인 관점에서 논의하자. 모나리자 전략과 비슷한 전략을 사용하고 있다면 지금 시점에 소프트웨어가 미완성인 이유를 설명해야 한다. 그들이 보고 싶은 것은 완성된 초상화 같은 형태이지, 캔버스에 스케치해 놓은 것 같은 소프트웨어가 아님을 기억하자.
- 이 해결책이 출시 단계로 가는 진행 상황을 공유하자. 얼마나 많은 일이 남았나? 그 해결책을 만드는 동안 여러분이 배운 것이 성공적인 배포에 영향을 미칠까?

새로운 기회 또는 변경해야 할 목록을 스토리로 쓸 준비를 하자.

만들려고 하는 것과 그것을 만드는 이유를 잘 알지 못하는 사람들이 좋지 않은 아이디어를 제안할 수도 있다. 공손하고 조심스러운 태도로 그 사람들에게 대상 사용자와 해결책이 의도하는 결과를 상기시키고 그들이 제안하는 내용이 좋은 아이디어일지도 모르지만 현재 집중하는 결과를 내는 데 적합하지 않은 이유를 알려 주자.

계속해서 여러분의 작업이 회사 내 모든 사람에게 명확히 보이게 하자. 하고 있는 것과 배운 것에 대해 그들이 흥미를 갖도록 말이다.

충분하다

좋아하는 제품을 사용할 때 모든 세부사항과 그 안에 들어가 있는 모든 결정에 대해 인지하지는 않는다. 사실 그 제품이 잘 동작한다면 거의 알아차리지 못한다. 나는 모바일 장비가 어떻게 인터넷 연결이 끊어졌다가 다시 연결되는지 모른다. 내가 쓰는 스마트폰의 작업 관리자 앱에서 어떤 항목의 위치를 바꾸었을 때 어떻게 그게 바로 웹 버전과 동기화되는지도 모른다. 이것들은 중요한 품질 요소이기 때문에 이 요소들이 없다면 바로 알 수 있다. 여러분과 팀은 수많은 세부사항을 다뤄 왔다. 하지만 이상하게도 여러분은 사용자와 다른 사람들이 그 세부사항에 대해 모르기를 바라는 것 같다. 그것은 사실상 그들이 알아채지 못한다는 사실을 여러분이 알려주려고 하는지도 모르겠다.

여러분이 배울 대부분은 조직의 이해 관계자와 제품을 구매하는 고객 그리고 제품을 사용할 개별 사용자에게서 나온다. 여기서 사용자는 충분한 제품을 내놓았을 때 그 제품이 자신의 목표를 달성하는 데 얼마나 유용한지 명확히 알 수 있는 사람들이다.

- 이해 관계자에게
  충분한 소프트웨어는 새로운 고객을 확보하기 위한 핵심적인 기능이 추가된 것일 수 있다. 또는 '충분'이라는 것은 그 기능이 경쟁력이 있기 위해 반드시 들어가야 할 세부사항이 무엇인지 그간 알아냈던 정보의 총합일 수 있다.

- 고객에게
  충분한 소프트웨어는 고객이나 고객의 조직이 그 새로운 소프트웨어를 쓰기 시작했을 때 그들에게 진짜 가치를 주는 추가적인 기능일 수 있다.

- 사용자에게
  충분한 소프트웨어는 여러분의 제품을 사용해서 그들의 목표 중 하나를 달성할 수 있게 해 주는 추가적인 소프트웨어일 수 있다.

돌 쪼개기를 잘했다면 최종적으로 작게 만들 수 있는 여러 개 조각이 생겼을 것이다. 쪼개진 각 조각을 통해 여러분과 여러분의 팀은 무엇인가를 배울 수 있다. 하지만 올바르게 했다 하더라도 이 작은 조각들은 다른 그룹에게는 그다지 적절하지 않을 수 있다.

마음속에 우리가 만든 소프트웨어의 작은 조각이 레고 브릭(brick)처럼 쌓여 있고 이것들을 구식 접시저울에 올려놓는다고 상상해 보자. 한쪽 접시에는 무게를 측정할 대상을, 다른 한쪽에는 균형추를 놓는다. 여기서 무게를 측정할 대상은 늘어나는 작은 소프트웨어 조각이고 균형추는 '충분'을 나타내는 대형 레고 브릭이다. 내가 재려고 하는 것은 소프트웨어 덩어리의 양이다. 여기서 충분함이란 대상에 따라 의미가 다르다. 사용자에게는 업무를 완수하거나 목표에 도달하게 함을 의미하고, 고객에게는 소프트웨어가 그들의 가치 중 일부에 부합함을 의미한다. 그리고 비즈니스 이해 관계자에게는 조직이 비즈니스 목표에 도달하는 데 도움이 됨을 의미한다. 충분한 소프트웨어가 쌓이고 저울의 수평이 기울게 되면 그때가 바로 소프트웨어를 사용자와 함께 테스트하거나 고객 또는 비즈니스 이해 관계자와 함께 평가할 때다.

가까운 협업자로서 여러분과 팀은 각 개별 스토리의 결과를 평가해야 한다. 이는 제품뿐 아니라 계획을 세우고 함께 일하는 방식을 배우고 개선하기 위함이다. 다른 그룹에서 피드백을 받고 배울 때는 그 그룹에게 충분함이란 무엇인지 예리하게 보자.

사용자에게 배우기

시작할 때는 제대로 된 것을 만들고 있다고 꽤 자신했을 수 있다. 하지만 이 자신감을 계속 유지하려면 사용자와 함께 작동하는 소프트웨어를 테스트하는 게 중요하다.

테스트라는 말에 유의하자. 단지 시연하는 방식으로는 사용자에게서 많이 배우기 어렵다. 그 방식은 사용자에게 우리가 만든 것을 보여주며 (사용자) 자신이 사용하는 상황을 상상해 보라고 한 뒤 제품이 맘에 들 것 같은지 물어보는 식이다. 전시장에서 신차를 보여주고 그 차를 재미있게 운전할 수 있는지 결정하라는 말과 비슷하다. 해당 소프트웨어를 실제로 테스트해 봄으로써 사용자는 그 소프트웨어가 그들의 문제점을 해결해 줄 수 있는지 실질적으로 평가할 수 있다. 팀은 사용자가 제품을 사용하는 모습을 관찰함으로써 더 많은 내용을 배울 수 있다. 여러분과 여러분의 팀이 좋은 스토리 대화를 하고 있다면 사용자에 대해서 뿐 아니라 그들이 왜 제품에 가치를 부여할지 그리고 그들이 어떻게 제품을 사용할지에 대해 이야기할 것이다. 사용자의 제품 사용을 관찰함으로써 이러한 가설들을 확인할 수 있다.

사용자에게 의미 있는 무언가를 달성할 수 있을 만큼 충분한 소프트웨어를 만들었다면 이제는 테스트할 시간이다. 완전히 새로운 것을 테스트하는 것은 아닐 수도 있다. 여러분의 제품에 이미 있는 어떤 것을 변경하거나 개선했을 수도 있다. 사용자와 함께 그들이 소프트웨어를 이용해 수행하는 현실 세계의 일을 관찰하는 데 시간을 투자한다.

사용자에게 출시하여 배우기

여러분은 적은 양의 소프트웨어를 만들고 팀과 함께 각 조각을 평가했다. 또한 조직 내 이해 관계자 혹은 제품을 구매하거나 채택할 고객 그리고 사용자와도 각 조각에 대해 주기적으로 평가했다. 하지만 이 책의 시작 부분을 기억한다면 소프트웨어는 우리가 정말 원하는 것이 아니라는 사실을 알 것이다. 우리가 원하는 것은 그 소프트웨어를 출시하고 사용하기 시작한 뒤 얻게 되는 성과다.

이러한 성과를 얻을 수 있다고 자신할 만큼 충분히 만들었다면 그 소프트웨어를 세상에 내보일 시간이다.

접시저울을 한 개 더 마음속에 그려보자. 이 저울은 사용자들과 함께 테스트하고 주기적으로 개선했으며 출시할 때라고 자신하는 소프트웨어 조각으로 채워져 있다. 충분함을 나타내는 다른 편의 커다란 조각과 이 증가하는 소프트웨어 덩어리 사이에 균형을 맞출 것이다. 여기에서 충분함이란 출시할 만큼이며 목표 대상에게서 성공을 거둘 수 있을 만큼이다. 충분해졌다면 출시할 때다.

각 출시마다 배울 수 있도록 계획을 세우자. 제발 소프트웨어를 출시하고 여러분의 고객이나 사용자가 불평할 때까지 가만히 앉아 기다리지 말자. 이런 불평도 성과이긴 하지만 사용자의 실제 느낌과 제품이 얼마나 잘 만들어졌는지를 뒤늦게 보여주는 지표다. 각 출시마다 팀에서 기대했던 성과를 정말 얻고 있는지 알아보려면 어떻게 사용자를 측정하거나 관찰할 수 있을지 이야기 하자. 다음 사항을 논의하고 어떻게 할지 결정하자.

- 지표 측정 기능을 제품에 추가하여 어떻게 새로운 기능이 사용되는지 추적하기
- 새로 출시된 제품을 사용하는 사용자를 관찰할 수 있게 일정 수립하기

팀에서 정기적으로 여러분이 배운 것에 대해 논의하고 개선 아이디어를 스토리로 작성한다. 어떤 것들은 당장 구현해야 할 만큼 충분히 중요할 것이다. 나머지는 예비 백로그에 추가한다.

일정에 맞춘 성과

몇몇 회사에서 만드는 몇몇 소프트웨어는 충분하다 판단되면 언제든 출시한다. 하지만 상당수의 회사에서 만드는 많은 제품(대부분은 아니다)은 일정대로 출시해야 한다. 우리는 뼈대를 만들기 위해 초반전 스토리를 사용했고, 뼈대에 살을 붙여 제품을 만들기 위해 중반전 스토리를 이용했다. 개발 전략을 효과적으로 사용했다면, 이제 출시해야 할 때가 되었으니 종

반전 스토리를 다뤄야 한다.

자, 이제 소프트웨어 개발에 대한 진실 몇 가지를 상기시켜보자.

소프트웨어는 절대 완료되지 않는다.

여러분은 짧은 개발 주기 동안 팀이 가진 각 스토리를 소프트웨어로 구현해 낼 것이다. 하지만 개발 초기에 떠올렸거나 각 주기마다 배우면서 찾아냈던 모든 스토리를 끝내지는 않을 것이다. 모든 것을 다 완성하지 않더라도 효과적인 개발 전략을 사용하고 있으므로 출시 시점의 소프트웨어와 마찬가지로 훌륭할 것이다.

성과는 절대 보장되지 않는다.

올바로 만들었다는 점을 확인하기 위해 많은 작업을 했음에도 불구하고 제품을 사용하는 사용자는 종종 기대했던 대로 행동하지 않는다. 각 출시 계획마다 배울 수 있도록 계획하자. 그리고 배운 것을 기반으로 변경을 계획하자.

출시 직후에 만들어진 개선 사항이 가장 가치 있다.

사용자가 소프트웨어를 채택하고 자주 사용하기 시작할 때 발견한 이 예측 불가능했던 사항들은 최고의 통찰력을 가져온다. 실질적으로 성과를 측정하고 탐구하는 시간을 마련한다면, 제품을 정말 사랑하는 사용자와 조직 내에서 가장 가치 있는 제품으로 보상받을 것이다.

스토리 맵을 이용해 출시 준비 상태 점검하기
여러분은 제품 출시 스토리를 하나씩 완성해 나갈 것이다. 주요한 사용자 활동을 위한 기능 출시를 약속한 날짜가 가까워 오면(항상 약속된 출시 날짜가 있다) 이렇게 물어보자. "지금 당장 제품을 내놓는다면 스스로에게 몇 점이나 줄까?" 아이들이 학교에서 받아 오는 것 같은 등급을 이용한다면 결국엔 여러분의 제품에 대한 성적표를 받게 된다.

예를 들어, 예정된 출시일 몇 주 전에 다섯 가지 주요 활동을 위한 제품이나 기능에 대해 살펴보고 A, A-, B+, D, B+로 이루어진 성적표를 받아 본다면, 여러분은 현재 D를 받은 부분에 나머지 일정을 집중하고 싶을 것이다. A나 B로만 끝낸다면 꽤 괜찮다. 당연히 A만 있는 것이 더 낫긴 하지만 제때에 제품을 내놓는 일이 더 중요하다.

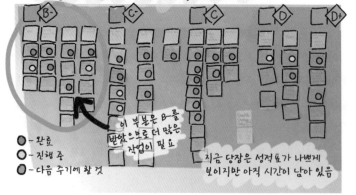

제품 출시일이 가까워 올수록 함께 출시 준비 상태를 평가한다. 장담하건 대 모두가 알고 싶어 할 것이다.

이 책이 거의 끝났다. 여기까지 읽었다면 이 책의 출시 준비 상태에 대해 어떤 의견이 있을지도 모르겠다. 목차로 돌아가 각 장마다 A, B, C로 등급을 써 보기 바란다. 스마트폰으로 사진을 찍어 보내 달라. 기대하겠다.

이걸로 끝이 아니다

좋은 소프트웨어 제품처럼 이 책도 실은 끝나지 않았다. 이 책을 통해 많은 사람이 스토리와 스토리 맵으로 수행했던 훌륭한 예제들을 담았지만 내 하드 드라이브에는 그들이 전해준 이야기 여전히 많다. 그 내용들을 잘 정제해서 이 책에 포함하고 싶었지만 안타깝게도 시간이 너무 모자랐다.

스토리와 스토리 맵의 더 많은 세부사항에 대해 토론할 수 있다. 그리고 여러분이 처한 상황에서 스토리를 사용하는 데 있어 아직 풀리지 않은 의문점이 있다는 것도 안다. 책이 마지막에 다다를수록 나도 그게 걱정이다.

과거에 개발자였고, UI 디자이너였으며, 제품 관리자였던 사람으로서 여러분에게 할 수 있는 말은 제품 출시 때 즐거웠던 경우가 그다지 많지 않았다는 말이다. 그것은 제품에 포함할 수 없었던 모든 것과 다듬을 시간만 좀 더 있었다면 더 괜찮았을 소소한 것들이 뭐였는지 알고 있기 때문이다. 여러분이 무엇을 만들고 있는지 정말 신경 쓴다면 여러분도 그렇게 느낄 거라 생각한다.

내가 4장에서 썼던 다 빈치의 인용구를 다시 써 보겠다.

위대한 예술 작품은 절대 끝나지 않는다. 다만 그만둘 뿐이다.

이 책이 훌륭한 예술 작품이라고 말하진 않겠다. 하지만 더 할 수 이야기가 많았을 때 그만두었다고 말하고 싶다. 대신 여러분이 훌륭한 제품을 만들기 위해 팀과 함께 일하는 자신만의 더 좋은 방법을 찾았다는 소식을 듣길 기대하겠다.

감사의 글

이 책에서 이 부분이 가장 쓰기 어려웠다. 운 좋게도 나는 지금까지 경력을 쌓아 오면서 수많은 사람에게 도움을 받았다. 내가 만나고 같이 일했던 모두가 계속해서 나를 응원해 주었다. 그러다 보니 내가 사람들에게 감사를 하다 보면 분명 누군가를 빠트릴 수도 있겠다는 걱정이 있다. 혹시 내가 깜박했다면 정말 미안하다. 서운해 하지 않기를 바란다.

그리고 내가 확신하는 또 다른 한 가지는 책에서 말한 내용 중 순전히 내가 혼자서 만든 아이디어는 하나도 없다는 점이다. '더 이상 고유한 아이디어란 없다'는 말을 들어 보긴 했다. 하지만 분명히 말하면, 내가 아는 모든 내용은 지난 20여 년간 함께 일했던 훌륭한 동료들에게서 배웠다. 이 통찰력 넘치는 친구들과 동료들로부터 새로운 아이디어와 실천법을 배우고 적용했다. 그들과의 긴 토론을 통해 내가 연마한 경험을 해석하고 깊이 이해하는 법을 배웠다. 내가 아는 거의 대부분은 다른 사람에게서 빌려 온 것이거나 그야말로 훔쳐온 것이라 이 책에 있는 어떤 아이디어도 내 공로라고 말하기는 어렵다.

내 고유한 아이디어라는 생각이 들 때마다 나는 잠재기억(cryptomnesia)을 떠올린다. 잠재기억은 조지 해리슨(George Harrison)이나 움베르토 에코(Umberto Eco)처럼 평판 좋은 사람들이 저지른 의도치 않은 표절에 적용하는 재미있는 단어다. 잠재기억은 잊혀졌던 기억이 그것이 기억이란 인식 없이 돌아왔을 때 발생한다. 잠재기억자는 지금 막 떠오른 훌륭한 아이디어가 이전에 읽거나 들어 보거나 경험했던 것에 대한 잊힌 기억이 아니라 새롭고 고유하다고 믿는다. 다음에 내가 감사한다고 쓴 사람들은 의도치 않게 내게 아이디어를 도난 당한 사람일 가능성이 크다.

이쯤 해 두고 시작하겠다.

나는 책 쓰기를 거의 포기했었다. 지난 10여 년간 책을 쓰려고 노력할 때마다 진짜 문제가 있었다. 짧은 글쓰기나 강연은 괜찮았는데 그게 뭐든 몇 천 단어 이상의 글을 쓰려고 하면 자꾸 옆으로 샜다. 내 책 쓰기를 박제 기술에 비유한다면 딱 맞을 것 같다. 살아 있고 아름다운 무엇인가를 가져다가 죽인 후에 속을 채워 넣은 것이다. 내가 기대할 수 있는 최선은 그것이 실물과 똑같이 보이는 것이었다. 피터 이코노미(Peter Economy)는 내가 그 굴레에서 벗어날 수 있도록 해 주었다. 그가 수년간 쌓은 집필 경험과 항상 긍정적인 태도로 지지해준 덕분에 설득력 있는 글을 쓸 수 있었다. 피터에게 감사한다. 만약 여러분이 책을 쓰는 데 어려움을 겪고 있다면 피터에게 연락해 보자.

마틴 파울러(Martin Fowler), 앨런 쿠퍼(Alan Cooper), 마티 케이건(Marty Cagan)은 내게 영웅이다. 그들과 만나고 함께 일했던 시간 동안 정말 긴 대화를 즐겁게 나눴다. 그들의 생각은 내 경력 전반에 걸쳐 영향을 미쳤다. 셋 중 두 명은 책에 추천사를 세 개나 쓰는 건 그리 좋은 생각이 아니라고 했지만, 기꺼이 고집했고, 감사하게도 내 의견에 동의해 주었다. 그들은 성공적인 제품을 만드는 데 있어서 아주 중요한 엔지니어링, UX, 그리고 제품으로 생각하기(product thinking)라는 각 분야를 대표하는 사람들이다. 독자들에게도 그들에게 들은 것이 중요했으리라 생각한다.

앨리스터 코오번(Alistair Cockburn)은 10여 년 넘은 친구이자 멘토이다. 내 훌륭한 아이디어는 그에게서 직접 혹은 그와 함께 한 긴 대화에서 가로채 왔다고 해도 과언이 아니다. 테이블 상단이나 벽에 붙여 놓은 스토리 카드 모델을 '스토리 맵'이라고 부르게 된 것도 그와 나눴던 대화 중에 나왔다. 기억하기로는 앨리스터에게 그게 무엇인지 설명하려고 하고 있었고 "일종의 스토리 맵이에요"라고 했다. 그러자 앨리스터는 "그럼 그렇게 부르지 그래요?"라고 했고, 그동안 이야기했던 다른 웃기는 이름 대신 스토리 맵을 선택했다.

카드를 이용해 스토리를 이야기하고 제품 백로그를 만드는 아이디어는 아주 여러 해 전 친구 래리 콘스탄틴(Larry Constantine)에게서 배웠다. 스토리 맵 실천법과 사용자 경험(UX)에 대한 생각은 래리에게서 직접 배울 수 있는 기회가 없었더라면 절대 나오지 않았을 것이다.

데이비드 허스맨(David Hussman)은 내 현명한 친구이자 지원군, 그리고 수년간 마음이 맞은 사람이다. 데이비드가 스토리를 이야기하는 모습을 보고 그의 격려를 받아서 내가 지금 하는 생각을 발견할 수 있었다. 그는 스토리 맵이 그렇게 불리기 전부터 그것을 만들고 있었다.

그리고 톰(Tom)과 메리 포펜딕(Mary Poppendieck)의 도움이 없었더라면 이 책을 끝낼 수 없었을 것이다. 특히 톰은 지난 10년 동안 최악의 박제품 같은 내 글을 읽으면서도 여전히 격려의 말을 보내주었다. 몇 개월 전, 그는 내가 오라일리(O'Reilly)에 최종 원고를 보낼 때까지 내 집에서 나가지 않겠다고 했다. 그가 그렇게 하지 않았더라면 나는 여전히 원고에 만족하지 못하고 계속해서 다듬기만 했을 것이다.

존(Zhon)과 케이 요한센(Kay Johansen), 애런 샌더스(Aaron Sanders), 에릭 영(Erica Young), 조너선 하우스(Jonathan House), 네이트 존스(Nate Jones), 크리스틴 델프리트(Christine DelPrete)를 비롯한 다른 친구들도 지지와 조언을 아끼지 않았다.

이 책의 첫 장에 그들의 이야기를 소개할 수 있도록 허락해 준 게리 레비트(Gary Levitt)와 Globo.com의 모든 사람들, 리퀴드넷(Liquidnet)의 에릭 라이트(Eric Wright), 워키바(Workiva)의 내 친구들에게도 특별한 감사 인사를 보낸다.

여러 해 동안 많은 사람이 내게 스토리 매핑을 어떻게 이용하고 있는지 혹은 내가 준 작은 조언을 어떻게 적용했는지 들려주고 싶어 했다. 가책을 느끼는 건, 그들이 내게서 얻어간 것보다 내가 그들에게 배운 점이 더 많다는 것이다. 그래서 이 책에 그들의 이야기 중 일부를 기쁜 마음으로 보냈다. 기여를 해준 조시 세이든(Josh Seiden), 크리스 신클(Chris Shinkle),

셰리프 맨소우르(Sherif Mansour), 벤 크로서(Ben Crothers), 마이클 베스(Michael Vath), 마티나 루엔즈만(Martina Luenzman), 안드레아 슈미던(Andrea Schmieden), 시디 도일(Ceedee Doyle), 에린 베이어왈티스(Erin Beierwaltes)와 애런 화이트(Aaron White), 맷 크로퍼(Mat Cropper), 크리스 갠슨(Chris Gansen)과 제이슨 쿠네시(Jason Kunesh), 릭 쿠식(Rick Cusick), 니콜라 아담스(Nicola Adams) 그리고 스티브 바렛(Steve Barrett)에게 짧게나마 특별한 감사를 보낸다.

내가 대화도 나눴고 배우기도 했던 더 많은 사람이 있지만, 내 당치도 않은 마감일에 맞추려다 보니 시간이 부족해 싣지 못한 이야기가 많이 있다. 아마드 파미(Ahmad Fahmy), 토비아스 힐덴브란드(Tobias Hilden-brand), 코드니 햄필(Courtney Hemphill), 사무엘 볼스(Samuel Bowles), 로완 버닝(Rowan Bunning), 스캇 아디스(Scout Addis), 홀리 비엘라와(Holly Bielawa)와 자베 블룸(Jabe Bloom)이 그들이다. 이 사람들과 지금 이 책을 읽고 있는 여러분, 나는 여전히 여러분의 이야기가 필요하다. 아마 난 이 책에 담지 못해 삭제된 모든 장면을 담은 특별 감독판을 낼지도 모르겠다.

이 책의 최종 마무리 단계에서, 베리 오라일리(Barry O'Reilly)와 토드 웹(Todd Webb) 그리고 마지막 순간에 페트라 윌리(Petra Wille)가 가치 있는 상세 리뷰를 해 주었다. 그들에게 받은 모든 세세한 조언 덕분에 이 책을 매끄럽게 마무리할 수 있었다.

마지막으로 내가 일으킨 지연과 제멋대로였던 일정을 참고 견뎠고 끝까지 나와 함께해 준 오라일리의 메리 트레셀러(Mary Treseler)와 프로덕션 팀에 감사를 보낸다.

참고 자료

- Adlin, Tamara, and John Pruitt. *The Essential Persona Lifecycle: Your Guide to Building and Using Personas*. Burlington: Morgan Kaufmann, 2010.

- Adzic, Gojko. *Impact Mapping: Making a Big Impact with Software Products and Projects*. Surrey, UK: Provoking Thoughts, 2012.

- --. *Specification by Example: How Successful Teams Deliver the Right Software*. Shelter Island: Manning Publications, 2011.

- Armitage, John. "Are Agile Methods Good for Design," Interactions, Volume 11, Issue 1, January-February, 2004. *http://dl.acm.org/citation.cfm?id=962352*.

- Beck, Kent. *Extreme Programming Explained: Embrace Change*. New York: Addison-Wesley Professional, 1999. (번역서는《익스트림 프로그래밍》김창준·정지호 옮김, 인사이트, 2004)

- Beck, Kent, and Michael Fowler. *Planning Extreme Programming*. New York: Addison-Wesley Professional, 2000.

- Cagan, Marty. *Inspired: How to Create Products Customers Love*. Sunnyvale: SVPG Press, 2008. (번역서는《인스파이어드: 감동을 전하는 제품은 어떻게 만들어지는가》배장열 옮김, 제이펍, 2012)

- Cheng, Kevin. *See What I Mean: How to Use Comics to Communicate Ideas*. Brooklyn: Rosenfeld Media, LLC, 2012.

- Cockburn, Alistair. *Agile Software Development*. New York: Addison-Wesley Professional, 2001.

- --. *Writing Effective Use Cases*. New York: Addison-Wesley Professional, 2000.(번역서는 《앨리스터 코오번의 유스케이스》 임병인 옮김, 인사이트, 2011)

- Cohn, Mike. *User Stories Applied: For Agile Software Development*. New York: Addison-Wesley Professional, 2004.(번역서는 《사용자 스토리》 한주영·심우곤·송인철 옮김, 인사이트, 2006)

- Constantine, Larry L., and Lucy A.D. Lockwood. *Software for Use: A Practical Guide to the Models and Methods of Usage-Centered Design*. New York: Addison-Wesley Professional, 1999.

- Cooper, Alan. *The Inmates Are Running the Asylum: Why High-Tech Products Drive Us Crazy and How to Restore the Sanity*. Indianapolis: Sams - Pearson Education, 2004.(번역서는 《정신병원에서 뛰쳐나온 디자인》 안그라픽스, 2004)

- Gothelf, Jeff. *Lean UX: Applying Lean Principles to Improve User Experience*. Sebastopol: O'Reilly Media, 2013.(번역서는 《린 UX: 린과 애자일 그리고 진화하는 사용자 경험》 김수영 옮김, 한빛미디어, 2013)

- Jeffries, Ron, Ann Anderson, and Chet Hendrickson. *Extreme Programming Installed*. New York: Addison-Wesley Professional, 2007.(번역서는 《Extreme Programming Installed》 박현철 외 옮김, 인사이트, 2002)

- Klein, Laura. *UX for Lean Startups: Faster, Smarter User Experience Research and Design*. Sebastopol: O'Reilly Media, 2013.(번역서는 《린 스타트업 실전 UX: 더 빠르고 스마트하게 일하는 린 UX 실행 전략》 김수영·박기석 옮김, 한빛미디어, 2014)

- Ries, Eric. *The Lean Startup: How Today's Entepreneurs Use Continuous Innovation to Create Radically Successful Businesses*. New York: Crown Business, 2011.(번역서는 《린 스타트업》 이창수·송우일 옮김, 인사이트, 2012)

- Sy, Desiree. "Adapting Usability Investigations for Agile User-Centered Design," Journal of Usability Studies, Vol. 2, Issue 3, May 2007. *http://www.upassoc.org/upa_publications/jus/2007may/agileucd.html*.

- Tom Demarco et al. *Adrenaline Junkies and Template Zombies: Understanding Patterns of Project Behavior*. New York: Dorset House, 2008.(번역서는 《프로젝트가 서쪽으로 간 까닭은: 프로젝트 군상의 86가지 행동 패턴》 박재호·이해영 옮김, 인사이트, 2009)

- Yates, Jen. *Cake Wrecks: When Professional Cakes Go Hilariously Wrong*. Kansas City: Andrews McMeel Publishing, 2009.

찾아보기